Martin Dreyer

Martin Reloaded

Luthers Schriften für alle

R.Brockhaus

SCM

Stiftung Christliche Medien

Der SCM-Verlag ist eine Gesellschaft der Stiftung Christliche Medien, einer gemeinnützigen Stiftung, die sich für die Förderung und Verbreitung christlicher Bücher, Zeitschriften, Filme und Musik einsetzt.

Dieses Werk einschließlich aller seiner Teile ist urheberrechtlich geschützt. Jede Verwendung außerhalb der engen Grenzen des Urheberrechtsgesetzes ist ohne vorherige schriftliche Einwilligung des Verlages unzulässig und strafbar. Das gilt insbesondere für Vervielfältigungen, Übersetzungen und die Einspeicherung und Verarbeitung in elektronischen Systemen.

© 2015 SCM R.Brockhaus im SCM-Verlag GmbH & Co. KG
Bodenborn 43, 58452 Witten
Internet: www.scmedien.de; E-Mail: info@scm-verlag.de

Die Bibelverse sind in der Regel der Volxbibel entnommen,
© 2012 für das Alte Testament: Pattloch Verlag GmbH & Co. KG, München,
© 2012 für das Neue Testament: Volxbibel-Verlag
im SCM-Verlag GmbH & Co. KG, Witten. Alle Rechte vorbehalten.

Umschlaggestaltung Titelillustration sowie
Illustration der Kapitelanfänge: Sebastian Reichardt, Herrenberg
Satz: Christoph Möller, Hattingen
Druck und Bindung: CPI books GmbH, Leck
Gedruckt in Deutschland
ISBN 978-3-417-26585-9
Bestell-Nr. 226.585

Inhalt

Vorwort von Martin Dreyer 5
Einleitung (Vorrede zu Band I der lateinischen Schriften
der Wittenberger Luther-Ausgabe, 1545) 8

Das Wichtigste, was du als Christ kapiert haben musst
(Der Kleine Katechismus, 1529) 21
    Der erste Hauptteil: Zehn ganz besondere Gesetze,
    die direkt von Gott kommen 28
    Der zweite Hauptteil: Worum geht's beim
    christlichen Glauben? Das Glaubensbekenntnis 32
    Der dritte Hauptteil: Das „Vaterunser"-Gebet 35
    Der vierte Hauptteil: Die jesusmäßige Taufe 39
    Die große Dreck-weg-Aktion 42
    Der fünfte Hauptteil: Was mit dem besonderen
    Abendessen abgehen soll 45
    Wie man seinen Leuten beibringen kann,
    dass man morgens und abends betet 47
    Wie man seinen Leuten beibringen kann,
    wie man vor dem Essen betet 49
    Zusammenstellung von wichtigen Texten für
    unterschiedliche Leute 50

Ein paar Gedanken zu dem Thema, was es bedeutet,
als Christ frei zu sein (Abhandlung über die
christliche Freiheit, 1520) 55

Was das mit der Ehe soll und wie man sie auf die Reihe kriegt
(Vom ehelichen Leben, 1522) 75

Einige Briefe Luthers 93
    Ein Brief an Hans Luther, seinen leiblichen Vater 93
    Brief an Spalatin, einen Freund von Martin Luther 101
    Zweiter Brief an Spalatin 104
    Brief an Käthe, die Ehefrau von Martin Luther 106
    An Käthe 108
    Brief an Hans Luther, seinen Sohn 109

Wie es im Gottesdienst am besten abgehen sollte
(Deutsche Messe und Ordnung des Gottesdienstes, 1526) 111

Was ich von den Konzilen und der Kirche halte
(Von den Konzilen und der Kirche, 1539) 117

Wie man jemanden wieder gut draufbringt,
der gerade von der dunklen Seite heftig angezeckt wird
(Tröstung für eine Person in hohen Anfechtungen, 1521) 132

Ein kurzer Text zur Ermutigung, dass Christen
im Gebet immer durchziehen sollten und nie damit aufhören
(Ein kurzer Trostzettel für die Christen, dass sie sich im
Gebet nicht beirren lassen, 1540) 136

Ein paar gute Songs, in denen es um den Glauben an Gott geht
(Geistliche Lieder) 138
    Vorwort zum Wittenberger Songbook von 1524 138
    Ein Rap zu Weihnachten 139
    Fester Tower 142
    Ein Song über die guten Dinge, die Gott durch Jesus
    für uns getan hat 144

Ein paar Tipss, die man kennen sollte, wenn man in den
Evangelien, den ersten vier Büchern in den neuen Verträgen,
liest (Ein kleiner Unterricht, was man in den Evangelien
suchen und erwarten solle, 1522) 147

Ein offener Brief dazu, wie man die Bibel am besten
übersetzen sollte (Ein Sendbrief vom Dolmetschen, 1530) 156

Gequatsche beim Essen (Aus Luthers Tischreden) 166

95 Ansagen über die „Mit Geld von Sünde freikaufen"-Praxis
(Die Ablassthesen, 1517) 171

Ein Aufsatz über die Polizei, die Richter und den Staat
und wann man tun muss, was sie einem sagen
(Von weltlicher Obrigkeit, wie weit man ihr Gehorsam
schuldig sei, 1523) 174

    Quellenverzeichnis 201

Vorwort von Martin Dreyer

Überall in Deutschland beschäftigen sich die Menschen derzeit mit Martin Luther. 2007 wurde die Lutherdekade ausgerufen, in der das weite Themenspektrum der Reformation bis zum Reformationsjubiläum 2017 aufgegriffen und entfaltet wird. Am 31. Oktober 1517 heftete Luther seine 95 Thesen an die Tür der Schlosskirche in Wittenberg. Diese Thesen haben die christliche Welt bis heute maßgeblich verändert.

Das hier vorliegende Buch nimmt die wichtigsten und interessantesten Texte Luthers auf und bringt sie in einer frischen Sprache noch einmal neu aufs Tablett. Für mich persönlich war es eine der interessantesten Aufgaben in den letzten Jahren, diese alten Texte von Martin Luther in eine verständliche junge Sprache zu übertragen. Es ist wie ein Blick zurück in die Kirchengeschichte, die mich (und so viele andere Gläubige in Deutschland) im Glaubensleben maßgeblich beeinflusst hat, ohne dass es mir immer bewusst ist.

Luther hat nicht nur die evangelische Kirche, er hat auch alle Freikirchen und selbst die katholische Kirche wahnsinnig geprägt. Das war mir vor der Arbeit an diesem Buch nicht so klar, und ich frage mich, inwieweit das überhaupt im Bewusstsein der Christen in Deutschland heute verankert ist. Dabei ist mir aufgefallen, dass Luther zum einen klar geistlich Position bezieht. Er argumentiert mit dem Wort Gottes, redet vom Gebet, von übernatürlichen Eingebungen und Begegnungen. Luther – ein Charismatiker? Für ihn war die Übersetzung der Bibel ein klar geistlicher Auftrag, den Gott ihm gegeben hatte.

Auf der anderen Seite bleibt er aber auch immer praktisch, am Boden, wirkt nie abgehoben. Er macht sich ganz pragmatisch Gedanken darüber, wie ein Gottesdienst auszusehen hat, wie man die Bibel lesen soll und auch wie man betet. Viele vorformulierte Gebete, die Millionen Christen in Deutschland vertraut sind, haben ihren Ursprung in Martin Luther! Aber auch andere Texte, zum Beispiel seine Ratschläge zum Thema Sex und Ehe, sind alles andere als weltfremd. Luther stand fest im geistlichen Dienst genauso wie im prallen Leben.

Was mich außerdem überrascht hat: Seine Einstellung zum Umgang mit der Bibel erinnert an manche charismatischen Bewegungen der jüngeren Zeit. Und doch schafft er es, diese auf eine gesunde Grundlage zu stellen, die einen krank machenden Glauben verhindert. Das hat mich ermutigt.

Dann kommt immer wieder Luthers ganz menschliche Seite zum Vorschein. Wenn er beispielsweise von seinen Gegnern spricht und sich gegen ihre Kritik vehement und fast zynisch zur Wehr setzt. Da spürt man ihm auch deutlich ab, wie verletzt er ist. Er war eben auch kein Übermensch.

War Luther denn sonst ein Superchrist, der die in allen Punkten perfekte Lehre verbreitet hat? Die Antwort lautet mit Sicherheit nein. Lutherkenner wissen von seinen antijüdischen Artikeln, die er im Alter verfasst hat. Für ihn waren die Juden ein schlechtes Volk, das dringend zum Christentum bekehrt werden müsse – eine rhetorische Steilvorlage für die Nazi-Ideologie 400 Jahre später. Er hat sich auch positiv zu der blutigen Niederschlagung der Bauernaufstände um 1524 geäußert. Aus heutiger Sicht völlig indiskutabel. Es gibt eben auch dunkle Seiten an diesem Gottesmann, die zumindest nicht unerwähnt bleiben sollen.

Trotzdem ist es nicht mein Ziel, Luther zu kritisieren. Das will ich gerne anderen überlassen. Zumal diese dunklen Seiten nie den Kern seines Schaffens ausgemacht haben.

Luther war ein Revolutionär, der die religiösen und politischen Machtstrukturen der Kirche nachhaltig verändern konnte. Er hat nicht nur durch die Übersetzung der Bibel die Christen in eine Mündigkeit geführt, die vorher definitiv so nicht da war. Er hat es auch geschafft, den Glauben vom sonntäglichen Gottesdienst in den Alltag der Menschen zu transportieren. Die Reformen, die er maßgeblich vorantrieb, wollten erkämpft werden, und dabei gab es die verschiedensten Gegner, wie die römische Kirche, Schwärmer, Humanisten oder andere Reformatoren. Mit denen ging er nicht gerade zimperlich um. Viele konfessionelle Gegensätze bestehen heute nicht mehr oder ganz anders. Aber auch als Erneuerer war er vielfach im Denken seiner Zeit verhaftet. Diese beiden Punkte müssen einem bewusst sein, wenn man heute seine Schriften liest und versucht, sie kritisch auf die heutige Zeit anzuwenden.

Martin Luther war auch ein leidenschaftlicher Prediger. In seinen Schriften gibt es massig Ausschweifungen, Wiederholungen und Anspielungen auf uns unbekannte Zusammenhänge. Solche wurden für diese Ausgabe vielfach gekürzt mit dem Bemühen, Zusammenhänge, Witz und Sinn zu erhalten.

Ebenso wurden fromme Schlagworte, Fachbegriffe, Anspielungen und Personenangaben erklärend erweitert. Immer geht es darum, Luthers Gedanken zu aktualisieren und ihm gleichzeitig inhaltlich treu zu bleiben.

Ich wünsche mir, dass Luthers Worte durch dieses Buch neue Leuchtkraft gewinnen. Es lohnt sich, ihm zuzuhören. Wir haben noch immer, auch nach 500 Jahren Reformationsgeschichte, eine Menge von ihm zu lernen.

Martin Dreyer, Berlin 2014

Einleitung

Vorrede zu Band I der lateinischen Schriften der Wittenberger Luther-Ausgabe, 1545

Ein Jahr vor seinem Tod erinnert sich Luther noch einmal an schwierige Jahre. Damals kämpfte er darum, den Menschen eine gute und gesunde Art beizubringen, wie man an Gott glaubt. Im Zentrum seines Rückblicks steht die sogenannte „reformatorische Erkenntnis". Damit meint er den Zeitpunkt, als ihm beim Lesen und Verstehen der Bibel plötzlich tausend Lichter aufgegangen sind. Auf einmal verstand er die Aussagen, die da standen. Das war für ihn wie ein Hammer. Was Luther hier als nur einen Augenblick beschreibt, war aber tatsächlich Teil eines längeren Prozesses.

Hallo! Mein Name ist Martin Luther. Ich möchte alle begrüßen, die es mit ihrem Glauben wirklich ernst meinen.

Immer wieder haben mich Leute belatschert, ich sollte mich endlich hinsetzen und meine Bücher offiziell herausgeben. Wobei ich meine Texte ja nicht unbedingt als Bücher bezeichnen würde. Es ist ja mehr so eine Art Rumgeschreibsel, das ich spät in der Nacht verfasst habe. Ganz schön verwirrtes Zeug, teilweise. Ich wollte das aus zwei Gründen bis jetzt noch nicht tun. Zum einen hatte ich Schiss, dass durch die neuen, frischeren Texte die Klassiker in der Schublade verschwinden. Keiner würde sie mehr lesen, geschweige denn studieren wollen. Zum zweiten gibt es mittlerweile viele andere gute geistliche Bücher auf dem Markt, die von den Christen auch gelesen werden sollten. Ich bin mir sicher: Dafür hat Gott gesorgt, weil er die Menschen so sehr liebt. Dabei denke ich besonders an die sogenannten „Loci communes", die Grundlagen der Lehre über Gott. Sie wurden von meinem Freund Philipp Melanchthon geschrieben. Er hat diese Bücher besonders für Pastoren und Theologen gedacht. Seine Texte sind genial, um genau dieser Berufsgruppe ein paar gute Tipps beizupulen, wie sie besser predigen und Reliunterricht machen können. Außerdem kann man die Bibel mittlerweile in fast jeder Sprache kaufen. Super!

Aber meine Bücher sind leider alle noch völlig chaotisch und verpeilt – so wie halt auch die Events waren, da kann niemand was dafür. Ich habe die Worte einfach so rausgehustet, wie sie mir gerade ins Hirn geschossen kamen. Ich würde es selbst gerade null klarkriegen, die ganzen Sachen so zu sortieren, dass eine gute Ordnung entsteht, dass es übersichtlich wird.

Am liebsten wäre es mir manchmal, wenn man alle meine Bücher irgendwie aus den Köpfen und von den Festplatten dieser Welt löschen würde. Denn dann gäbe es neuen Platz für viel bessere Texte. Gewisse Leute haben aber wirklich total rumgenervt. Jeden Tag mussten sie mir die Ohren zuschwallen. Es hieß dann immer: „Martin, wenn du deine Botschaft nicht rausbringst, solange du noch lebst, werden das später irgendwelche Hirnis für dich tun, sobald du unter der Erde bist. Die haben aber im Gegensatz zu dir keine Ahnung. Sie wissen gar nicht, wie die ganzen Sachen in den letzten Jahren wirklich abgegangen sind. Sie wissen nichts von den wahren Gründen. Das hätte zur Folge, dass sich ihr Nonchecken dann auf viele andere überträgt!"

Also: Diese Leute haben mich so lange genervt, bis ich mich schließlich darauf eingelassen habe, diese Texte jetzt offiziell rauszubringen. Fast zeitgleich hat auch der große Obermufti von Sachsen hier, der werte Kurfürst Johann Friedrich, ne klare Ansage gemacht. Er hat den Druckern geradezu befohlen, die Bücher nicht nur zu drucken, sondern dabei auch einen Zahn zuzulegen.

Vor allem hab ich eine große Bitte an den freundlichen Leser: dich! Es ist mir sehr wichtig, dass sich jeder eine eigene Meinung bildet – auch wegen Jesus. Lese den Text mit einem gewissen Abstand, und sei mir nicht böse, wenn ich hier und da auch etwas Dünnsinniges geschrieben habe.

Du musst wissen, dass ich damals, als ich mit dem Geschreibsel anfing, noch in einem Kloster gelebt habe und von Beruf Mönch war. Dazu gehörte ich auch noch zu den beknackten Papstfans. Ich war völlig besoffen von der Lehre, die der Papst verbreitet hat. Fast wäre ich da drin sogar ersoffen. Im Rückblick heute kaum zu fassen. Ich wäre damals sogar bereit gewesen, jedem die Kehle durchzuschneiden, der sich gegen den Papst stellt. Und wenn ich es selbst nicht hätte tun können, dann wäre ich zumindest gerne bei der Planung dabei gewesen. Ich hätte so einen Mord, ohne mit der Wimper zu zucken, akzeptiert. Im Grunde war ich genauso drauf wie damals der Saulus zu Zeiten der Bibel. Er hat Christus ja auch zuerst bitter verfolgt. Heute gibt es übrigens immer noch viele von dieser Sorte.

Natürlich: Ich bin selbst zu schlimmsten Zeiten nicht so drauf gewesen wie dieser Mr. Eck, der tolle Theologieprofessor aus Ingolstadt. Der hat ja das ganze Papstsystem immer eiskalt vor den Leuten verteidigt. Es ging ihm dabei aber mehr um seinen eigenen Luxus als um eine Sache, hinter der er wirklich ernsthaft stand. Er hat eben auch finanziell davon profitiert. Und heute? Heute verarschen er und seine Leute den Papst öffentlich. Das finde ich auch nicht okay. Ich habe da einen anderen Style. Mir geht es mehr um eine Diskussion mit ernsthaften Argumenten als nur um aufgeputschte Emotionen. Ich hatte immer schon riesige Angst vor diesem letzten Tag der Erde, wo wir alle zur Gerichtsverhandlung Gottes vorgeladen werden. Alles in mir wollte nur das eine: so leben, dass Gott mich okay findet und annimmt. Ich wollte um jeden Preis bei dieser Gerichtsverhandlung gut durchkommen.

Darum gibt es einige Passagen in diesen Texten, wo ich mich sogar dem Papst annähere. Ich hatte Angst, bei dieser Gerichtsverhandlung alt auszusehen, wenn ich das nicht tue. Heute behaupte ich das totale Gegenteil. Das war echt ätzend für Gott, da bin ich mir mittlerweile sehr sicher. Ich verdamme, was ich da geschrieben habe.

Ich will dich, lieber Leser, also noch mal direkt ansprechen: Bitte verzeih mir diese dummen Äußerungen von damals. Du musst mir einfach zugutehalten, dass ich in der Zeit vieles noch nicht so richtig gecheckt habe. Ich steckte auch in einer ganz anderen Lebensphase als heute. Damals war ich alleine, ich hatte keinerlei Unterstützung. Ich hab mich auch zu ungeschickt angestellt. Außerdem wusste ich vieles noch nicht, was ich heute weiß. Für diese Brocken fehlte mir das nötige Know-how. Schließlich hab ich diesen ganzen Streit ja nicht geplant. Ich wollte das alles gar nicht. Es war mehr ein großer Zufall als Absicht. Das ist wirklich so, ich schwöre es! Gott kann das bestätigen.

Es war das Jahr 1517, als die Sache in mir zu brodeln anfing. Damals wurde dieser Ablasshandel in unserer Gegend stark betrieben. Man kaufte ein Stück Papier für teures Geld. Und dieses Papier sollte dann die Befreiung von den Sünden garantieren. Das war die Botschaft, mit der die Kirche draußen unterwegs war. In der Zeit arbeitete ich noch als Prediger. Ich hatte erst vor Kurzem meinen Doktortitel an der Uni erworben, war also noch ein ganz frischer Theologe. Damals begann ich den

Christen davon abzuraten, Geld für das Wegmachen ihrer Sünden an die Kirche abzudrücken. Sie sollten nicht auf diese falschen Prediger hören, sagte ich ihnen. Die Zeit könnten sie mit etwas Besserem verbringen. Dabei war ich mir sicher, dass der Papst voll hinter meiner Sache stehen würde. Schließlich hatte er selbst in einem seiner Artikel diese verrückten Prediger kritisiert, die diese Methode propagieren. Er wendete sich ganz klar gegen diese Praxis, er hat sie sogar verflucht.

Kurz darauf verschickte ich zwei Briefe. Einen an den Erzbischof Albrecht von Mainz. Er bekam in unserem Bezirk die Hälfte von diesem „Sünden erlassen"-Geld. (Die andere Hälfte ging direkt an den Papst, das wusste ich aber damals noch nicht.) Der zweite Brief landete bei der nächstniedrigeren Chefetage: dem für mich zuständigen Bischof zu Brandenburg, Hieronymus Schulze. Ich bat beide darum, gegen diese völlig unsinnige und gemeine Praxis in der Kirche vorzugehen. Gott würde dadurch total ins Lächerliche gezogen und falsch dargestellt. Aber ich kleines Licht wurde einfach nicht beachtet. Ich war ja nur so ein kleines „Mönchlein", weiter nichts. Man wollte mir also nicht zuhören, deshalb musste ich jetzt andere Kaliber auffahren. So kam ich auf die Idee, meine 95 Ansagen zu veröffentlichen. Außerdem schrieb ich meine Predigt über das Thema „Von Sünden freikaufen oder Freiheit geschenkt bekommen"[1]. Kurze Zeit später kamen noch Erklärungen dazu. In denen versuchte ich, den Papst in die Richtung zu bewegen, dass er diese Sich-von-Sünden-freikaufen-Praxis zwar nicht öffentlich verdammt, aber zumindest eins zugibt: Wenn jemand gute Dinge aus Liebe tut, dann kauft ihn das noch viel mehr von Sünden frei als so ein Stück Papier.

Aber anstatt etwas in die Richtung zu bewegen, ist genau das Gegenteil passiert. Der Himmel brach über mir zusammen, alles brannte auf einmal lichterloh. Man hetzte den Papst gegen mich auf, ich wurde zu ihm zitiert und das ganze System war auf einmal gegen mich. So viele gegen einen einzelnen Mann. Das ist 1518 passiert, während des Reichstages, diesem Fürsten-Gathering, abgehalten von Maximilian aus Augsburg. Der Kardinal Cajetan war damals noch der Botschafter vom Papst. Er war der Mann, an den sich der werte Kurfürst Friedrich von Sachsen mit meinem Anliegen gerichtet hat. Immerhin konnte er dadurch erreichen, dass man mich nicht gezwungen hat, nach Rom vor den Papst zu

---

1 „Von Ablass und Gnade" (1518).

heaten. Thomas Cajetan, ein superwichtiger und mächtiger Mann, sollte mich nämlich vorladen. Sein Ziel war es, der ganzen Sache mal auf den Grund zu gehen, aber dann den Streit auch schnell beizulegen.

Nun hatten aber mittlerweile alle Deutschen dieses Rumgedeale, den Diebstahl und die Abzocke durch diese betrügerischen Kirchenleute richtig satt. Alle waren gespannt, wie meine Sache jetzt ausgehen würde. Bis dahin hatte sich ja niemand getraut, diese Praxis auch nur infrage zu stellen. Kein Bischof und kein Theologe waren bereit dazu. Ich spürte in der Zeit einen unheimlichen Rückhalt in der Bevölkerung. Denn die Leute hatten überhaupt keinen Bock mehr auf diese immer wieder neuen Tricks aus Rom, wie man an noch mehr Geld rankommen könnte. Man hasste es mittlerweile, für jeden Pups Geld abdrücken zu müssen.

Ich bin also nach Augsburg gegangen. Zu dem Zeitpunkt hatte ich kaum Kohle und musste zu Fuß reisen. Allerdings hatte mir der Kurfürst Friedrich einen Rucksack mit Schnittchen, was zu trinken und ein paar Begleiter mitgegeben. Sehr nett. Wichtiger als die Schnittchen waren aber Briefe von ihm in meinem Gepäck, die mir die Türen zum Stadtrat und einigen anderen wichtigen und zuverlässigen Männern öffnen sollten. Ich war drei Tage lang in der Stadt. Erst danach bin ich in das Büro des Kardinals gegangen, denn meine netten Begleiter hatten wirklich mit allen Mitteln versucht, mich davon abzubringen. Ich sollte auf keinen Fall den Weg auf mich nehmen, ohne nicht wenigstens einen Schutzbrief vom Kaiser zu haben. Dabei hat der Kardinal ständig einen Typen zu mir geschickt, der mir gesagt hat, dass ich zu ihm kommen soll. Dieser Kerl ging mir mit der Zeit ganz schön auf die Nerven. Es ginge dem Kardinal doch nur darum, dass ich meine Kritik öffentlich zurücknehme, dann wäre alles wieder in Butter. Es gibt ja diesen Spruch, dass Ungerechtigkeit sehr hartnäckig ist und immer einen neuen Ausweg weiß. So war es auch hier.

Am dritten Tag stand dieser Typ, der mit mir verhandeln sollte, dann wieder da. Er wollte wissen, warum ich nicht schon beim Kardinal persönlich reingeschneit wäre; der hätte doch Bock, mich zu sehen. Ich antwortete, dass ich mich von einigen schlauen Männern hätte beraten lassen. Diese Männer wären mir vom großen Kurfürsten Friedrich empfohlen worden und hätten mir gesagt, ich sollte auf keinen Fall einfach so bei ihm vorbeischneien, ohne eine Garantie, dass mir nichts passiert, oder eine Schutztruppe um mich herum. Aber ich würde mich sofort stellen, wenn man mir diesen Schutz zusagte. Und es gebe bereits Verhandlungen mit einem Beratungsgremium vom Kaiser, damit ich diese Truppe auch bekomme.

Mein Gegenüber war völlig von den Socken. „Denkst du im Ernst, der Kurfürst Friedrich würde so etwas bringen? Denkst du, er würde nur wegen dir eine bewaffnete Truppe zum Kardinal losschicken?"

„Wegen mir muss er das ja nicht tun", war meine Antwort.

„Und wer beschützt dich dann?", fragte er zurück.

„Auf mich passt der Himmel auf."

Er fragte weiter. „Mal angenommen, du könntest den Papst und die Kardinäle in ein Zimmer einsperren, mit einem großen Schloss davor. Was würdest du mit ihnen anstellen?"

„Ich würde klarmachen, dass ich großen Respekt vor ihnen habe!", antwortete ich.

Das passte dem Typen natürlich nicht, dass ich kein hirnloser Radikaler war. Er zeigte mir den Stinkefinger und verließ den Raum, ohne jemals wiederzukommen.

Am selben Tag schrieb der kaiserliche Rat einen Brief an den Kardinal. Dort stand drin, dass mir der Kaiser zusagte, ich könnte hingehen, wohin auch immer ich will. Ich stände unter seinem Schutz. Dazu schrieb er noch, dass der Kardinal nicht zu streng mit mir sein sollte. Und der soll darauf geantwortet haben: „Wenn Sie meinen. Aber ich werde trotzdem genau das tun, wozu ich von meiner Aufgabe her verpflichtet bin." So hat der ganze Streit damals angefangen. Den weiteren Verlauf kann man aus den Akten entnehmen, die dann in der Folgezeit angefertigt worden sind.

> Das passte dem Typen natürlich nicht, dass ich kein hirnloser Radikaler war. Er zeigte mir den Stinkefinger.

In demselben Jahr war der Magister Philipp Melanchthon vom Kurfürsten Friedrich als Lehrkraft an unserer Uni angestellt worden. Offiziell sollte er den Studenten Griechisch beibringen. Aber ich bin mir sehr sicher, dass hier Gott seine Finger mit im Spiel hatte. Ich sollte Verstärkung kriegen, und wenn ihr mal was von ihm lest, merkt ihr, was er draufhat. Das hat die ganze Theologie, die Lehre von Gott, riesig vorwärtsgebracht. Das kann man leicht beweisen, auch wenn der Satan und seine ganzen Kollegen einen dicken Hals dabei kriegen.

Im Februar des nächsten Jahres (1519) starb dann der Kaiser Maximilian. So wie es das Gesetz vorschreibt, wurde mein Kurfürst Friedrich als Übergangsregent eingesetzt. In der Folgezeit wurde es etwas ruhiger.

Nach und nach machte sich aber überall die Meinung breit, dass diese religiöse Praxis, jemanden aus der Gemeinschaft der Christen einfach rauszuschmeißen, ziemlich scheiße ist. Dieser sogenannte „Bann", der dann über einen verhängt wird, hat ja zur Folge, dass jeder X-Beliebige einen wegballern kann, ohne dafür bestraft zu werden. Und auch, dass der Papst eine derart uneingeschränkte Macht hat, fanden viele nicht mehr so toll.

Kardinal Caracciolo und der Theologe Eck haben trotzdem den Wisch auf den Weg gebracht, in dem ich offiziell von der Kirche in Rom verdammt wurde. Damit war ich mehr als nur gefeuert. Eck machte das Schreiben hier in der Gegend bekannt, Caracciolio brachte eine Kopie zum Kurfürsten Friedrich. Letzterer war damals in Köln, weil er dort dem frisch gewählten Karl zusammen mit anderen Fürsten Hallo sagen wollte. Friedrich war aber völlig genervt von dieser päpstlichen Pappnase. Er machte ihn richtig zur Sau. Er fand es ein Unding, dass Caracciolio und Eck die Leute in seinem Land und dem Land von seinem Bruder Johannes völlig durcheinandergebracht hätten. Kaum wäre er mal ein paar Tage weg, bräche das totale Chaos aus. Seine Kritik war so heftig, dass sie, völlig zusammengestaucht, schnell wieder nach Hause gefahren sind. Sie standen auf einmal extrem peinlich da und mussten sich für das, was sie getan hatten, richtig schämen. Der Fürst war einfach megaschlau. Er hatte lange gecheckt, wie die Leitungs- und Verwaltungsorgane der Kirche ticken. Und er wusste auch, wie man mit diesen Leuten am besten umzugehen hat. Irgendwie hatte er einen siebten Sinn. Er ahnte die kommenden Dinge, dachte immer einen Schritt voraus, weiter, als die Leute da oben aus Rom jemals vermutet hätten.

Übrigens: Ich bin auch ein gutes Beispiel dafür, wie schwer es ist, aus solchen Lügendingern wieder rauszukommen. Ist erst mal so ein falsches Programm in deinem Hirn installiert und hält man es für wahr und richtig, wird es irgendwann zur Normalität. Ach Mann, an diesem alten Sprichwort ist schon echt was dran: „Umdenken ist schwer, und wer sich an einen Umstand erst einmal gewöhnt hat, bei dem geht er in Fleisch und Blut über". Der alte Lehrer und Theologe Augustinus meinte ganz richtig: „Wenn man nicht aufpasst und sich zu sehr an etwas gewöhnt, muss man es irgendwann tun, es wird zum Zwang."

Damals hatte ich die Bibel schon sieben Jahre lang intensiv studiert. Im beruflichen und privaten Rahmen habe ich täglich in ihr gelesen und an der Uni darüber gelehrt. Ich konnte sie so gut wie auswendig aufsagen. So kam es auch, dass mir plötzlich so war, als hätte mich ein Hammer genau zwischen die Augen getroffen; ich wusste, um was es im Glauben wirklich geht. Auf einmal kapierte ich die wichtigste Aussage, nämlich dass wir nicht durch unsere tollen Taten gerettet werden können. Nur dadurch, dass wir unser ganzes Vertrauen auf Jesus Christus setzen, kommen wir durch. Nur so landen wir im Himmel. Unsere Taten können uns nicht retten!

Selbst ich hatte öffentlich behauptet: Gott hat den Papst zum Chef der Kirche gemacht! Aber wirklich gecheckt hatte ich das nicht. Heute sage ich: Das Papstamt ist nicht von Gott, es ist vom Antigott, vom Satan höchstpersönlich! Ist doch logisch, oder? Alles, was nicht von Gott kommt, muss vom Satan sein. Es gibt nichts dazwischen.

Ich hatte mir bis zu dem Zeitpunkt nie Gedanken darum gemacht. Ich war noch voll in der alten Denke drin und hatte auch echt Respekt vor der Institution Kirche. Ich dachte, der Papst hätte auch irgendwie ein menschliches Recht. Dabei ist doch klar: Wenn der Papst keine Autorität von Gott hat, dann hat er sie vom Satan! Sein Amt ist von teuflischen Lügen getragen.

Ich war noch voll in der alten Denke drin.

Eltern gehorchen wir, weil Gott das so will. Bei Regierungen ist es im Grunde genauso – so steht es auch im 1. Petrusbrief, Kapitel 2, Vers 13. Und deshalb rege ich mich nicht mehr groß darüber auf, wenn jemand total auf dieses Papstding abfährt. Ganz besonders, wenn derjenige die Bibel nicht kennt und auch nicht die Bücher, die Menschen zu dem Thema geschrieben haben. Sie wissen es einfach nicht besser. Hey, und ich war ja kein Stück besser! Viele Jahre lang habe ich die Bibel intensiv studiert, trotzdem war ich bis zum Schluss ein radikaler Fan vom Papst.

1519 verlieh Leo X. dem guten Friedrich die goldene Papstrose. Sie wurde von Karl von Miltitz überbracht. Das sollte eine Form der Anerkennung sein, mit der sich der Papst wieder bei ihm einschleimen und mit der er gleichzeitig meine Lehre unterdrücken wollte. Er hoffte, dass Friedrich mich ihm jetzt ausliefern würde. Karl von Miltitz belaberte mich auch die ganze Zeit, damit mit dem Papst wieder Friede, Freude, Eierkuchen wäre, und er hatte auch gleich siebzig Poster dabei, alle vom Papst persönlich unterzeichnet. Diese Poster sollten auf dem Weg überall in den Städten und Dörfern ausgehängt werden, damit ich sicher nach Rom kommen würde. Dort wollten sie mir den Kopf wieder geraderücken. Aber im Gespräch verquasselte er sich ein bisschen. Er sagte zu mir: „Martin, bevor wir uns jetzt live getroffen haben, bin ich immer davon ausgegangen, du wärst nur so ein alter kniddeliger Theologe, der den ganzen Tag an der Heizung sitzt und Selbstgespräche führt. Jetzt sitzt hier so ein junger, kräftiger Mann vor mir! Und davon mal ganz ab: Selbst wenn ich fünfundzwanzigtausend bewaffnete Soldaten dabeihätte, würde ich mich nicht trauen, dich öffentlich abzuführen und nach Rom zu verfrachten. Auf meinem Hinweg hab ich mit ganz vielen Leuten gequatscht. Ich wollte wissen, was die Menschen über dich denken. Und ich musste feststellen, dass auf einen, der den Papst toll findet, drei kommen, die auf deiner Seite stehen!"

Karl von Miltitz belaberte mich auch die ganze Zeit, damit mit dem Papst wieder Friede, Freude, Eierkuchen wäre.

Das klingt vielleicht ganz nett, aber eigentlich war seine Befragung ein großer Lacher. Denn er hatte auch mit ungebildeten Frauen und Teenie-Mädchen gesprochen, die er in den Jugendherbergen traf. Auf die Frage, was sie vom „Stuhl im Rom" hielten, dachten die, es wäre ein normaler Stuhl gemeint, der in Rom produziert wurde! Sie kannten das Wort nicht, sie hatten keine Ahnung, dass damit der Papst-Sitz gemeint war. Deshalb antworteten sie: „Woher sollen wir denn wissen, auf was für Stühlen die Menschen in Rom sitzen? Sind die aus Holz oder aus Metall?"

Am Ende bat er mich dann nur, dass ich aufpassen soll, dass ich niemanden zum Krieg anstifte, sondern auf den Frieden achte. Er würde versuchen, dafür zu sorgen, dass der Papst genauso drauf ist. Auf diese Bitte willigte ich gerne ein. Mit der Einschränkung, dass ich nur das erzähle, was ich auch mit meinem Gewissen und der Wahrheit vereinbaren kann. Schließlich sehne ich mich auch nach Frieden, ich will eigentlich keinen Ärger mit denen da oben haben. Mir wurde dieser Konflikt geradezu aufgedrängt. Ich konnte nicht anders, als das zu tun, was ich getan habe. Mich trifft für die Entstehung des Konflikts wirklich keine Schuld.

Miltitz hatte auch Johann Tetzel in sein Büro vorladen lassen. Tetzel war ja bei dieser beknackten „Mit Geld von Sünde freikaufen"-Aktion ganz vorne dabei. Und im Grunde hat er das ganze Drama ins Rollen gebracht. Keiner mochte diesen Schreihals jemals, er war allen völlig unsympathisch. Sie haben ihn ausgenutzt, solange er Erfolg hatte, aber als seine Show zu peinlich wurde, hat der Papst ihn richtig heftig zusammengeschissen. Diese harte Kritik hat er wohl nicht ganz verkraftet. Er wurde übel krank, lag viele Monate nur noch im Bett, bis er dann irgendwann gestorben ist, mit einem gebrochenen Herzen. Als man mir von seinem Zustand erzählt hat, hab ich ihm noch einen wirklich lieben Brief geschrieben, um ihn zu trösten. Ich versuchte, Tetzel Mut zu machen, und schrieb, dass er wirklich keine Angst mehr vor mir haben müsse. Beim Papst war er natürlich unten durch. Das und sein schlechtes Gewissen haben ihm dann wohl den Rest gegeben und er ist gestorben.

Und dann war da noch Karl von Miltitz, der Diplomat vom Papst, den man für eine Null hielt und auf den niemand mehr hörte. Der wollte schließlich diesen Chaoten Tetzel ausbremsen. Aber die Idee kam ihm viel zu spät und Albrecht von Mainz ignorierte ihn dann genau wie vorher meine Warnung. Dazu musste der Papst noch total austicken, mich verdammen, ohne mir zuzuhören, und einen ganzen Shitstorm auf mich niedergehen lassen. Ohne das alles wäre die ganze Revolte vermutlich gar nicht erst passiert. Den Albrecht trifft die ganze Schuld. Er hat sich total überschätzt, dachte, er wäre voll der Schlaumeier. Aber am Ende wurde er von seiner eigenen Schlauheit kaputt gemacht. Er hatte wohl gehofft, meine Aussagen irgendwie auszuhebeln, damit er weiter genug Kohle aus diesem „Mit Geld von Sünden freikaufen"-Ding ziehen konnte. Aber jetzt ist Ende vom Gelände. Alles, was er getan hat, war für den Arsch. Gott hat nicht geschlafen, er ist immer noch unterwegs, um Menschen vors Gericht zu bringen. Und selbst wenn sie uns umbringen, würde es nichts bewirken. Wenn wir leben und gesund sind, bringt ihnen das mehr. Einige von ihnen haben das wohl kapiert, zumindest diejenigen, die ein gutes Gespür für solche Dinge haben.

Nebenbei war ich in dem Jahr auch dabei, die Psalmen auszulegen. Ich hatte die Hoffnung, dass es mir nicht so schwerfallen würde, weil ich ja gerade voll im Fluss war. Kurz vorher hatte ich nämlich die Briefe von Paulus an die Römer, an die Galater und an die Hebräer in meinen Vorlesungen an der Uni ausführlich behandelt. Wie verrückt freute ich mich da drauf, ja, ich war regelrecht besessen davon, endlich den berühmten Paulus durch seinen Brief an die Römer besser kennenzulernen. Da gab es diesen einen Satz aus dem ersten Kapitel, Vers 17. Er passte nicht in meine Denke rein, obwohl ich ihn schon gern kapieren wollte. Dort steht: „Die Gerechtigkeit Gottes wird im Evangelium offenbart", also dass die gute Botschaft deutlich macht, wie man mit Gott wieder klarkommen kann. Ich habe dieses Wort „Gerechtigkeit Gottes" gehasst. Man hatte mir in der Uni beigebracht, es philosophisch zu verstehen, und zwar als eine formale und aktive Gerechtigkeit – so nannten das unsere Professoren. Gott ist also von seinem Charakter her gerecht, und er bestraft deshalb aktiv alle Menschen, die Mist gebaut haben.

Diesen gerechten Gott, der Menschen bestraft, den konnte ich nicht lieben. Nein, im Gegenteil, ich hasste ihn sogar! Selbst als Berufschrist und Mönch, der völlig heilig und gottmäßig lebte, hatte ich Gott gegenüber ständig ein schlechtes Gewissen. Ich fühlte mich als Sünder, als jemand, der Dinge tut, die Gott nicht will. Das war kaum auszuhalten. Ich traute mich noch nicht mal, darauf zu hoffen, dass er mich akzeptieren würde, wenn ich so viel wie möglich für ihn tue.

Dabei hab ich zwar nie über Gott abgelästert. Trotzdem war ich unzufrieden mit ihm, ich hatte einen richtigen Hals. Ich dachte: Was ist das nur für eine Scheiße! Als ob es nicht schon genug ist, dass ein Mensch durch die Sünde von Adam belastet wird. Alleine deswegen sind wir ja eigentlich schon für immer verloren. Und dann werden wir noch durch den Zwang zur Einhaltung der Zehn Gebote mit jeder Art von Frust beladen. Musste uns Gott denn auch noch mit der sogenannten Guten Nachricht eins reindrücken? Denn auch da geht es ja unter anderem darum, dass er sauer auf uns ist und jeden Menschen gerecht richten wird? Ich war total durcheinander, aber auch wütend, und suchte wie verrückt nach Antworten. Mein Gewissen wusste auch nicht mehr, was es nun glauben sollte und was nicht. Ich klopfte heftig bei Paulus an, er sollte endlich mit Antworten rausrücken. Ich hielt es nicht länger aus, es war kaum zu ertragen. Ich musste herausbekommen, was Paulus eigentlich meinte.

> Ich klopfte heftig bei Paulus an, er sollte endlich mit Antworten rausrücken.

Und dann zeigte mir Gott seine Liebe. Rund um die Uhr war ich am Grübeln, bis ich im Römerbrief endlich auf den Kernpunkt der ganzen Sache stieß: „Die neue Nachricht von Gott macht ganz deutlich, wie man mit Gott wieder klarkommen kann. Und zwar nur dadurch, dass man sein Vertrauen auf Gott setzt. Es steht ja schon in dem alten Buch: ‚Wer sein Vertrauen auf Gott setzt, wird leben.'" Da kapierte ich zum ersten Mal, wie das mit der Gerechtigkeit bei Gott aussieht. Sie ist ein Geschenk, das er uns gibt, und es geht um das Vertrauen, durch das wir sie annehmen! Auf einmal wurde mir vieles klar. Durch die Gute Nachricht von Gott im Neuen Testament wird deutlich, wie jemand für Gott okay wird. Es geht nicht darum, dass wir etwas für ihn tun. Es ist etwas Passives, nichts, wofür wir megaviel arbeiten müssen. Der liebende Gott macht uns okay dadurch, dass wir unser Vertrauen auf ihn setzen. So steht es ja da in der Bibel! Im Römerbrief schreibt Paulus im 28. Vers des 3. Kapitels: „Meine Schulden bei Gott sind bezahlt, weil ich auf Jesus vertraue, und nicht, weil ich so toll lebe und mich genau an die Gesetze halte, die Mose früher einmal aufgeschrieben hat." Das hat bei mir voll reingeknallt. Ich fühlte mich, als könnte ich noch einmal von vorne anfangen. Es war wie ein neuer Lebensabschnitt, wie eine neue Geburt. Die Tür zum Himmel stand auf einmal weit offen. Ich war im Paradies angekommen! Wie cool!

Von dem Zeitpunkt an hab ich ganz neue Seiten an der Bibel entdecken können. Ich scannte alle Bibelstellen, die ich in meinem Kopf gespeichert hatte. Immer wieder stieß ich auf diese Aussage. Zum Beispiel, wenn dort von den „Werken Gottes" geschrieben wird, dann sind damit die Dinge gemeint, die Gott in uns macht. Bei den Worten „Kraft Gottes" geht es darum, dass er uns seine Kraft gibt. „Weisheit Gottes" heißt, dass er uns weise macht. Und so ging es immer weiter. „Stärke Gottes", „Heilung Gottes", „Ehre Gottes" – überall war das der Fall. Gott tut es, und nicht wir.

Früher bekam ich voll den Hass, wenn ich nur die Worte „Gerechtigkeit Gottes" hörte, aber jetzt konnte ich mich auf einmal wie blöd darüber freuen! Es waren die schönsten Worte, die ich über alles lieben konnte. Diese Stelle aus dem Brief von Paulus war für mich wie eine offene Tür in den Himmel. Später hab ich mir dann noch das Buch von Augustinus „Vom Geist und vom Buchstaben" gegeben. Völlig überrascht entdeckte ich, dass er die Worte „Gerechtigkeit Gottes" so ähnlich ausgelegt hat wie ich. Es geht bei ihm um eine Gerechtigkeit, die Gott für uns hat, er macht uns korrekt, nicht wir uns. Sie ist wie ein Anzug von Gott, den wir überstreifen können. Diese Erkenntnis war jetzt noch nicht ganz fertig und hat noch nicht alles genau auf den Punkt gebracht. Aber ich war begeistert, dass eins ganz klar war: Gottes Gerechtigkeit macht uns für ihn okay!

Als ich das kapiert hatte, hab ich mit dieser Erkenntnis im Hinterkopf ein zweites Mal angefangen, alle Psalmen auszulegen. Leider ist dieses Psalmenbuch nie fertig geworden, es wäre ein ziemlich dicker Schmöker geworden. Denn im nächsten Jahr wurde ich vom Kaiser Karl V. in den Reichstag nach Worms vorgeladen.

Ich schreibe das hier an dich, lieber Leser, damit du eine Sache weißt: Ich war keiner von den Leuten, die ganz plötzlich aus dem Nichts aufgetaucht sind und sich nach oben geschleimt haben. Ich bin eher so eine Nummer wie Augustinus. Ich musste mir durch viele Bücher und viele Vorlesungen den Weg langsam nach oben erarbeiten. Die anderen haben weder gearbeitet noch kennen sie wirkliche Probleme. Sie haben auch keine Erfahrungen gesammelt, sondern schauen nur einmal kurz auf den biblischen Text und schon sind sie müde.

Dieser ganze Streit mit dem „Mit Geld von Sünden freikaufen"-Ding dauerte so bis 1520/21. Als Nächstes stand die Diskussion mit denen an, die nicht glauben, dass bestimmte geistliche Rituale auch wirklich was bringen – diesen Sakramentierern. Und dann die heftige Sache mit den Menschen, die sich noch einmal taufen lassen wollen. Wir nennen sie auch die Wiedertäufer. Dazu will ich vielleicht später noch mal etwas schreiben, wenn ich dann noch lebe. Es könnte ein gutes Vorwort für einen der nächsten Bände werden.

So, das war es jetzt für diesen Part. Alles Gute, lieber Leser, bis bald! Bitte bete mit mir, dass die Worte von Gott wie eine Pflanze auf der Welt wachsen und dass sie das Wirken von Satan eindämmen können. Satan hat nämlich Power. Er ist sehr gemein. Gerade jetzt ist er richtig krass sauer. Denn er hat kapiert, dass seine letzte Stunde geschlagen hat. Die Macht von seinem Papst steht gerade auf dem Spiel.

Ich wünsche mir, dass Gott das, was wir von ihm bekommen haben, immer größer macht und dass er das, was er in uns angefangen hat, auch zu Ende bringt. So steht es in Psalm 138, Vers 8: „Gott, du bringst für mich das ganze Ding schließlich zu Ende. Weil du mich immer noch liebst, trägst du mich auf Händen. Hör nie auf damit, Dinge für mich zu tun, mein großer Gott. Zieh dein Ding mit mir durch, dann geh ich niemals Schrott."

Bis dann, tschüss und Amen [so passt es]!
Martin Luther am 5. März 1545
Martin Dreyer am 5. März 2014

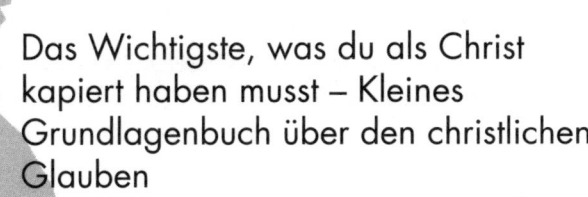

Das Wichtigste, was du als Christ kapiert haben musst – Kleines Grundlagenbuch über den christlichen Glauben

Der Kleine Katechismus, 1529

Luther ging es zuallererst gar nicht um die Kirche. Ihm war wichtig, dass jeder einzelne Mensch davon erfährt, wie sehr Gott ihn liebt. Dass jeder erfährt, wie es sich anfühlt, von Jesus befreit zu werden. Weil die Pfarrer zwar die kirchlichen Zeremonien durchführten, aber vom Evangelium selbst keine Ahnung hatten, fasste Luther für sie in diesem kleinen Grundlagenbuch das Wichtigste zusammen, was sie den Menschen beibringen sollten. Man nennt dieses Buch auch den Kleinen Katechismus.

n: alle Pfarrer, Prediger, Pastoren, Relilehrer und andere Mitarbeiter in der Gemeinde, die es mit dem Glauben ernst meinen
Von: Martin Luther

Hallo! Als Erstes wünsche ich euch voll, dass ihr Gottes bedingungslose Liebe erfahrt. Er kennt das Leben, er fühlt mit uns. Und durch den Glauben an Jesus Christus bekommen wir einen unbeschreiblichen Frieden in unsere Denke.

Dieses Grundlagenbuch über den Glauben in gut verständlichem Deutsch zu schreiben, ist mir total wichtig. Erst vor Kurzem musste ich wieder feststellen, dass viele einfache Leute ohne große Schulbildung von der christlichen Lehre so gut wie gar nichts gecheckt haben. Ich war unterwegs, um mir die Situation der Kirchengemeinden im Land mal anzuschauen. Dabei dachte ich die ganze Zeit: „Hilfe! Gott, das kann doch nicht wahr sein! Was die Leute alles über dich für einen Schwachsinn glauben!" Ganz besonders in den Kleinstädten und Dörfern ist das der Fall. Das liegt auch daran, dass die dortigen Pfarrer keine guten Pädagogen sind. Sie kriegen es einfach nicht auf die Kette, den Leuten etwas beizubringen. Dabei sollten doch alle Menschen Christen sein und die wichtigsten Dinge im Glauben draufhaben. Sie sollten getauft sein und das von Gott geschenkte Abendmahl und andere Rituale genießen können.

Dabei haben sie noch nicht mal das Vaterunser-Gebet und das Glaubensbekenntnis oder die Zehn Gebote drauf. Die leben wie ferngesteuert und wissen von Gott so viel wie ein grunzendes Schwein oder eine gackernde Henne. Nun wurden sie ja von den beknackten Zwängen des Alten Testaments und den kirchlichen Regeln befreit, als die Gute Nachricht von Jesus zu ihnen gekommen ist. Doch als Folge sind sie nun dabei, ihre neue Freiheit total zu missbrauchen. Sie übertreiben es voll.

Ich frage hiermit alle Bischöfe in der Kirche: Was ist denn los mit euch? Schämt ihr euch nicht vor Jesus? Die Leute sind euch doch völlig egal! Habt ihr mal eine Sekunde lang gefragt, was euer Job eigentlich ist? Ihr solltet echt aufpassen, dass ihr für euer Fehlverhalten nicht entsprechend bestraft werdet! Bei dem Ritual, wie unser Abendmahl in der Kirche gefeiert wird, achtet ihr immer ganz pingelig darauf, dass die Leute nur Brot bekommen, damit kein Tröpfchen Wein verschüttet wird. Dabei haben sich die entsprechenden Regeln nur Menschen ausgedacht. Aber ob die Gläubigen in eurer Gemeinde das Vaterunser-Gebet auswendig können, ist euch total egal. Auch das Glaubensbekenntnis oder die Zehn Gebote kennt kein normaler Mensch bei euch auswendig. Geschweige denn, dass mal jemand eine Bibelstelle gelernt hat. Ihr müsst aufpassen, dass ihr nicht für immer in der Hölle landet!

Deswegen: Ich bitte eindringlich jeden von euch Pastoren, Pfarrern, Predigern und Geschwistern in Jesus, dass ihr euren Job noch mal ganz neu angeht und vor allem die Leute, die euch anvertraut sind, im Blick habt! Gott hat euch eine große Aufgabe übertragen: Ihr sollt die Menschen im Glauben weiterbringen! Bitte helft uns auch dabei, diese Grundlagen hier über das Christsein unter den Leuten zu verbreiten. Besonders Jugendliche müssen sie kennen. Aber natürlich geht es mir auch um einfache Menschen ohne eine große Schulbildung. Nehmt dieses Buch und bringt den Inhalt den Leuten bei! Wort für Wort sollen sie sich damit intensiv beschäftigen. Und am Ende muss es jeder auswendig runterrattern können!

Ich bin für folgende Vorgehensweise: Als Erstes sollte sich der Lehrer für eine Textversion und -form entscheiden, die er vermitteln will. Zurzeit nimmt jeder andere Versionen, die inhaltlich zum Teil sogar voneinander abweichen. Das bringt es nicht. Ich meine jetzt vor allem das Vaterunser-Gebet, die Zehn Gebote, das Glaubensbekenntnis und diese besonders gottmäßigen Rituale wie das Abendmahl und die Taufe. Es ist viel besser, wenn man sich nur für eine Version entscheidet und dann dabei bleibt. Auch mehrere Jahre lang. Ich glaube, dass sowohl Jugendliche als auch Menschen mit wenig Schulbildung nicht zu viele unterschiedliche Textversionen hören sollten. Sonst kommen die völlig durcheinander und kriegen irgendwann den Koller. Ist doch beknackt, wenn man aus etwas Einfachem etwas Kompliziertes macht, fast so, als wollte man es noch verbessern. Letztendlich arbeitet man dann umsonst, weil die Leute nur verwirrt sind.

Die weisen Männer, die lange vor uns in der Kirche aktiv waren, haben das auch so gesehen. Darum lehrten sie immer nur eine Version vom Vaterunser-Gebet, dem Glaubensbekenntnis und den zehn Gesetzen. Wir sollten es bei den Jugendlichen und den Menschen ohne große Schulbildung genauso machen und nicht mal die eine Version, mal die andere verwenden, sondern der Gemeinde jedes Jahr immer genau das Gleiche verklickern und vorsagen!

Also: Such dir aus, wie du es machen willst und welche Version du nimmst. Aber dann zieh die Sache auch durch, für immer. Nun kann es natürlich sein, dass deine Zuhörer mal eher so Abiturienten und studierte Leute sind. Bei solchen Menschen kannst du natürlich tief in die Theologie-Kiste greifen. Zeig denen, was du sprachlich draufhast, experimentiere rum. Zieh alle Register, wenn du willst. Bloß, wie gesagt, bei den Jugendlichen passt das nicht. Dort solltest du immer bei der gleichen Form und Version bleiben.

Als Erstes sollten sie das Folgende draufhaben: die zehn Gesetze, den Spruch, was wir als Christen glauben – das Glaubensbekenntnis –, und das Vaterunser-Gebet. Mach das immer Wort für Wort. Sie sollten die Texte auswendig können und müssen in der Lage sein, die einzelnen Sätze jederzeit abzurufen.

Ich sag jetzt mal ganz hart: Wenn die dazu nicht bereit sind, dann hau ihnen einen vor den Kopf. Sag ihnen, dass sie mit dieser Verweigerung so tun, als würden sie Jesus Christus gar nicht kennen. Du kannst sogar sagen, dass sie dann gar keine richtigen Christen sind. Okay? Ich finde, man sollte ihnen auch nicht erlauben, am Abendmahl teilzunehmen. Und falls sie Kinder haben, dürfen die nicht getauft werden. Da ist dann Schluss mit der Freiheit durch Christus. Ach was, die sollten am besten gleich an den Papst und die Papstpolizei übergeben werden, oder dem Teufel selbst. Ihre Eltern oder WG-Leute sollten ihnen kein Essen oder

Trinken mehr geben. Man sollte ihnen klarmachen, dass solche Leute laut der Ansage von oben im Land nicht willkommen sind!

Logisch: Man kann und soll niemanden dazu zwingen, an Gott zu glauben. Trotzdem sollten die Glaubensprofis den Leuten schon klar sagen, was in Ordnung geht und was nicht. Man muss sie dazu bringen zu respektieren, was in ihrem Ort oder ihrer Stadt gemacht werden darf und was verboten ist. Dort, wo man lebt und sein Essen bekommt, muss man sich an die geltenden Gesetze halten. Wer in einer Stadt wohnt, sollte wissen, was dort erlaubt ist und was nicht, und sich auch daran halten. Schließlich hat er ja auch selbst was davon. Und das gilt für Christen genauso wie für Menschen, denen Gott wurstegal ist.

> Logisch: Man kann und soll niemanden dazu zwingen, an Gott zu glauben.

Das Zweite, was ich dazu sagen will: Auswendig aufsagen können reicht nicht! Sie müssen auch kapieren, was da steht. Du musst es ihnen beibringen! Dafür kannst du auch wieder mein kleines Grundlagenbuch für den christlichen Glauben zur Hilfe nehmen. Aber natürlich auch andere Bücher oder Materialien. Wichtig ist nur, dass du die Sache dann auch wirklich durchziehst. Wie ich oben schon geschrieben habe, solltest du es immer gleich machen. Das braucht Zeit, die du dir ruhig nehmen solltest. Mach nicht alle Themen gleichzeitig. Nimm ein Ding nach dem anderen durch. Ein Beispiel: Wenn es um das erste Gesetz geht, bleib so lange dabei, bis sie es kapiert haben. Erst dann kannst du zum zweiten Gesetz übergehen. Und so mache es dann immer weiter. Sonst wird es zu viel, die Leute kriegen zu viel Stoff, ihr Rechner im Gehirn hängt sich auf. Und am Ende haben sie nicht eins von den Gesetzen wirklich kapiert.

Drittens: Sobald die Leute die Grundlagen des Glaubens draufhaben, gehe zu einem Kurs für Fortgeschrittene über. Vom kleinen Grundlagenbuch zum großen Grundlagenbuch. Klar? Bring ihnen alles bei, damit sie noch mehr auf ihrer Festplatte haben. Sag ihnen zu jedem Gesetz, jeder Gebetszeile, jedem Abschnitt, was man damit anfangen kann, wofür es gut ist, aber auch, was für eine Gefahr auf einen lauert, wenn man nicht danach lebt. In Büchern findest du dazu ja reichlich Informationen. Wichtig ist, dass du das Gesetz besonders hervorhebst, mit dem deine Leute am meisten Probleme haben. Ein Beispiel: Wenn du in deiner Gemeinde viel mit Handwerkern, Hausangestellten, Internet-Händlern oder anderen Geschäftsleuten zu tun hast, dann wäre es gut, über das siebte Gesetz „Du sollst niemanden beklauen" zu sprechen. Denn bei denen ist Klauen geradezu Mode. Die zocken sich gerne immer mal gegenseitig ab.

Anderes Beispiel: Das vierte Gesetz, wo es darum geht, Respekt vor seinem Vater und seiner Mutter zu haben, solltest du natürlich vor allem Kindern beibringen. Aber auch einfache Menschen müssen das immer wieder hören. Sie sollen tun, was die Eltern ihnen sagen, und keinen Streit mit ihnen anzetteln, sich außerdem ruhig und zuverlässig verhalten. Dabei ist es gut, Beispiele aus der Bibel heranzuziehen. Denn es gibt ja genug Geschichten, in denen Gott Leute bestraft hat, die das Gesetz nicht befolgt haben. Aber auch Storys, wo Gott Leuten geholfen hat, die genauso lebten.

Hey, und es ist natürlich auch total wichtig, die Politiker, Bürgermeister und Co. dazu zu bringen, so zu regieren, wie Gott es will! Auch, dass Eltern ihre Kinder zum Lernen motivieren. Du musst ihnen klarmachen, dass es ihre Pflicht ist! Und immer, wenn sie es nicht machen, dann steht das zwischen Gott und ihnen. Es ist eine ganz schlimme Sünde. Denn dadurch machen sie viel kaputt. Es schadet der Sache Gottes und auch dem Zusammenleben auf dieser Welt. Sie müssen kapieren, dass es die Gesellschaft total kaputt macht, wenn aus ihren Kindern nicht fähige Lehrer, Pfarrer und Politiker werden. Sag ihnen, dass Gott sie ganz krass dafür bestrafen wird. Man muss immer wieder drüber predigen. Sowohl die Politiker als auch die Eltern bauen richtig große Scheiße. Ich glaube, dass dahinter die dunkle Seite steht, der Satan! Der hat ganz üble Pläne.

Zum Schluss: Jetzt, wo die Diktatur des Papstes vorbei ist, wollen die Leute nicht mehr zum Abendmahl gehen. Ja, sie haben da sogar überhaupt keinen Bock mehr drauf! Wir müssen da etwas ändern! Allerdings nicht mit Bestrafung, Zwang oder genauen Vorschriften zu Ort und Zeit, das bringt es nicht. So etwas kann man nicht per Gesetz verordnen. Aber durch unsere Predigt haben wir die Möglichkeit, Einfluss zu nehmen. Wir sollen ihnen solche Lust darauf machen, dass sie uns Pfarrer und Pastoren am Schluss sogar zwingen, das Abendmahl auszuteilen, weil sie es unbedingt haben wollen. Wie kann man das hinkriegen? Indem man den Leuten die Ansage macht: Wenn jemand das Abendmahl nicht mindestens viermal im Jahr genommen hat und haben will, dann muss man davon ausgehen, dass er dieses Ritual nicht ernst nimmt und kein echter Christ ist. Genau wie der kein echter Christ ist, der die Gute Nachricht für total bekloppt hält. Jesus hat ja auch in der Bibel gesagt (im 1. Korintherbrief, Kapitel 11, Vers 25): „Das müsst ihr immer tun, um euch da dran zu erinnern." Er hat nicht gesagt: „Das könnt ihr sein lassen" oder „Das kann euch egal sein". Jesus sagt, dass wir es immer wieder *tun* sollen.

Wem das ganz besondere Abendessen egal ist, bei dem kann man davon ausgehen, dass ihm auch alle anderen Themen im Christentum am Arsch vorbeigehen. Themen wie Sünde, die eigene Schlechtigkeit, der Teufel, diese Welt, Tod, Gefahr und das Leben nach dem Tod, die Hölle, all das ist so jemandem egal. Er glaubt einfach nicht dran. Und das, obwohl er vermutlich bis über beide Ohren in dunkle Sachen verstrickt ist. Er gehört im Grunde schon dem Satan. Denn er braucht ja scheinbar keine bedingungslose Liebe von Gott mehr, kein Leben, kein Paradies, keine Realität einer neuen Wirklichkeit, nicht Jesus oder Gott oder sonst irgendwas Gutes.

Hey, und es ist natürlich auch total wichtig, die Politiker, Bürgermeister und Co. dazu zu bringen, so zu regieren, wie Gott es will.

Denn wenn er glauben würde, dass nur Scheiße in ihm ist und er ganz viel Gutes braucht, dann wäre ihm gerade das Ritual nicht egal, das ihm helfen könnte. Schließlich löffelt er die Suppe aus, die er sich eingebrockt hat, und gibt ihm stattdessen Gutes. Er hat das offensichtlich nicht kapiert, denn dann wäre es auch nicht nötig, ihn mit der Androhung von Strafe dazu zu zwingen. Er würde es von alleine wollen, es wäre ihm einfach superwichtig. Er würde ständig bei dir angerannt kommen, er würde alles dafür geben, nur damit er endlich wieder das Abendmahl von dir bekommen darf!

Wenn es so läuft, braucht man kein Gesetz mehr, wie es der Papst erfunden hat. Du musst den Leuten nur immer wieder verklickern, wie gut es ist, das Abendmahl zu nehmen, und was man verpasst, wenn man es nicht tut. Was bewirkt dieses besondere Ding eigentlich, was passiert, wenn man es einnimmt? Und was für Gefahren lauern auf den, der es verpasst? Wenn du so verfährst, brauchst du niemanden mehr dazu zu zwingen. Sie werden alle von selbst kommen. Und wenn sie nicht kommen, dann lass sie. Du kannst ihnen noch auf den Weg geben, dass sie dann zur dunklen Seite der Macht gehören. Sie haben nicht kapiert, wie sehr sie Gott brauchen, und weisen seine Liebe einfach ab.

Das wäre mein Tipp, so musst du als Pfarrer oder Pastor mit dem Thema umgehen. Noch mal: Wenn du überhaupt nichts unternimmst oder ein großes Pflichtprogram daraus machst, mit der Androhung von Strafe, geht das Anliegen nach hinten los. Dann bist du selber schuld, wenn die Gemeindemitglieder keinen Bock auf das Abendmahl haben. Wenn du selbst nichts dazu sagst und es einfach verpennst, dann ist es doch logisch, dass sie sich nicht aufmachen, dran teilzunehmen.

Darum schreib ich dir das hier noch mal. Kümmere dich darum, lieber Pfarrer und Prediger! Wir haben jetzt ein anderes Verständnis von unserem Job, seitdem wir nicht mehr unter der Fuchtel vom Papst stehen. Wir haben jetzt Respekt davor und wollen Gutes bewirken. Das bringt natürlich auch mehr Arbeit mit sich. Die Angriffe von Mr. S werden zunehmen. Und das Geld am Ende des Monats ist immer zu wenig. Dazu wirst du von den Menschen da draußen auch keinen Applaus bekommen. Wir werden unsere Bezahlung aber direkt von Jesus Christus kriegen, er ist unser Lohn, wenn wir treu unser Ding durchziehen. Ich bete, dass Gott, der Vater, uns dabei hilft.

Danke, Gott, du bist der Größte! Ich will dir immer danken, denn das ist richtig und wird auch immer richtig bleiben. So stimmt es [Amen]!

Der erste Hauptteil
Zehn ganz besondere Gesetze, die direkt von Gott kommen

(Sie sind in einer Form erklärt, sodass ein Intellektueller sie einfachen Leuten vortragen und vermitteln kann.)

Das erste Gesetz (aus dem zweiten Buch von Mose, 20. Kapitel, Verse 1-6)

Ich bin der absolute Chef! Ich bin dein Gott! Ich will, dass du zu keinem anderen Gott betest!
Was ist damit gemeint?
Antwort: Wir sollen vor Gott richtig großen Respekt haben. Und wir sollen ihn über alles lieben und ihm hundertprozentig vertrauen.

Das zweite Gesetz (aus dem zweiten Buch von Mose, 20. Kapitel, Vers 7)

Du sollst vor meinem Namen Respekt haben! Du sollst ihn nicht verarschen, nicht damit rumspielen und ihn auch nicht für deine eigene Sache missbrauchen. Jeder, der so was tut, wird dafür bestraft werden.
Was ist damit gemeint?
Antwort: Gott will, dass wir ihn sehr lieben, aber er will auch, dass wir Respekt vor ihm haben. Wir sollen auf keinen Fall seinen Namen aussprechen, wenn wir gerade wild rumfluchen. Zum Beispiel findet es Gott nicht gut, wenn wir sagen: „Bei Gott, was ist das denn für ein Arschloch!" Oder wenn Leute ständig „O Gott!" sagen, ohne wirklich mit ihm reden zu wollen. Wir sollen seinen Namen auch nicht missbrauchen, wenn wir schwören. Sagen wir: „Ich schwöre dir bei Gott!", ist das nicht das, was er gut findet. Auch sollen wir nicht irgendwelche magische Zauberei in seinem Namen betreiben.

Generell möchte Gott nicht, dass wir seinen Namen dort mit reinziehen, wo wir lügen, Menschen betrügen usw. Aber wenn wir ein großes Problem haben, wenn wir ihn um etwas bitten oder uns bei ihm bedanken wollen, dann ist es gut, seinen Namen dabei auszusprechen. Das möchte Gott von uns.

Das dritte Gesetz (aus dem zweiten Buch von Mose, 20. Kapitel, Vers 8)

Sonntag ist der Tag, an dem ihr euch alle entspannen sollt. Dieser siebte Tag in der Woche ist ein ganz besonderer Tag und der gehört allein Gott.

Was ist damit gemeint?
Antwort: Gott möchte auch hiermit sagen, dass wir Respekt vor ihm haben sollen. Und Gott möchte von uns geliebt werden. Das soll sich auch darin ausdrücken, dass wir uns gerade am Sonntag Zeit nehmen und eine Predigt anhören oder aufmerksam in der Bibel lesen.

Das vierte Gesetz (aus dem zweiten Buch von Mose, 20. Kapitel, Vers 12)
Du sollst Respekt vor deinem Vater und deiner Mutter haben. Das wird gut für dich sein, dann wirst du in dem Land, wo Gott dich hinbringen wird, voll lange leben.
Was ist damit gemeint?
Antwort: Gott möchte auch hiermit sagen, dass wir Respekt vor ihm haben sollen. Und Gott möchte von uns geliebt werden. Das soll sich auch darin ausdrücken, dass wir Respekt vor unseren Eltern haben. Genauso wie vor unseren Chefs, Lehrern, Ausbildern usw. Wir sollen sie nicht verachten oder wütend machen. Gott will, dass wir ihnen den Platz einräumen, der ihnen zusteht. Wir sollen tun, was sie uns sagen. Es wäre gut, wenn wir sie mögen und sie uns wichtig sind.

Das fünfte Gesetz (aus dem zweiten Buch von Mose, 20. Kapitel, Vers 13)
Menschen töten ist verboten!
Was ist damit gemeint?
Antwort: Gott möchte auch hiermit sagen, dass wir Respekt vor ihm haben sollen. Und Gott möchte von uns geliebt werden. Das soll sich auch darin ausdrücken, dass wir die Menschen nicht ablinken. Wir sollen ihnen keinen Schaden und keinen Schmerz zufügen. Stattdessen sollen wir den Menschen helfen; besonders wenn es ihnen dreckig geht, müssen wir für sie da sein.

Das sechste Gesetz (aus dem zweiten Buch von Mose, 20. Kapitel, Vers 14)
Du sollst keine Ehe kaputt machen, du sollst nicht fremdgehen.
Was ist damit gemeint?
Antwort: Gott möchte auch hiermit sagen, dass wir Respekt vor ihm haben sollen. Und Gott möchte von uns geliebt werden. Das soll sich auch darin ausdrücken, dass wir uns mit Sexsachen zurücknehmen. Wir sollen unserm Partner treu sein. Sex darf nicht die Kontrolle über uns haben, sondern wir sollten die Kontrolle über unsere Sexualität haben. In

der Ehe soll man sich gegenseitig lieben. Und der Partner soll sehr wichtig sein, er soll in allen Entscheidungen den wichtigsten Part einnehmen.

Das siebte Gesetz (aus dem zweiten Buch von Mose, 20. Kapitel, Vers 15)
Du sollst keine Sachen von anderen klauen und niemanden abzocken.
Was ist damit gemeint?
Antwort: Gott möchte auch hiermit sagen, dass wir Respekt vor ihm haben sollen. Und Gott möchte von uns geliebt werden. Das soll sich auch darin ausdrücken, dass wir uns nichts von den Sachen von anderen nehmen. Und wir sollen kein Geld von jemandem einstecken, wenn es uns nicht gehört. Wir sollen auch keine geklauten Sachen kaufen und dann weiterverkaufen. Stattdessen sollen wir dafür sorgen, dass die Dinge, die sowieso Gott gehören, besser unter allen Leuten verteilt werden. Das betrifft zum Beispiel Lebensmittel. Wir müssen auf die Dinge, die Gott uns durch die Natur geschenkt hat, gut aufpassen.

Das achte Gesetz (aus dem zweiten Buch von Mose, 20. Kapitel, Vers 16)
Du sollst nicht rumlügen und Dinge über Menschen erzählen, die nicht stimmen.
Was ist damit gemeint?
Antwort: Gott möchte auch hiermit sagen, dass wir Respekt vor ihm haben sollen. Und Gott möchte von uns geliebt werden. Das soll sich auch darin ausdrücken, dass wir den Menschen keinen Scheiß erzählen. Wir sollen nicht lügen. Und wir sollen auch über niemanden lästern, nicht schlecht über andere Menschen reden und damit ihren Ruf ruinieren. Stattdessen sollten wir gute Dinge über andere erzählen. Wir sollten dafür sorgen, dass das Leben der anderen gelingt, dass bei ihnen alles gut wird.

Das neunte Gesetz (aus dem zweiten Buch von Mose, 20. Kapitel, Vers 17)
Du sollst nicht scharf sein auf das Haus von deinem Nachbarn.
Was ist damit gemeint?
Antwort: Gott möchte auch hiermit sagen, dass wir Respekt vor ihm haben sollen. Und Gott möchte von uns geliebt werden. Das soll sich auch darin ausdrücken, dass wir nicht versuchen, unseren Nachbarn, unseren Freund oder einen Bekannten abzuziehen. Wir sollen nicht versuchen, mit einem Trick an das Eigentum anderer Leute ranzukommen. Stattdes-

sen sollen wir lieber versuchen, anderen zu helfen und sie zu unterstützen, wenn es ihnen dreckig geht, damit sie behalten können, was ihnen gehört.

Das zehnte Gesetz (aus dem zweiten Buch von Mose, 20. Kapitel, Vers 17)

Du sollst generell nicht scharf auf etwas sein, was jemand anderem gehört. Sei nicht scharf auf die Frau von jemand anderem oder auf sein Haus, das Auto, die Firma, das Handy oder sonst irgendwas.

Was ist damit gemeint?
Antwort: Gott möchte auch hiermit sagen, dass wir Respekt vor ihm haben sollen. Und Gott möchte von uns geliebt werden. Das soll sich auch darin ausdrücken, dass wir nicht jemandem den Partner ausspannen. Wir sollen nicht mit ihr oder ihm flirten, wir dürfen nichts zwischen ein Paar bringen. Das Gleiche gilt aber auch für einen Angestellten aus einer anderen Firma. Wir sollen nicht mit miesen Methoden Arbeiter aus einem anderen Betrieb abwerben. Ganz im Gegenteil sollen wir Leute ermutigen, treu zu sein und das zu tun, wozu sie sich verpflichtet haben. Anderen sollten wir das gönnen, was sie haben.

Was sagt Gott nun über diese ganzen Gesetze? (nach 2. Mose 20,5-6)

Er sagt Folgendes: *Denn ich, dein Gott, bin voll eifersüchtig. Ich will, dass du erst mal nur mich liebst. Wenn jemand fies zu mir ist und mich sogar hasst, wird das Konsequenzen haben bis hin zur dritten und vierten Generation nach ihm. Aber die Leute, die mich lieben und das tun, was ich will, die werde ich ohne Ende beschenken.*

Was ist damit gemeint?
Antwort: Das ist eine Warnung. Gott sagt damit, dass alle Menschen, die seine Gesetze brechen, mit einer Bestrafung rechnen müssen. Wir haben allen Grund, vor dieser Strafe Angst zu haben, und sollten ihm deshalb gehorsam sein. Gott kann auch ganz schön sauer werden. Auf der anderen Seite gibt er aber auch ein großes Versprechen ab. Wenn wir uns an seine Gesetze halten, wird es uns supergut gehen. Wir können uns sicher sein, dass er sich sehr darüber freut, wenn wir das tun, was er von uns will. Das ist ein weiterer Grund, Gott zu vertrauen und ihn zu lieben. Und wir sollten gern tun, was er von uns möchte.

Der zweite Hauptteil
Worum geht's beim christlichen Glauben?
Das Glaubensbekenntnis. Ein Text zum Aufsagen und Glauben für jedermann

Der erste Absatz: Es geht um alles, was Gott geschaffen hat

Ich glaube generell, dass es einen Gott gibt. Ich glaube, dass dieser Gott wie ein Vater ist. Ich glaube, dass dieser Gott alles kann, dass er das ganze Universum gemacht hat, Himmel und Erde.

Was ist damit gemeint?

Antwort: Ich glaube, dass Gott mich gemacht hat. Genauso glaube ich, dass Gott generell jedes Lebewesen und auch die Natur gemacht hat. Und er hat dabei alles perfekt gemacht, auch bei mir. Mein Körper, meine Augen, Ohren, die Hände, Füße, aber auch mein Innerstes, meine Seele, alles ist supergut gemacht worden und er kümmert sich darum. Gott hat mir auch einen Verstand gegeben, mit dem ich denken kann. Genauso wurden von ihm meine Sinne erschaffen, dass ich sehen, schmecken, riechen, hören und fühlen kann. Alles, was ich besitze, hat er mir letztendlich geschenkt: meine Freundin oder meinen Freund oder meinen Ehepartner. Aber auch meine Kleidung, mein Handy, meinen PC, die Nahrung, eben alles, was man so zum Leben braucht. Er versorgt mich jeden Tag und schenkt mir alles im Überfluss!

Er sorgt auch dafür, dass ich in Gefahrensituationen beschützt werde, er passt auf mich auf, dass keine allzu großen Katastrophen in meinem Leben passieren. Er tut das, weil er Vatergefühle für mich hat, er liebt mich, wie ein Vater seine Kinder liebt. Dafür kann ich noch nicht mal etwas tun, es hat nichts mit meiner Leistung oder meinem korrekten Leben zu tun. Wenn mir das klar wird, kann ich ihm am Ende nur Danke sagen. Und es ist nur logisch, dass ich ihm deswegen auch dienen möchte, dass ich immer tun will, was er sagt. Da bin ich mir hundertprozentig sicher.

Der zweite Absatz: Wie wir unseren Dreck loswerden und in den Himmel gebeamt werden

Ich glaube, dass Jesus Christus der einzige Sohn von diesem Gott ist. Er soll unser Chef sein, er soll das Sagen haben. Jesus wurde durch die besondere Kraft Gottes, seinen Heiligen Geist, in Maria gezeugt. Maria war zu dem Zeitpunkt noch Jungfrau. Als erwachsener Mann wurde Jesus später von dem römischen Herrscher Pontius Pilatus festgenommen. Der hat ihn zur Todesstrafe verurteilt. Jesus wurde an ein Holzkreuz genagelt, an dem er starb. Nach seinem Tod wurde sein menschlicher Körper begraben. Aber sein geistlicher Körper ging an einen Ort, wo alle Toten sind. Nach drei Tagen wurde er körperlich und geistig wieder lebendig. Er hat den Tod besiegt und ist danach in eine göttliche Dimension verschwunden. Dort, im Himmel, sitzt er nun neben Gott, dem Vater, dem einfach nichts unmöglich ist. Eines Tages wird er von dort eine große Gerichtsverhandlung abhalten. Alle Menschen, die jemals gelebt haben, werden sich für ihr Leben verantworten müssen.

Was ist damit gemeint?

Antwort: Ich glaube, dass Jesus Christus wirklich Gott ist. Er wurde von Gott gezeugt, bevor das ganze Universum überhaupt entstanden ist. Er war hundert Prozent Gott, aber auch hundert Prozent Mensch, er war beides gleichzeitig. Er wurde von einer Frau geboren, die noch niemals mit einem Mann geschlafen hatte: Maria.

Jesus soll mein absoluter Chef sein, er soll das Sagen über mich und mein Leben haben. Obwohl ich total kaputt war und Gott allen Grund gehabt hätte, mich abzustoßen, hat er mich durch Jesus angenommen. Er hat mich von dem ganzen Dreck sauber gemacht. Ich hätte es verdient zu sterben, weil ich so viel Mist gebaut habe. Stattdessen hat Gott mir ein neues Leben geschenkt. Wäre nichts passiert, hätte die dunkle Seite die Macht über mich behalten. Ich wäre für immer in ihrem Gefängnis gewesen, ich war eine Geisel des Satans. Aber Jesus hat mich freigekauft. Er hat den Preis für meine Freigabe bezahlt, als er ganz schlimm am Kreuz verreckt ist. Er hat extrem gelitten, er ist gefoltert worden und dann gestorben. Und das alles, obwohl er nie etwas verbrochen hatte. Das tat er, damit ich ganz ihm gehöre. Er wollte es möglich machen, dass ich ab sofort unter seiner Regierung lebe. Dass ich in seinem Land bin und ihm für immer Freude mache, indem ich tue, was er von mir möchte. Ich bin ja jetzt korrekt für ihn, hab ne reine Weste und bin auf dem Weg in den Himmel. So wie er. Er hat ja sogar den Tod besiegt, ist als Sieger aus diesem Kampf hervorgegangen. Er lebt bis heute und er wird auch immer weiterleben. Da bin ich mir hundertprozentig sicher.

Der dritte Absatz: gottmäßig leben

Ich glaube, dass es den Geist Gottes gibt. Ich glaube, dass Gott alle Gläubigen in einer gottmäßigen, weltweiten Organisation zusammengebracht hat: seiner Kirche. Ich glaube, dass in dieser Kirche ganz besondere, gottmäßige Menschen sind und waren, die fest zusammenhalten, weil sie zusammengehören. Ich glaube, dass Gott uns unsere Fehler und Sünden verzeiht, dass wir immer wieder neu anfangen können. Und ich glaube, dass es einen Tag geben wird, wo die Toten wieder lebendig werden. Dann beginnt eine neue Zeit, es beginnt ein Leben, das niemals aufhört. So passt es, Amen!

Was ist damit gemeint?

Antwort: Ich glaube, dass ich es mir nicht selbst erarbeiten kann, an Jesus Christus zu glauben. Auch wenn ich alle Bücher der Welt gelesen hätte und 100 Jahre Theologie studieren würde, würde ich es nicht aus mir heraus schaffen, Gott wirklich zu vertrauen. Ich kann nichts dafür tun, es ist eben ein Geschenk. Selbst wenn ich mein Hirn noch so sehr anstrenge oder versuchen würde, Gott wissenschaftlich zu beweisen, wird es mir nicht gelingen, zu glauben. Ich brauche dazu den Heiligen Geist, der durch die Gute Nachricht, dass Gott die Menschen liebt, dafür sorgt, dass ich glauben kann – er hat mir gezeigt, dass Gott mich haben will. Er macht auch, dass ich meinen Glauben nicht verliere. Der Heilige Geist zieht Menschen weltweit zu Gott. Und er hält alle gläubigen Menschen auf der Erde zusammen. Er sorgt dafür, dass wir gottmäßig leben können. Er hilft uns zu verstehen, wie Gott eigentlich drauf ist und dass wir zusammengehören. Er zeigt uns Christen auch, wo wir Mist in unserem Leben gebaut haben, und bringt uns dazu, um Vergebung bei Jesus zu bitten, die wir natürlich auch bekommen. Das tut er immer wieder und immer wieder, ständig.

Am letzten Tag der Erde, wenn die große Gerichtsverhandlung kommt, wird der Heilige Geist auch alle bis dahin toten Menschen wieder lebendig machen. Dann werden alle, die Jesus in ihrem Leben vertraut haben, gemeinsam mit ihm eine neue Existenz bekommen, ein wunderschönes Leben, das nie mehr aufhört. Da bin ich mir hundertprozentig sicher.

Der dritte Hauptteil
Das „Vaterunser"-Gebet oder das Gebet, das Jesus uns beigebracht hat (nach Matthäus 6,9-13). Wieder so, dass man es jedem eintrichtern kann

Wie man Gott anspricht
Hey, Papa aus dem Himmel!
Was ist damit gemeint?
Antwort: Gott möchte uns mit dieser Anrede verklickern, dass er unser richtiger Papa ist und wir seine Kinder. Wir dürfen glauben, dass er Vatergefühle für uns hat, dass er uns liebt, wie ein guter Vater seine Kinder liebt. Wenn wir so ein Verhältnis zu Gott haben, können wir ihn auch auf ganz andere Weise bitten – nämlich so, wie ein Kind seinen Vater um etwas bittet.

Die erste Bitte
Es geht darum, dass du und dein Name in dieser Welt ganz groß rauskommen!
Was ist damit gemeint?
Antwort: Allein der Name von Gott ist schon etwas ganz Besonderes, er ist heilig. Das ist einfach so. Trotzdem soll er auf dieser Welt auch richtig groß rauskommen.
Wie soll das passieren?
Immer dort, wo wir die Message aus der Bibel Menschen treu und klar beibringen, passiert das. Wenn wir als Menschen leben, die wissen, dass sie für Gott extra ausgesucht worden sind, da passiert das. Gott, unser Vater, soll uns dabei helfen. Wenn jemand den Christen andere Dinge beibringt als die Sachen, die in der Bibel stehen, zieht er Gottes Namen in den Dreck, und das vor allen Leuten. Davor soll Gott uns unbedingt beschützen.

Die zweite Bitte
Das Gebiet, wo du das Sagen hast, soll sich immer mehr ausbreiten.
Was ist damit gemeint?
Antwort: Dass Gott das Sagen über diese Welt hat, ist so oder so eine kla-

re Sache. Hier bitten wir ihn darum, dass wir das auch in unserer Umgebung spüren. Wir bitten darum, dass er bei uns persönlich das Sagen hat.
Wie soll das passieren?
Das passiert dadurch, dass Gott seinen Heiligen Geist in uns reingibt. Er hilft uns dabei, die Bibel zu lesen und seinen Worten darin zu vertrauen. Das macht er, weil er uns liebt. Wenn das passiert, sind wir in der Lage, auch danach zu leben – heute und für immer.

Die dritte Bitte
Du sollst hier das Sagen haben, auf der Erde genauso, wie es im Himmel ja schon immer der Fall war.
Was ist damit gemeint?
Antwort: Gott ist gut und er liebt die Menschen ohne Ende. Das, was er will, passiert auch ohne unser Gebet. Aber wenn wir ihn mit diesen Worten darum bitten, dann wollen wir auch, dass es konkret bei uns geschieht.
Wie soll das passieren?
Das passiert, indem Gott jeden schlechten Ratschlag, den wir bekommen, als falsch aufdeckt. Oder er zeigt uns, wenn wir Dinge tun, die Gott lächerlich machen und bewirken, dass seine Sache nicht umgesetzt wird. So was tut das Schlechte in Person, der Teufel. Aber auch durch Menschen, die nicht an Gott glauben, kann so etwas passieren. Und dann kommt es auch vor, dass die dunkele Seite in uns selbst uns dazu verführt. Wir bitten darum, dass er unsere Glaubensmuskeln trainiert, wenn wir in der Bibel lesen, und dafür sorgt, dass wir ganz dem vertrauen, was dort steht. Das ist es, was Gott, der uns sehr liebt, von uns will.

Die vierte Bitte
Hey, versorg uns doch bitte mit allem, was wir heute so zum Leben brauchen!
Was ist damit gemeint?
Antwort: Gott gibt uns jeden Tag genug zu essen, darum brauchen wir ihn eigentlich nicht extra bitten. Er versorgt sogar linke und böse Menschen. Aber mit dieser Bitte sagen wir Gott, dass er uns das immer wieder bewusst machen soll und wir ihm dafür dankbar sein wollen. Wir sollten am besten jeden Tag vor dem Essen Gott ganz ehrlich dafür danken.

Was ist denn überhaupt mit dem täglichen Brot gemeint? Was bedeutet es, wenn wir darum bitten, alles zu bekommen, was man heute zum Leben braucht?
Damit ist alles gemeint, was wir für unseren Körper jeden Tag brauchen. Also so etwas wie Essen, Trinken, Kleidung, Schuhe, eine Wohnung, eine Arbeit, genug Geld, eine Frau oder einen Mann, der Christ ist. Wir bitten damit auch, dass unsere Kinder an Gott glauben, dass unsere Angestellten Christen werden und dass sogar der Bürgermeister und der Bundeskanzler oder die Bundeskanzlerin an Gott glauben und gut für das Volk sorgen. Es geht aber auch um solche Dinge wie Disziplin, Respekt, den man sich von anderen wünscht, treue Freunde, anständige Nachbarn, gutes Wetter, Gesundheit, Frieden und Ähnliches.

Die fünfte Bitte
Und verzeih uns die Sachen, wo wir mal wieder Mist gebaut haben. Wir verzeihen auch denen, die bei uns was verbockt haben.
Was ist damit gemeint?
Antwort: Mit diesem Teil des Gebetes bitten wir Gott, dass er unsere Fehler nicht ständig im Blick hat. Wir bitten, dass er uns den Mist verzeiht, den wir immer wieder bauen. Eigentlich haben wir es sowieso nicht verdient, dass Gott unsere Gebete erhört. Wir können gar nicht gut genug sein, um Gott dazu zu bewegen, auf unsere Bitten zu hören. Wenn er es trotzdem tut, dann nur, weil er uns total liebt. Wir bauen jeden Tag richtig Scheiße, hätten es eigentlich verdient, dafür bestraft zu werden. Weil das so ist, sollen wir auch gern denjenigen verzeihen, die uns was getan haben. Wir sollen richtig gut dabei draufkommen, denen etwas Gutes zu tun, die uns verletzt oder einfach nur geärgert haben.

Die sechste Bitte
Pass auf, damit wir nicht irgendwelchen schlechten Gedanken nachgeben und dir untreu werden. Führe uns nicht in Situationen, wo wir Fehler machen könnten.
Was ist damit gemeint?
Antwort: Es ist so, dass Gott niemand in Versuchung führt. Aber mit diesem Gebet bitten wir, dass Gott uns in den Situationen beschützt, wo wir schwach werden könnten. Sonst könnte uns die Gegenseite, der Teufel, austricksen. Wir können auch durch die Menschen, die nicht an Gott

glauben, versucht werden, Dinge zu tun, die Gott nicht will. Und dann kann unser altes Ego, die dunkle Seite in jedem von uns, uns dazu bringen, dass wir andere Menschen übers Ohr hauen wollen. Wir werden dazu verführt, Gott nicht wirklich zu vertrauen, zu verzweifeln, aber auch andere Dinge mit unserem Körper zu tun, die er nicht gut findet. Das ist oft ein richtiger Kampf in uns, zwischen Gut und Böse. Wir bitten in diesem Gebet darum, dass das Gute in uns gewinnt.

Die siebte Bitte
Rette uns, wenn uns das Böse angreift!
Was ist damit gemeint?
Antwort: In diesem Gebet geht es darum, dass Gott uns als unser ultimativer Vater vor schlechten Dingen bewahren soll. Er soll unseren äußeren Körper beschützen, aber auch unseren inneren Körper, den Geist und die Seele. Und er soll aufpassen, dass wir nicht beklaut werden oder dass man schlecht über uns redet. Und schließlich geht es auch darum, dass Gott uns einen schönen Tod schenkt, wenn einmal unsere Uhr abgelaufen ist, und wir direkt in den Himmel gebeamt werden. Dann wird es mit diesem Leben voller Leiden und ätzender Sachen vorbei sein. Er wird uns bei sich in seinem Haus aufnehmen.

Der Abschlussteil
Denn du bestimmst über diese neue Zeit, dieses neue Land gehört alleine dir. Du hast die Power, mit dir kann sich keiner messen, du bist der Größte im Universum. Und das wirst du auch immer bleiben. So passt es, Amen.
Was bedeutet das Wort „Amen"?
Antwort: Es meint, dass du dir hundertprozentig sicher sein kannst, dass es passieren wird. Es ist wie eine Bestätigung, dass es so passt. Gott freut sich über solche Bitten, er findet sie gut. Darum wird er sie auch erfüllen. Er hat uns ja selber gesagt, dass wir beten sollen. Und wir sollen sogar genauso beten, wie es hier gesagt wird. Sein Versprechen, dass er unsere Gebete erfüllen wird, steht fest! Amen! Amen! Also: Ja, ja, genau so soll es passieren.

Der vierte Hauptteil
Die jesusmäßige Taufe

(Ich schreib es hier wieder in so einer Sprache auf, dass es zum Beispiel ein Vater seinen Kindern beibringen kann.)

Erstens

Was ist die Taufe eigentlich?
Antwort: Bei der Taufe geht es nicht nur um ganz normales Wasser. Es geht um ein Wasser, das Gott für seine Leute zu einem bestimmten Zweck vorgesehen hat. Dieses Wasser steht in enger Verbindung mit einem Auftrag, mit etwas, das Gott unbedingt von uns will.
Wo steht denn dieser Auftrag in der Bibel, dass Gott die Taufe unbedingt von uns will?
Antwort: In dem Buch von Matthäus, ganz am Schluss. Da sagt Jesus, unser absoluter Chef: „Darum geht jetzt los, überallhin, zu allen Ecken und Enden der Erde! Bringt die Leute dazu, so zu leben, wie ich es euch beigebracht habe! Fangt an, mit ihnen dieses Ritual, die Taufe, durchzuziehen" (Matthäus, Kapitel 28, Vers 19).

Zweitens

Was bringt einem die Taufe? Wofür ist sie gut?
Antwort: Sie sorgt dafür, dass uns der Mist vergeben wird, den wir in unserem Leben gebaut haben. Dadurch rettet sie uns vor dem Tod, der nie mehr aufhört. Und sie holt uns aus dem Wirkungsbereich des Bösen heraus – damit ist der Satan gemeint – und lässt uns mit Gott im Reinen sein. All das trifft jedenfalls auf diejenigen zu, die ihr Vertrauen auf das setzen, was Gott in der Bibel versprochen hat.
Was für Versprechen stehen denn dort genau?
Antwort: Im letzten Kapitel bei Markus in der Bibel hat der Chef Jesus Christus Folgendes gesagt: „Alle, die ihr Vertrauen auf Gott setzen und sich taufen lassen, werden gerettet! Wer sein Vertrauen aber nicht auf Gott setzt, wird irgendwann für sein Leben verurteilt werden, er ist für immer verloren." Das steht in Markus, Kapitel 16, Vers 16.

Drittens

Wie geht das? Wie kann stinknormales Wasser so etwas Gigantisches bewirken?
Antwort: Das Wasser kann so was natürlich nicht machen. Die Kraft für dieses krasse Wunder kommt von dem Versprechen, das Gott uns gemacht hat. Das wird mit dem Wasser verbunden. Und wenn man diesem Versprechen glaubt, wenn man darauf vertraut, dann bewirkt es dieses Wunder. Ohne das Versprechen von Gott handelt es sich nur um stinknormales Wasser. Erst durch die Garantie von Gott bewirkt es eine richtige Taufe.

Das ist ein gigagroßes Geschenk, dieses Wasser, weil es dafür sorgen kann, dass ein neues Leben entsteht, das niemals mehr aufhört. Es ist, als würde der neue Mensch, der man geworden ist, im Heiligen Geist baden, also ganz mit ihm vollgesogen werden. Genau das hat ja damals schon Paulus an Titus in der Bibel geschrieben. Dort steht im 3. Kapitel in den Versen 5 bis 8: „Darum hat er uns diesen Neuanfang geschenkt, dieses neue Leben durch die Kraft von Gott, seinen Heiligen Geist. Diesen Geist hat er uns reichlich gegeben, durch Jesus Christus, der uns gesund gemacht und befreit hat. Ohne dass wir es verdient hätten, hat Gott uns unseren Dreck vergeben! Plötzlich durften wir da drauf hoffen, ein Leben zu bekommen, das nie aufhören wird. Da drauf können wir uns ab jetzt sogar hundert Prozent verlassen!" Da bin ich mir absolut sicher.

Viertens

Was beinhaltet die Taufe mit Wasser denn noch?
Antwort: Die Taufe will auch dafür sorgen, dass unser alter Mensch, mit all unseren alten Lebensmustern, jeden Tag wieder neu untergetaucht und damit getötet wird. Er soll vollkommen in uns absterben, indem wir immer wieder neu unseren Mist einsehen und davon umkehren. Jeden Tag müssen unsere fiese Geilheit und unsere linken Einstellungen abgetötet werden. Wir können ständig von vorne anfangen, dann ist ein neuer Mensch am Start. Dieser neue Mensch ist für Gott in Ordnung, er ist korrekt und sauber. Und er wird ewig weiterleben, er wird auch nach dem Tod noch weiterexistieren, für immer.
Wo steht das in der Bibel?
Antwort: Der alte Apostel Paulus hat das gesagt. Er schreibt an die Rö-

mer im 6. Kapitel, 4. Vers, Folgendes: „Ihr seid im Grunde [durch die Taufe] mit ihm unter die Erde gebracht worden, Exitus. Und genauso wie Jesus durch die große Power von Gott wieder lebendig wurde, so sind wir jetzt auch in der Lage, ein anderes Leben zu führen."

Die große Dreck-weg-Aktion
Ein paar Tipps, wie man Leuten ohne große Schulbildung beibringt, ihre Sünden zu bekennen und von ihrem Dreck sauber zu werden. Man nennt das auch „Beichte"

Was ist Beichte überhaupt?
Antwort: Die Beichte besteht eigentlich aus zwei Schritten. Im ersten Schritt gibt jemand zu, dass er Mist gebaut hat. Im zweiten Schritt befreit man ihn von dieser Schuld, die er auf sich geladen hat. Ihm wird von demjenigen die Vergebung zugesprochen, vor dem er seinen Mist bekannt hat. Der tut das so, als wäre er Gott höchstpersönlich. Danach sollte man nicht daran zweifeln. Stattdessen darf man sich hundertprozentig sicher sein, dass der große Gott des Universums einem die Schuld vergeben hat. Alles ist dann paletti.

Und was für Dinge soll man da aussprechen? Was für Sünden soll man beichten?
Antwort: Da gibt es keine Ausnahmen. Vor Gott soll man alles bekennen. Sogar die Dinge, bei denen man sich gar nicht schuldig fühlt und sich keiner Schuld bewusst ist. So machen wir das ja auch im Vaterunser-Gebet. Aber vor dem Menschen, bei dem wir die Schuld aussprechen, sollten wir nur die Dinge rauslassen, die wir gecheckt haben. Wir spüren, dass wir da Mist gebaut haben, und haben deswegen auch ein schlechtes Gewissen.

Was für Sünden könnten das zum Beispiel sein?
Antwort: Na, da lese dir mal die zehn Gesetze von Gott durch. Egal, ob du Vater, Mutter, Sohn, Tochter bist oder welchen Beruf du hast, musst du prüfen, wie du lebst. Hast du jemanden abgezogen, warst du zu lasch bei der Arbeit, fluchst du ständig rum, bist du link drauf, zettelst du immer wieder einen neuen Streit an, hast du jemanden verletzt (egal, ob das nur mit Worten oder mit deinen Taten war), kümmerst du dich nicht um dein Äußeres oder hast du sonst wie jemandem geschadet? Das waren jetzt wie gesagt nur ein paar Beispiele.

Wie soll so eine Dreck-weg-Aktion genau abgehen?
Antwort: Ein Beispiel:
„Lieber Pastor, Leiter oder sonst wer: Ich möchte gerne meinen Mist vor dir bekennen. Ich brauche es, dass Gott mir diese Sachen verzeiht und du mir das bestätigst."

Dann antwortet derjenige: „Leg los, ist in Ordnung!"

Jetzt könnte es so weitergehen: „Ich habe richtig großen Mist gebaut. Ich bin ganz unten! Ich bekenne meine Schuld vor Gott. Und zwar alles. Ich bin Angestellter in einer Firma. Aber ich habe meinen Chef übers Ohr gehauen. Außerdem hab ich die Stechuhr immer falsch bedient oder den Stundenzettel falsch ausgefüllt. Und ich hab nicht das getan, was auf meiner To-do-Liste steht. Dadurch hab ich eine Menge Ärger verursacht. Mein Chef war richtig sauer. Dann hab ich Dinge gesagt, die ich besser nicht hätte sagen sollen. Ich habe über Leute abgelästert, sie verurteilt, bin superwütend geworden. Ich hab mich gegen meinen Chef aufgelehnt, hab über ihn rumgeschimpft ..."

Das kann dann so weitergehen. Am Ende sollte man was sagen wie: „Das tut mir alles so unendlich leid. Ich bitte darum, dass Gott mir verzeiht. Ich will es ab sofort anders machen!"

Wie gesagt, das sind nur Beispiele. Wenn jemand der Chef in einem Betrieb ist, dann kann eine Beichte bei ihm so aussehen: „Ich gebe zu, dass ich mit meinen Angestellten ganz mies umgegangen bin. Ich habe auch meine Kinder vernachlässigt und meine Frau nicht so behandelt, wie Gott es gut findet. Ich habe geflucht, ich war ein mieses Vorbild. Mit meinen dreckigen Worten und meinen siffigen Taten habe ich den Menschen um mich herum geschadet. Ich habe sie betrogen, habe Lügen über sie verbreitet, hab sie über den Tisch gezogen, indem ich völlig übertenert Dinge verkauft habe. Ich hatte Sachen im Angebot, die man hätte gar nicht verkaufen dürfen, weil sie kaputt waren ..." Da können jetzt noch viele Dinge dazukommen, die er aus seiner Position heraus falsch gemacht hat.

Wenn sich jetzt aber jemand von keinem dieser Beispiele angesprochen fühlt, braucht er sich keinen Kopf zu machen. Wie verrückt nach irgendwelchen Sünden im Leben zu suchen, bringt es nicht. Schon gar nicht, wenn man sich sogar ein paar extra ausdenkt, nur um damit zur Beichte gehen zu können. Es geht also nur um die Dinge, die dir wirklich bewusst sind, da reicht schon eine Sache oder zwei. Du kannst zum Beispiel sagen: „Ja, ich gebe zu, dass ich geflucht habe. Einmal habe ich ganz konkret jemanden belogen. Und einmal habe ich einen meiner Freunde im Stich gelassen." Und nachdem du das so gesagt hast, ist alles gut.

Gesetzt den Fall, dir fallen wirklich keine Sünden ein (was wohl kaum passieren wird), dann brauchst du auch nichts zu bekennen. Halte die Beichte dann einfach ganz allgemein und lass dir einfach so die Vergebung von allem Mist zusprechen.

Am Ende soll derjenige, der die Beichte gehört hat, so etwas sagen wie: „Gott hat dich sehr lieb. Er soll dein Vertrauen in ihn stärken. So passt es [Amen]."

Dann soll er noch die Frage stellen: „Glaubst du, wenn ich dir die Vergebung zuspreche, dass die dann auch von Gott kommt?"

Die Antwort muss lauten: „Ja!"

Dann sagt der andere wieder: „Was du glaubst, passiert jetzt auch. Weil Jesus Christus es so gesagt hat, ist dein ganzer Mist weg. Du bist sauber, deine Schulden sind weg. Das sage ich im Auftrag von Gott dem Vater, Gott dem Sohn Jesus und Gott dem Heiligen Geist! So passt es [Amen]. Jetzt sei locker und entspann dich!"

Bei Leuten, die megagroße Schuldgefühle wegen irgendetwas haben, muss jemand, der sich die Beichte anhört, schon die richtigen Worte finden und sollte ihn mit Bibelversen aufbauen, trösten und wieder Gott nahe bringen.

Wie gesagt: Was ich hier aufschreibe, ist nur so eine Art Grundmuster, wie so ne Dreck-weg-Aktion abgehen kann.

Der fünfte Hauptteil
Was mit dem besonderen Abendessen abgehen soll, besser bekannt als „das Abendmahl". Wieder mit dem beliebten Frage-Antwort-Spiel

Erstens

Was beinhaltet eigentlich das jesusmäßige Abendessen, was isst man da?
Antwort: Es handelt sich tatsächlich um das echte Blut von Jesus und seinen echten Körper, den wir trinken und essen. Dieses Ritual ist eine Ansage von Jesus Christus höchstpersönlich.
Wo steht das in der Bibel?
Antwort: Drei der Männer, die die Geschichte von Jesus in der Bibel aufgeschrieben haben, berichten davon: Matthäus, Markus und Lukas. Auch Paulus hat darüber etwas geschrieben. In seinem 1. Brief an die Korinther steht im 11. Kapitel (Verse 23-26): „Die Order, die der Chef Jesus selber gesagt hat, war anders. In der Nacht, in der er verraten wurde, nahm er das Brot, bedankte sich bei Gott dafür und zerteilte es. Dabei sagte er: ‚Das ist mein Körper, der wird für euch hingerichtet und zerstört. Dieses Abendessen müsst ihr immer wieder tun, um euch daran zu erinnern.' Danach nahm er noch das Weinglas und sagte: ‚Dieses Glas ist wie ein neuer Vertrag, den Gott mit den Menschen abgeschlossen hat. Er wurde mit meinem Blut unterschrieben. Das müsst ihr immer tun, um euch daran zu erinnern.'"

Zweitens

Wofür ist das denn gut, wenn wir diese Sachen essen und den Wein trinken?
Antwort: Die Antwort steht in dem Bibelvers direkt drin! Dort sagt Paulus: „... der wird für euch hingerichtet." Jesus ist für uns hingerichtet worden, damit unser Mist vergeben werden kann. In diesem besonderen Ritual steckt also drin, dass uns die Dinge, die wir falsch gemacht haben, vergeben werden. Und da, wo uns vergeben wird, entsteht neues Leben, ein Leben, das von Gott kommt und selbst mit dem Tod nicht aufhört.

Drittens

Aber wie kann das gehen? Wie kann normales Essen und Trinken so etwas Großartiges bewirken?
Antwort: Nur die Nahrung und das Getränk alleine können das natürlich nicht bewirken. Es geht mehr um diese Aussage „für euch hingerichtet", damit unser Mist verziehen werden kann. Dieses Versprechen Gottes begleitet das Essen und Trinken. Und es ist das Wichtigste an dem ganzen Ritual. Wenn jemand diesem Versprechen glaubt, dann passiert es auch. Ihm wird der Mist vergeben, den er getan hat.

Viertens

Wie kann man an diesem Ritual teilnehmen? Muss man irgendetwas tun, damit man das überhaupt darf?
Antwort: Es ist zwar eine gute Sache, wenn man vorher eine Zeit lang auf Essen verzichtet und sich intensiv mit Gott beschäftigt, wichtig ist hier aber nur, dass man diesem Versprechen „für euch hingerichtet" wirklich glaubt. Also dass das wirklich passiert ist, damit unser Mist verziehen werden kann. Wenn jemand dieser Garantie nicht vertraut, wenn er das einfach nicht für sich annehmen kann, dann darf er auch nicht beim Abendmahl dabei sein. Denn ein Geschenk, das für dich ist, besitzt du erst, wenn du es angenommen hast.

Wie man seinen Leuten beibringen kann, dass man morgens und abends betet

Nachdem man morgens aufgestanden ist, habe ich einen Vorschlag für ein gutes Gebet. Dieses Gebetsritual kann man jeden Tag wiederholen. Als Erstes kann man sich symbolisch das Kreuz auf den Körper malen. Das geht so: Du nimmst die rechte Hand und berührst zuerst deine Stirn, dann deine Brust, dann die linke Schulter und dann die rechte Schulter. Dabei sagst du ein Gebet, das ungefähr so aussehen könnte:

„Gott, ich bitte dich, dass der Vater, der Sohn und der Heilige Geist mich heute durch den Tag führen. So passt es [Amen]."

Danach kann man sich hinknien oder auch im Stehen noch das Vaterunser-Gebet sprechen. Und dann noch diesen Spruch aufsagen, in dem man bekennt, an was man alles glaubt – das sogenannte „Glaubensbekenntnis". Eine weitere Idee von mir wäre, noch ein Gebet zu sprechen, das ungefähr so geht:

„Vielen Dank, lieber Papi da oben! Du bist in einer anderen Dimension, aber trotzdem hier. Ich danke dir, dass ich durch Jesus Christus in der letzten Nacht beschützt worden bin. Er hat Probleme, Ärger und Gefahren von mir ferngehalten. Bitte, Gott, pass heute auf mich auf! Hilf mir, dass ich keinen Mist baue. Beschütze mich vor Problemen. Hilf mir, dass du alles, was ich mache, cool findest. Ich gebe alles, was mich ausmacht, an dich ab. Mein Körper, mein Innerstes, mein Herz, alles gehört dir. Deine besonderen Spezialkräfte aus dem Himmel sollen mich beschützen, damit mir der Stinker aus der Hölle nichts anhaben kann. So passt es [Amen]."

Nachdem man das gebetet hat, kann man ganz locker zur Arbeit fahren und sich freuen. Auf dem Weg passt noch ein gutes christliches Lied oder vielleicht kann man noch mal die zehn Gesetze aufsagen – was dir am besten passt. Das ist der optimale Start in den Tag!

Abends, wenn du dich pennen legen willst, kannst du auch wieder dieses

Zeichen machen. Also dir symbolisch das Kreuz von Jesus auf den Körper malen. Das geht so: Du nimmst die rechte Hand und berührst zuerst deine Stirn, dann deine Brust, dann die linke Schulter und dann die rechte Schulter. Dann sagst du ein Gebet nach dem folgenden Motto:

> „Du sollst über alles entscheiden, Gott Vater, Jesus und Heiliger Geist. So passt es [Amen]."

Danach kann man sich hinknien oder auch im Stehen noch das Vaterunser-Gebet sprechen. Und dann noch diesen Spruch aufsagen, in dem man bekennt, an was man alles glaubt – das sogenannte „Glaubensbekenntnis". Eine weitere Idee von mir wäre, noch ein Gebet zu sprechen, das ungefähr so geht:

> „Vielen Dank, mein Papi im Himmel, danke, Jesus Christus, dass du mich durch diesen Tag gebracht hast. Du warst immer liebevoll zu mir, du hast auf mich aufgepasst. Bitte verzeih mir den Mist, den ich heute wieder verbockt habe! Bitte beschütze mich in dieser Nacht. Ich gebe dir mein ganzes Leben. Bitte schicke einen von deinen besonderen Engeln vorbei. Er soll auf mich aufpassen, damit der linke Stinker aus der Hölle mir nichts anhaben kann. So passt es [Amen]."

Nachdem man das so gesagt hat, gilt nur noch: Husch, husch ins Bett und lecker einschlafen!

Wie man seinen Leuten beibringen kann, wie man vor dem Essen betet

Meine Idee dazu sieht so aus: Alle falten ihre Hände. Dann müssen sie sich vor den Tisch stellen und sollten dabei nicht rumhampeln. Jetzt könnte man folgendes Gebet sprechen, so wie es im Psalm 145 steht:

> „Alle sehen zu dir und erwarten Support, du gibst was zu essen, just in time, an jedem Ort. Du öffnest deine Hand und gibst einfach jedem, was sie brauchen, die nach deinem Willen leben."

Jetzt noch das Vaterunser-Gebet sprechen und dann mit folgenden Worten abschließen:

> „Chef, Gott, Vater, wir bitten dich, dass du durch Jesus deine Kraft auf uns legst und auch auf dieses Essen. Wir danken dir dafür, denn es ist nicht selbstverständlich. So passt es [Amen]."

Nach dem Essen sollte man auch noch mal beten. Und auch hier bitte nicht dabei rumhampeln. Es sollten die Hände gefaltet werden und dann kann folgender Spruch aufgesagt werden:

> „Bedankt euch bei Gott! Er ist nett zu uns. Seine Liebe für uns wird nie zu Ende gehen. Er gibt jedem Tier und jedem Menschen zu essen. Sogar jeder Vogel bekommt von ihm seine Nahrung. Jeder, der zu ihm betet, wird von ihm versorgt. Er hat keinen Spaß an den dicken Staatskarossen, und auch die dicksten Muskeln können ihn nicht beeindrucken. Gott freut sich aber über Leute, die Respekt vor ihm haben. Und über die, die mit seiner Liebe rechnen."

Als Nächstes noch mal das Vaterunser-Gebet, das kommt immer gut. Und zum Abschluss könnte man noch so ein Gebet sprechen:

> „Wir danken dir, Gott, unser Chef und unser Vater, durch Jesus Christus. Er ist unser Boss. Danke für alles, was du uns geschenkt hast. Du hast die Macht, du hast das Sagen im Universum! Und das wird auch immer so bleiben! So passt es [Amen]."

Zusammenstellung von wichtigen Texten für unterschiedliche Leute. Auch bekannt als „Die Haustafel"

Jetzt kommen ein paar besondere Bibelsprüche für Leute, die in der Kirche arbeiten, aber auch für andere Menschen. Sie sollen regelmäßig gelesen werden. Ziel ist es, jedem immer wieder den Spiegel vor die Nase zu halten und ihm auch mal einen ordentlichen Tritt in den Hintern zu verpassen, wenn es um den Job geht.

Für die Bischöfe, Pfarrer, Pastoren und Prediger

Aus dem 1. Timotheusbrief, Kapitel 3, Verse 2-4: „So ein Gemeindechef muss bestimmte Voraussetzungen mit sich bringen. Sein Leben muss vor Gott voll okay sein. Er sollte höchstens eine Frau haben und kein Weiberheld sein. Er sollte stets nüchtern und entspannt sein. Locker draufbleiben, damit er nicht gleich bei jeder Kleinigkeit ausrastet, das ist auch eine wichtige Eigenschaft. Er sollte freundlich mit Menschen umgehen und gerne Gäste bei sich aufnehmen. Und dass er den Leuten die Dinge gut vermitteln kann, ist auch noch wichtig. Es sollte kein Alkoholiker sein oder jemand, der sich mit anderen Sachen breithaut. Jemand, der nicht aggressiv und gewalttätig ist, sondern freundlich und nicht bei jedem Streit dabei. Und er sollte nicht geldgeil sein! Er sollte seiner Familie zu Hause ein guter und ordentlicher Vater sein, der Kinder hat, die auch tun, was er sagt. Es sollte auch kein Frischling sein, der erst ganz kurz mit Jesus lebt, ist ja klar. Sonst bildet der sich auf den Job noch was ein und meint, er wäre jetzt sonst wie toll, und dann wird er bei nächster Gelegenheit vom Satan aufs Kreuz gelegt."

Und der Text aus dem Brief an Titus im 1. Kapitel, Verse 6-9 ist auch wichtig: „Diese Männer sollten einen Lebensstil haben, an dem man nichts zu meckern hat. Sie sollten nur einmal verheiratet sein. Wenn Kinder da sind, sollten die zuverlässig sein und nicht den Ruf haben, ein extremes Partyleben zu führen. Die Kinder sollten auch auf ihre Eltern hören und an Jesus glauben. So ein Leiter sollte in jedem Lebensbereich jesusmäßig drauf sein, er trägt ja schließlich die Verantwortung für die

Gemeinde von Gott. Darum sollte er nicht immer nur an sich denken, auch nicht so schnell mal eben ausrasten, wenn es Streit gibt. Er sollte kein Alkoholproblem haben und auch kein Hooligan sein, der sich gerne mal prügelt. Es wäre auch wichtig, dass er mit Finanzen gut umgehen kann und nicht geldgeil ist. Dann sollte er noch gerne Gäste haben, ein freundlicher Mensch sein und Gerechtigkeit für sich großschreiben. Ach ja, und er sollte so leben, wie Gott es will, und sich mit wenig zufriedengeben können. Wichtig wäre noch, dass er sich radikal an die Sachen hält, die wir euch beigebracht haben! Nur so ist er in der Lage, die Gemeinde auf dem richtigen Weg zu halten und die Menschen in ihre Schranken zu weisen, die euch was anderes erzählen wollen als wir."

Wie man mit der Regierung umgehen soll

Ich schmeiß euch auch hier wieder zu dem Thema mit ner Bibelstelle zu. Aus dem Brief an die Römer, Kapitel 13, Verse 1-4: „Was die Regierung sagt, solltest du auch tun. Die ist nämlich nicht umsonst da, Gott hat schließlich dafür gesorgt, dass sie im Amt ist. Wer die Gesetze von einem Land bricht, der ist auch Gott gegenüber unkorrekt und wird nicht so mal eben davonkommen. Wer immer richtig lebt und die Gesetze befolgt, braucht auch keinen Schiss vor den Bullen zu haben. Das musst du aber, wenn du dich nicht an die Regeln hältst. Darum: Mach, was für die in Ordnung geht, und du wirst einen guten Ruf bei denen haben. Die Bullen sind letztendlich auch nur für Gott da, und jeder hat was davon, dass es sie gibt. Wenn du aber Gesetze brichst, musst du Angst davor haben, dass man dich verfolgt und bestraft. Die Bullen sind dann im Grunde wie ein verlängerter Arm Gottes, um die zu bestrafen, die Mist bauen."

Ein Text für alle Ehemänner

Hier ist die Bibelstelle aus dem 1. Brief von Petrus wichtig. Sie steht im 3. Kapitel, Vers 7: „Den Männern kann ich nur noch mal sagen, dass sie im Haushalt einsichtig mit den Frauen umgehen und immer locker bleiben sollen. Leute, die Frauen sind schwächer als ihr, vergesst das nicht! Frauen haben das Gleiche von Gott bekommen wie die Männer. Beide können glücklich sein, dass Gott ihnen ein Leben geschenkt hat, was niemals aufhören wird. Und eins noch, liebe Frauen und Männer: Nichts darf verhindern, dass ihr zusammen betet."

Und dann noch sehr wichtig: der Vers aus dem Brief an die Kolosser, im 3. Kapitel, Vers 19: „Und den Männern kann ich nur den Rat geben, ihre Frauen wirklich zu lieben. Lasst keine negativen Gefühle zwischen euch kommen!"

Jetzt kommt noch ein Text für die Ehefrauen

Dieser Spruch steht im 1. Brief von Petrus. Es ist der 1. und der 6. Vers im 3. Kapitel. „So wie wir uns Jesus Christus unterordnen, sollen die Frauen sich auch ganz ihren Männern unterordnen und das tun, was die sagen. Zum Beispiel wie die Sara. Sie hat sich Abraham voll untergeordnet, sie nannte ihn sogar ihren ‚Chef'. Folgt ihrem Beispiel, indem ihr euch nicht von irgendwelchen Drohungen beeindrucken lasst und nur das tut, was gut ist."

Nun noch ein Bibelvers für die Eltern

Dieser Spruch stammt auch von Paulus. Er steht im Brief an die Epheser im 6. Kapitel, Vers 4. „Die Väter sollten bei der Erziehung darauf achten, immer fair zu sein und keinen ungerecht zu behandeln. Das gibt nur böses Blut. Sie sollen ihren Kindern lieber den Weg deutlich machen, den Gott mit ihnen gehen will."

Und jetzt einen passenden für die Kinder

Der stammt auch aus dem Brief von Paulus an die Epheser, 6. Kapitel, Verse 1-3. „Allen Kindern kann ich nur sagen: Hört auf das, was eure Eltern euch sagen. Gott will das von euch. ‚Du sollst deinem Vater und deiner Mutter mit Respekt begegnen.' Das ist ein wichtiges Gesetz, und Gott gibt dazu auch gleich ein schönes Versprechen ab: ‚Wenn du das tust, dann wird es dir gut gehen, und du wirst lange leben.'"

Ein Bibelspruch für alle Angestellten, Minijobber, Saison- und Schichtarbeiter usw.

Er stammt ebenfalls aus dem Brief an die Epheser, steht dort im 6. Kapitel, Verse 5-8: „Tut das, was die Chefs euch auftragen! Eure Einstellung ihnen gegenüber soll von Respekt geprägt sein. Befolgt ihre Anweisungen korrekt, genauso wie ihr die Anweisungen von Jesus befolgt. Gebt alles auf der Arbeit, aber tut das nicht, um Menschen zu beeindrucken, sondern tut das als Arbeiter von Jesus, dem ihr radikal dienen wollt. Nicht vergessen, Leute: Ihr arbeitet letztendlich nicht für Menschen, sondern immer für Gott. Ihr werdet eine gerechte Bezahlung für das bekommen, was ihr getan habt, egal wie jetzt euer Status in der Gesellschaft ist."

Einen Bibelspruch für Chefs, Leiter und das gesamte Führungspersonal

Er steht im Brief an die Epheser im 6. Kapitel, Vers 9: „Das Gleiche gilt übrigens auch für die Chefs. Droht euren Untergebenen nicht ständig mit Strafen und so. Vergesst bitte nicht, dass ihr genau denselben Chef im Himmel sitzen habt wie sie. Und der hat auch keine Lieblingsmenschen."

Jetzt ein Text für alle Jugendlichen

Diese Verse kommen aus dem 1. Brief vom Apostel Petrus, Kapitel 5, Verse 5-6. Dort steht: „Den Jugendlichen bei euch mach ich folgende Ansage: Tut das, was euch die Leiter aus der Gemeinde sagen! Allen anderen sage ich das: Passt auf, dass ihr nicht arrogant und überheblich werdet! Arrogante Menschen werden bei Gott nichts erreichen. Demütige Leute liebt Gott besonders, solche Menschen kommen bei ihm gut an. Darum sag ich euch: Unterwerft euch Gott radikal, er hat die Macht! Dann wird er euch groß rausbringen, wenn der Zeitpunkt dafür gekommen ist."

Hier noch ein Vers aus der Bibel für Frauen, deren Ehemann gestorben ist

Er steht im 1. Timotheusbrief, im 5. Kapitel, Vers 5 und 6: „Es gibt auch solche alleinstehenden Frauen, die ihre Einsamkeit nutzen, indem sie Tag und Nacht zu Gott beten. Sie setzen ihre ganze Hoffnung auf Jesus. Diejenigen [Frauen] aber, die dann erst mal richtig die Sau rauslassen und meinen, sie müssten ihr Leben jetzt erst mal fett genießen, haben nichts begriffen. Sie sind im Grunde schon tot."

Und zum Abschluss noch ein Bibelvers, den sich jede Kirchengemeinde über die Tür hängen sollte

Diesen wichtigen Spruch hat Paulus im Brief an die Christen geschrieben, die in Rom leben. Er steht dort im 13. Kapitel, Vers 9. „Alle Gesetze sind in dem einen Ding enthalten. Nicht die Ehe zerstören, keine Leute ermorden, nicht klauen, nicht neidisch sein, das ist alles zusammengefasst in dem Befehl von Gott: ‚Liebe jeden, der in deiner Nähe ist, genau so, wie du dich selber liebst.'"

Wenn jeder sein Sprüchlein lernen tut,
dann geht's zu Hause allen gut!

Ein paar Gedanken zu dem Thema, was es bedeutet, als Christ frei zu sein (christian freedom 2015)

Abhandlung über die christliche Freiheit (De libertate christiana), 1520

Im Herbst 1520 war Luther von oben der „Kirchenbann" angedroht worden. Das war damals eine besondere Strafmaßnahme. Es glich so einer Art Kirchenrauswurf. Grund: Er hatte Dinge gesagt und geschrieben, die für die Chefetage der Kirche völlig daneben waren. Luther hatte aber immer noch die Hoffnung, die Kirche erneuern zu können. Darum verfasste er einen Brief und einen längeren Text, um Papst Leo X. von seinen Ideen zu überzeugen. Die nach Rom geschickte lateinische Fassung, aus der man hier lesen kann, kam aber gar nicht erst beim Papst an. Die deutsche Version jedoch wurde schnell gedruckt und fand weite Verbreitung. Sie wurde zu einem der wichtigsten Texte der Erneuerung der Kirche, der sogenannten Reformation.

Viele Leute meinen, Christsein wäre eher so was wie ein Hobby. Sie glauben, beim Christentum geht es vor allem darum, eine nette soziale Einstellung zu haben, mehr nicht. Das liegt vor allem daran, dass sie noch nie die Power erlebt haben, die im Glauben steckt. Sie haben es nie wirklich ausprobiert, wie man ganz mit Gott leben kann. Ich bin mir sicher: Es ist völlig unmöglich, den Glauben nur von außen zu beurteilen! Erst, wenn man mal Angst gehabt hat, wenn man Gott plötzlich gebraucht hat und man gespürt hat, wie er da war, ändert sich das. Wer so etwas nie erfahren hat, kann auch nicht wirklich über den Glauben schreiben. Aber wer auch nur ein leises Feeling dafür bekommen hat, wird von dem Moment an ständig darüber lehren, diskutieren oder etwas Schlaues schreiben wollen.

Der Glaube an Jesus ist wie ein Wasserhahn, aus dem immer ganz frisches Quellwasser rauskommt. Das Wasser aus diesem Hahn sorgt dafür, dass man ein Leben bekommt, das nie mehr aufhört. Genau das hat ja Jesus auch im Johannesevangelium im 4. Kapitel gesagt. Ich selber hatte nie viel Geld und wohne zurzeit in einer echt bescheidenen Hütte. Ich habe wegen meines Glaubens teilweise sehr heftige Probleme bekommen, wurde von unterschiedlichen Seiten dafür angegriffen. Meine Hoffnung ist, dass ich trotzdem wenigstens einen Tropfen Glauben in mir habe und über ihn auch schreiben kann. Vielleicht kann ich dabei nicht so supertolle Formulierungen finden wie die Crème de la Crème der Literatur und andere schlaue Leute. Aber ich werde auf jeden Fall mehr in die Tiefe gehen. Wenn sich bis jetzt diese Oberwissenschaftler an diese Themen gewagt haben, hat das, was sie zu Papier brachten, kein Mensch verstanden – und sie selber auch nicht. Mir geht es aber vor allem um die Leute ohne große Schulbildung. Die Haupt- und Sonderschüler, die Realschüler, die Menschen ohne Schulabschluss. Ich will ihnen einen leichten, verständlichen Weg zu Gott ermöglichen.

Besonders für diese Leute muss ich zuerst zwei Sätze aufschreiben, bevor es weitergeht. Es geht mir darum, klarzustellen, dass das Innere eines Menschen auf der einen Seite frei ist, auf der anderen Seite aber nicht.

Also:

1. Ein Christ ist immer frei. Niemand kann letztendlich über ihn entscheiden, er gehorcht niemandem.
2. Ein Christ ist immer unfrei. Er dient jedem anderen und tut, was die Leute ihm sagen.

Klingt ein bisschen schizo, ich weiß. Ich will das erklären; am Ende wird jeder merken, dass die beiden Sätze doch sehr gut zusammenpassen. Beide Aussagen stammen übrigens von Paulus aus der Bibel. Im 1. Korintherbrief, 9. Kapitel sagt er in Vers 19: „Ich bin frei und total unabhängig, obwohl ich mich auf der anderen Seite zum Hampelmann für alle gemacht habe." Und im Römerbrief im 13. Kapitel, Vers 8 steht: „Nur in einer Sache werdet ihr dem anderen immer was schuldig bleiben, das geht gar nicht anders: in der Liebe."

Liebe will immer anderen helfen. So wurde sie von Gott programmiert, sie kann nicht anders. Was und wen man liebt, dem dient man auch immer gerne. Mit Jesus Christus ist das ja auch so. Obwohl er der Chef über allen Chefs ist, obwohl er die Macht hat, obwohl er das ganze Universum in seiner Hand hält, war er bereit, als kleines, hilfloses Baby auf die Erde zu kommen. Er hat sich selbst den Naturgesetzen und Gottes Regeln unterworfen, obwohl er eigentlich über ihnen steht. Er war total göttlich und kam doch als normaler Mensch auf die Welt. Er hatte die Macht, konnte eigentlich tun, was er wollte, und kam doch als jemand, der ganz unten steht, wie ein billiger Angestellter, der allen dienen muss. Das kann man auch im Philipperbrief im 2. Kapitel nachlesen.

Ich möchte diese Tatsachen noch einmal in einen größeren Zusammenhang stellen. Jeder Mensch ist quasi zweigeteilt. Der eine Teil, das ist der Geist, die Gedanken, die Seele. Der andere Teil ist der Körper, alles, was man anfassen kann. Die Bibel spricht in diesem Zusammenhang auch vom fleischlichen Menschen. Damit ist aber nicht nur der äußerliche Körper gemeint, die Haut und die Muskeln. Mit fleischlich ist auch der Part gemeint, der nicht das tut, was Gott will. Es ist der Teil, der ohne Gott leben will. Deswegen nennt man ihn auch den „alten Menschen". Ich will noch mal eine Bibelstelle dazu aufführen. Sie steht im 2. Brief an die Korinther im Kapitel 4, Vers 16. Dort schreibt Paulus: „Aber wenn ich auch körperlich immer schwächer werde, wirkt das Leben, was ich jetzt in Gott habe, jeden Tag neu und erfrischend für mich." Er spricht also von einem Körper, der immer schwächer wird, und von einem Leben, das er gleichzeitig in sich trägt und ihn täglich neu erfrischt. Das ist wichtig zu kapieren. Nur so kann man die Bibelstellen auf die Reihe kriegen, die sich zu diesem Thema anscheinend widersprechen. Es gibt eben diese beiden Teile, diese beiden Kräfte in jedem Menschen. Der sogenannte Geist und das sogenannte Fleisch. Und diese Kräfte kämpfen gegeneinander. Die Kraft des Fleisches will gegen die Kraft des Geistes gewinnen. Und die Kraft des Geistes will gegen die Kraft des Fleisches gewinnen.

Bevor ich weiter darauf eingehe, will ich noch mal erklären, wie dieser innere Mensch in uns funktioniert. Ich möchte klarmachen, wie dieser Mensch korrekt für Gott wird und wie er wirklich frei werden kann. Erst dann ist man nämlich ein echter Christ, wenn man zu diesem geistlichen, neuen, inneren Menschen geworden ist. Für mich steht dabei fest, dass es nichts mit äußeren Dingen zu tun haben kann, ob man für Gott korrekt und frei ist oder ob man diese Freiheit verliert und er uns als unkorrekt und daneben ansieht (und man damit für immer gefangen ist).

Ich will das an ein paar ganz einfachen Beispielen verklickern. Eine Frage: Was soll es diesem inneren Menschen, der Seele, bringen, wenn es dem Körper gut geht? Was hat sie davon? Bringt es einen weiter, wenn man lebt, isst, trinkt, alle Freiheiten der Welt hat und tun und lassen kann, was man will? Damit unterscheidet man sich ja nicht von einem Typen, der Gott verarscht und ständig Dinge tut, die er nicht will. Oder andersrum: Wird eine schlimme Krankheit oder dass man in den Knast kommt oder dass man hungern und Durst haben muss, immer zwingend der Seele schaden? Es ist doch eher so, dass sogar die Superchristen solche Probleme kennen und darunter zu leiden haben.

Deshalb: Egal, wie man lebt und ob es einem gut oder schlecht geht, das Leben selbst hat keinen zwingenden Einfluss darauf, ob der Mensch innerlich frei ist oder nicht. Für den Glauben bringt es nichts, wenn man die Klamotten eines Pfarrers anzieht. Und auch der Aufenthalt in einer noch so schönen alten Kirche oder einem noch so schönen Gottesdienst oder einer noch so krassen Gebetszeit verändert daran nichts. Selbst wenn jemand fastet und ganz aufs Essen verzichtet oder nur bestimmte Sachen isst oder sich in einem sozialen Werk für arme Menschen den Arsch aufreißt, bringt das dem Geist, also dem inneren Menschen, erst einmal gar nichts. Um für Gott korrekt zu sein und eine innere Freiheit zu bekommen, dafür braucht es etwas ganz anderes. Denn die oben genannten Dinge kann man ja auch ohne Gott machen. Und Leute, die ständig fasten und in den Gottesdienst rennen, ohne dass sie mit ihrem Herz dabei sind, werden eh zu den größten Pseudochristen überhaupt.

Ich glaube, es gibt nur eine Sache, die man wirklich braucht, um ein jesusmäßiges, gutes Leben zu führen, das frei und korrekt vor Gott ist. Und das ist das ganz besondere, gottmäßige, heilige Wort von Gott: die Gute Nachricht aus der Bibel! Nur dadurch kann ein Christ wirklich frei werden. Das sagt Jesus ja auch im Johannesbuch, 11. Kapitel, Vers 25: „Bei mir hat der Tod keine Chance mehr, ich sorge für echtes Leben. Alle, die ihr Vertrauen auf mich setzen und mir glauben, die werden immer weiterleben, auch wenn sie mal sterben!" Oder noch so ein Spruch, er stammt aus dem 8. Kapitel, Vers 36: „Erst wenn der Sohn von Gott kommt und euch da rausholt, dann seid ihr wirklich frei!" Oder hier noch einer aus Matthäus, Kapitel 4, Vers 4: „Der Mensch braucht nicht nur Essen, um zu leben. Er braucht vor allem, dass Gott mit ihm spricht."

Leute, das ist echt eine wichtige Sache, eine absolute Grundlage, über die man nicht mehr diskutieren kann! Wir können unserem Innersten, unserer Seele, alles Mögliche vorenthalten. Aber was sie auf jeden Fall braucht, ist Gottes Wort. Wenn sie dieses Wort nicht hat, dann kann man ihr nicht wirklich helfen. Die Worte aus der Bibel reichen für alles dicke aus. Wenn die Seele sie hat, braucht sie keine anderen Sachen mehr. Denn in ihnen steckt eine unglaubliche Kraft. Es steckt Leben in ihnen, Wahrheit, Licht, Frieden, Korrektheit, Heilung, Freude, Freiheit, Schlauheit, Liebe, Kraft, im Grunde alles, was gut ist.

Jetzt kommt bestimmt die Frage: „Aber was ist denn dieses Wort Gottes überhaupt? Es steht doch so viel in der Bibel. Wie sollte ich es am besten anwenden?" Meine Antwort stammt ebenfalls aus der Bibel. Im Römerbrief schreibt Paulus im 1. Kapitel so etwas Ähnliches. Dort steht, dass die beste Nachricht überhaupt die ist, dass Gott seinen Sohn auf die Erde geschickt hat. Er wurde ein ganz normaler Mensch. Er wurde gefoltert, ist gestorben, aber dann hat er den Tod besiegt. Und am Ende ist er groß rausgekommen. Das passierte durch den Heiligen Geist.

Wenn man über Jesus predigt oder Predigten über Jesus hört, dann wird man in seinem Innersten ganz spürbar gestärkt. Wenn man Texte über Jesus liest oder vorgelesen bekommt, gibt das Kraft. Zu hören, dass man okay für Gott ist, dass er einen befreit hat, dass er einen gerettet hat, stärkt das ganze Leben. Man muss es natürlich auch glauben. Nur der Glaube, das Vertrauen auf Gott, kann dafür sorgen, dass wir gesund werden und dass unsere Tür in den Himmel aufgeht.

Wir müssen die Worte von Gott anwenden wie eine Medizin. Das kann man aus dem Römerbrief lernen. Dort steht im 10. Kapitel, Vers 9: „Wenn du dich öffentlich dazu stellst, dass Jesus der Chef vom Ganzen ist, und wenn du in dir drin ganz sicher bist, dass er wirklich existiert und dass Gott ihn wieder lebendig gemacht hat, dann bist du dabei! Dann bist du in Sicherheit!" Und in Vers 4 steht: „Denn durch Jesus Christus ist dieses Programm überholt worden. Wer sein Vertrauen auf Jesus setzt, der ist für Gott in Ordnung." Im 1. Kapitel steht noch mal im 17. Vers: „Wer sein Vertrauen auf Gott setzt, wird leben."

Es ist doch so, dass der Glaube an Gott oft so anfängt, dass man sich plötzlich superschuldig fühlt. Man merkt auf einmal, wie viel Mist man gebaut hat. Die Schuldgefühle sind so krass, dass man merkt: So wie ich jetzt bin, kann ich von Gott nicht angenommen werden! Das gilt für jeden. Schon im Römerbrief schreibt Paulus im 3. Kapitel, Vers 23: „Alle Menschen haben irgendwie Mist gebaut, und alle haben dadurch das Recht verloren, mit Gott zusammen zu sein."

Wenn du das schnallst, dann weißt du auch, wie sehr du Jesus Christus brauchst. Denn er hat ja deswegen für uns ganz schlimme Sachen durchgemacht. Aber er hat es am Ende gepackt, er hat eine Lösung für unser Sündenproblem gefunden, indem er für uns gestorben und dann auch wieder lebendig geworden ist. Dadurch wurde es möglich, einen völligen Neustart hinzulegen – wenn du ihm ganz vertraust. Der ganze Dreck ist weg, der Mist wurde von Gott vergeben, du kannst noch mal ganz neu beginnen! Das liegt nicht daran, dass du so tolle Sache getan hast, sondern daran, dass jemand anderes etwas Supertolles für dich getan hat. Und dieser jemand war Jesus Christus. Er hat das erreicht, er hat dafür gekämpft.

> Eigentlich musst du nur das Eine in die Birne bekommen, nämlich, dass dich nur dein Vertrauen auf Gott für ihn okay machen kann.

Jetzt fragst du dich vielleicht: „Wie kann das denn sein, dass ich nur durchs Vertrauen für Gott okay werde? Warum kann ich so etwas Superwertvolles, nämlich mit Gott im Reinen zu sein, einfach umsonst bekommen? Kann das wirklich sein, wo doch in der Bibel ganz viele Forderungen stehen, wie man zu leben hat? Und was ist mit den ganzen Ritualen, die wir als gute Christen durchführen müssen? Ist das jetzt alles egal?"

Meine Antwort dazu lautet: Eigentlich musst du nur das Eine in die Birne bekommen, nämlich, dass dich nur dein Vertrauen auf Gott für ihn okay machen kann! Es reicht, wenn du eine vertrauensvolle Beziehung zu ihm hast. Das rettet dich, das befreit dich! Deine Taten können dich für Gott nicht in Ordnung bringen. Ich hab es jetzt ja schon mehrfach geschrieben und ich werde es gleich noch weiter erklären.

Zuerst ist aber noch wichtig, dass man sich immer klarmachen sollte, dass die ganze Bibel im Grunde aus nur zwei Inhalten, aus zwei Grundaussagen, besteht. Und zwar **erstens**, dass wir etwas für Gott tun sollen, und **zweitens,** dass Gott etwas für uns tut. Es geht um Gesetze und Versprechen, um Gebote und Verheißungen. Durch die Gesetze wird uns gesagt, was gut für uns ist und was wir tun sollen. Aber nur weil sie uns das sagen, passiert noch nicht automatisch das Gute. Sie zeigen uns zwar, wie wir leben sollen, aber sie geben uns nicht die Kraft, es auch zu tun. Sie haben eigentlich nur einen Zweck: jedem klarzumachen, dass wir es alleine nicht packen können. Sie halten uns einen Spiegel vor die Nase. Sie lassen uns erkennen, wie unfähig wir eigentlich sind, wirklich korrekt zu leben, und dass wir uns nichts auf unsere Fähigkeiten einbilden sollen. Darum nennt man die Gesetze auch „die alten Verträge", und sie sind tatsächlich alt. Trotzdem erfüllen sie eine powervolle und wichtige

Aufgabe. Denn wenn jemand sich diese Gesetze durchliest, muss er sofort kapieren, dass er viel zu schlaff ist. Er schafft es nicht, so zu leben. Die logische Konsequenz ist dann natürlich, richtig Panik zu schieben. Man wird versuchen, alle Register zu ziehen, um doch irgendwie diesen Standard zu erfüllen. Immerhin sagt ja sogar Jesus, dass man selbst noch jedes Komma von diesem Gesetz ernst nehmen muss. Angst kommt auf, weil man dann ja keine Hoffnung mehr hat, irgendwie doch noch im Himmel zu landen. Das bedeutet unweigerlich die Hölle. Und das ist ein total ätzender Ort, wo keiner hinwill. Immer mehr stellt man fest, dass es eigentlich nichts an einem gibt, was dafür sorgen könnte, doch noch in den Himmel zukommen. Die Hoffnung auf Rettung ist plötzlich meilenweit entfernt.

Doch jetzt kommt der zweite Inhalt zum Zug. In der Bibel finden wir überall Versprechen Gottes. Sie sagen uns, wie gigantisch groß Gott ist. Und sie sagen uns: Wenn du zum Beispiel das 9. und 10. Gesetz, nicht auf etwas scharf zu sein, wirklich so leben willst, wie es in der Bibel steht, dann setze dein Vertrauen auf Jesus! Wenn du an ihn glaubst, verspricht dir die Bibel, dass du seine grenzenlose Liebe, Korrektheit vor Gott, Relaxtheit und Freiheit bekommst. Wenn du also glaubst, musst du auf nichts anderes mehr scharf sein. Glaubst du aber nicht, musst du auch auf diese ganzen Sachen verzichten. Verstehst du?

Du kannst noch so toll leben, sogar alles tun, was in der Bibel von dir gefordert wird, und es würde doch nicht reichen. Deine Taten bringen dich nicht in den Himmel. Der Weg dorthin ist viel kürzer: Du musst Gott vertrauen. Gott hat als Vater diesen Weg für seine Kinder geschaffen. Er hat alles auf eine Karte gesetzt, und auf dieser Karte steht das Wort „Glaube". Wer Gott vertraut, wer ihm glaubt, hat alles. Und wer ihm nicht vertraut, hat nichts. So ähnlich schreibt es auch Paulus in seinem Brief an die Römer im 11. Kapitel, Vers 32. Dort steht: „Gott hat nämlich erst mal alle Menschen, egal ob Jude oder nicht, sich selbst überlassen, aber jetzt hat er für jeden das gleiche Angebot seiner Liebe parat."

Die Forderungen, die Gott durch die Bibel an uns stellt, werden durch sein Versprechen erfüllt. Ist das nicht cool? So kommt beides letztendlich von Gott: die Gesetze und ihre Befolgung. Er sagt uns, was wir zu tun haben, und er schafft es, dass wir es auch tun. Darum gehören die Versprechen von Gott auch zu den neuen Verträgen, sie sind im Grunde das Zentrum der ganzen Sache, sie *sind* die neuen Verträge.

Diese Versprechen sind etwas ganz Besonderes, sie sind göttlich, sie sind die Wahrheit, sie sind superkorrekt und sie schaffen Frieden. Diese Worte sind abgefüllt mit Gottes Liebe! Darum passiert es, wenn wir ganz fest daran glauben, dass sie sich mit unserem Innersten verbinden. Sie werden förmlich von unserem Herz, von unserem innersten Kern, aufgesogen wie von einem trockenen Schwamm. Wenn wir dann voll von diesen Worten sind, werden wir innerlich satt und zufrieden, weil sie so ne Power haben. Ja, sie machen uns sogar breit, sie machen uns bekifft, so als hätten wir uns an diesen Worten besoffen. Ich mein, wenn Jesus einen Menschen mit seinem Körper berührt hat, wurde dieser sofort geheilt. Was muss dann erst passieren, wenn er uns mit seinem Geist ganz zärtlich von innen berührt?

> Wenn wir dann voll von diesen Versprechen sind, werden wir innerlich satt und zufrieden, weil sie so ne Power haben.

Auf die Art und Weise sorgt Gott dafür, dass unser Innerstes, unsere Seele, von Gott berührt wird und sein Wort aufnimmt. Es passiert durch das Vertrauen und ohne dass wir irgendetwas besonders Tolles getan haben. Die Bibel, das Wort Gottes, sagt, dass wir okay für Gott sind. Er hat uns bestätigt, er hat uns befreit, er hat alles gegeben und für einen krassen inneren Frieden gesorgt. So wie es im Buch von Johannes im 1. Kapitel im 12. Vers steht, wird jeder gläubige Mann und jede gläubige Frau zu einem Kind Gottes. „Aber die Menschen, die sich auf ihn eingelassen haben, bekamen dadurch einen Vertrag, der ihnen die Aufnahme in Gottes Familie garantierte."

Das ist also der erste Effekt, den der Glaube einem bringt. Es gibt aber noch einen zweiten. Der Glaube sorgt nämlich auch dafür, dass wir Gott ganz viel Respekt zollen, weil wir ihn für ehrlich und vertrauenswürdig halten. Wir beten zu ihm, wir wollen alles für ihn tun, weil wir glauben, dass er kein Lügner und keine linke Bazille ist. Ich denke, die höchste Form von Respekt jemand anderem gegenüber ist doch die, dass wir ihm hundertprozentig vertrauen. Ein radikales Vertrauen ohne Zweifel zeigt, wie sehr man jemanden schätzt. Und wir schätzen jemanden, weil wir davon überzeugt sind, dass derjenige korrekt ist, immer die Wahrheit sagt und uns total liebt.

Um mal vom Gegenteil zu sprechen: Es ist doch total schlimm, wenn man jemanden als Lügner beschimpft, wenn man jemandem Böses unterstellt. Und genau das machen wir ja praktisch mit Gott, wenn wir ihm nicht vertrauen. Aber wenn unser Herz Gott wirklich vertraut, wenn es all seinen Versprechen in der Bibel wirklich glaubt, dann ist es das Größte, was wir für ihn tun können. Mehr Applaus, mehr Respekt, mehr Ehre können wir ihm nicht geben, als zu zeigen, dass wir ihm vertrauen.

Wenn wir so drauf sind, leben wir natürlich auch so, wie er es von uns will. Ist doch logisch, wir sind dann superoffen für alles, was er uns zu sagen hat. Wir geben uns ihm radikal hin, wir wollen so leben, wie er es gut findet. Denn wir glauben ganz fest an seine Versprechen, dass er die Wahrheit sagt und nicht lügt. Er wird uns nicht ablinken, er hat den Überblick, er ist gut und will das Beste für uns. Wenn unsere Denke davon geprägt ist, wird es eigentlich kein Gesetz mehr geben, das wir nicht ganz genau befolgen. Und umgekehrt: Was könnte für Gott schlimmer sein, als dass wir ihm und seinen Versprechen nicht glauben? Welcher Mist, welche Beleidigung, welches Gedisse könnte für Gott schlimmer sein als das? Wir bezeichnen ihn damit ja im Grunde als großen Lügner, der nur Schwachsinn erzählt. Wir glauben ihm nicht, dass er die Wahrheit sagt. Wir denken, er ist unzuverlässig, man kann sich auf ihn nicht verlassen. Und wir selbst wären aber die großen Helden.

Wenn man das einmal von dieser Seite bedenkt, wird doch ganz klar, dass Gott letztendlich auf unsere guten Taten scheißt, wenn wir sie ohne ihn tun. Das gilt selbst für die großen Glaubenshelden der Bibel, ja sogar für die Engel! Aber: Sobald Gott merkt, dass jemand ihm wirklich glaubt und dass man nur will, dass er groß rauskommt, dann handelt er und glaubt sozusagen auch an uns und bringt uns im Himmel groß raus.

Und dann gibt es noch einen dritten Effekt, der durch unser Vertrauen auf Gott passiert. Er ist der Hammer! Unser Innerstes, unsere Seele, verbindet sich mit Jesus! Sie weden miteinander verschweißt, so wie eine Braut und ihr Bräutigam beim Sex miteinander verschweißt werden. Das hat schon der Apostel Paulus so beschrieben. Jesus Christus verschmilzt mit unserer Seele. Dann sind wir mit ihm ganz eng verbunden, so wie ein Ehepaar miteinander verbunden ist. Wobei diese eheähnliche Verbindung vom Vergleich her natürlich nicht ganz passt. Denn die Ehebeziehung, wie wir sie unter uns Menschen kennen, ist ein total schlaffes Bild, wenn man sie mit der Ehebeziehung vergleicht, die wir mit Jesus haben. Aber es geht nicht nur um das Verschmelzen, sondern es hat auch etwas mit einer gesunden Form von Kampf zu tun. Einem Kampf, der am Ende zu einem Sieg führt, zu der ultimativen Heilung, dass wir mit Gott wieder klarkommen können. Denn die Korrektheit von Jesus steht über dem, was jeder Mensch an Mist in seinem Leben baut. Es ist wie der höhere Stich beim Skat oder der bessere Zug beim Schach. Die Lebenskraft, die Jesus in sich trägt, ist stärker als die Todeskraft. Das, was er für uns getan hat, kann keiner rückgängig machen, es ist stärker als die Kraft der Hölle. Unser Innerstes schafft es, Gott zu vertrauen, weil es an Jesus, den Bräutigam, glaubt. So werden wir unseren ganzen Mist los, unsere Schulden werden bezahlt. Wir müssen nicht mehr an den Ort, wo der Tod herrscht. Wir bekommen von Gott das riesige Geschenk, für immer korrekt vor ihm leben zu können. Jesus Christus ist der Bräutigam, den wir als die Gemeinde geheiratet haben. Und dadurch werden wir immer weiterleben, der Tod hat verloren.

Gott sieht die ganze Kirche wie eine Braut. Und durch das, was Jesus getan hat, wird diese Braut richtig schön. Sie ist perfekt, knackig, sie hat kein Faltenface, hat die genialste Figur, sie ist superschön. Es gibt nichts mehr an ihr auszusetzen. Sie ist sauber, weil sie von ihm in seinen Worten gebadet wurde. Es sind Worte, die ein neues Leben ermöglichen. Worte, die uns korrekt für Gott machen und innerlich gesund.

> Dieser göttliche, geniale, wunderschöne Bräutigam Jesus Christus hat diese versiffte, arme, eklige Hure Mensch geheiratet.

Es gibt niemanden, der wirklich vollkommen einschätzen kann, was bei dieser Hochzeit abgeht. Es ist einfach der Hammer, es ist zu viel, keiner kann es richtig begreifen. Dieser göttliche, geniale, wunderschöne Bräutigam Jesus Christus hat diese versiffte, arme, eklige Hure Mensch geheiratet! Er hat sie von ihrem ganzen Ekel befreit, er hat sie von ihrem Zuhälter freigekauft. Und dann hat er sie mit allem Erdenklichen ausgestattet, was man sich nur vorstellen kann. Alles, was Gott gehört, gehört auch der Braut.

Jesus gilt ja als der erste und damit älteste Sohn Gottes. Der älteste Sohn hat bei den Priestern und auch in einer Königsfamilie immer ganz besondere Rechte. Aber Jesus hat diese Rechte mit jedem geteilt, der sein Vertrauen auf ihn setzt. Das, was vorher eigentlich nur ihm gehört hat, gehört jetzt jedem Gläubigen. Es passierte auf derselben Rechtsgrundlage wie bei einer Ehe. Da ist es ja auch so, dass der Braut nach der Hochzeitsparty das gehört, was vorher nur dem Bräutigam gehört hat.

Das bedeutet: Weil Jesus Christus der Oberpriester ist, sind wir alle durch ihn zu Priestern gemacht worden, mit denselben Rechten, die ein

Priester bei den Juden hatte. Wir sind auch zu Königen und Präsidenten gemacht worden. Und das gilt, wie gesagt, für jeden, der sein Vertrauen total auf Jesus gesetzt hat. So steht es übrigens auch im 1. Petrusbrief. Dort kann man im 2. Kapitel im 9. Vers lesen: „Aber ihr seid von Gott extra ausgesucht worden. Ihr seid seine Lieblingstruppe. Ihr seid wie Priester und Präsidenten, besondere Menschen, die nur ihm gehören. Er möchte von euch, dass ihr die guten Sachen weitererzählt, die Gott getan hat. Er hat euch aus einem Leben rausgeholt, in dem es nur finster und dunkel war. Dann hat er euch ein neues, heiles Leben geschenkt, das mitten im Licht ist."

In dieser Bibelstelle kommen zwei wichtige Begriffe vor: Präsidenten und Priester. Mit den Präsidenten ist das so gemeint: Jeder Christ wird durch sein Vertrauen auf Gott über alles gestellt, was es auf der Welt gibt. Das müsst ihr euch mal reinziehen! Nichts und niemand kann ihm im Grunde noch etwas anhaben! Er steht einfach drüber. Alles, was passiert, muss ihm letztendlich dienen, es muss dafür sorgen, dass er Gott noch näher kommt. Das meint ja auch Paulus. Er schreibt im 8. Kapitel in seinem Brief an die Römer in Vers 28: „Für alle, die Gott lieben, gilt: Alles muss letzten Endes immer zum Besten laufen, denn Gott will das so und hat uns dazu auch ausgesucht." Im 1. Brief an die Korinther können wir es genauso lesen. Dort steht im 3. Kapitel ab Vers 22: „Alles liegt euch zu Füßen: die ganze Welt, das Leben und der Tod, die Vergangenheit und die Zukunft! Ihr gehört zu Jesus Christus und gehört damit zu Gott!"

Das bedeutet natürlich nicht, dass jeder Christ alles tun kann, was auf der Welt möglich ist. Ihm gehört nicht alles, er kann nicht über alles bestimmen. Leider hört man ja immer wieder solche völlig durchgeknallten Statements von machthungrigen Kirchenführern. Aber so was glauben normalerweise nur unchristliche Chefs oder Diktatoren. Dabei erlebt doch jeder Mensch ständig, dass es tausend Dinge gibt, über die er keine Macht hat. Jeder muss Probleme durchleiden, die er nicht durchleiden will. Und sterben muss sowieso jeder einmal, da kann man auch nichts gegen machen.

Es ist ja sogar so: Je mehr jemand seinen Glauben an Jesus radikal durchzieht, umso größer werden seine Probleme! Diese Tatsache kann man schon an Jesus Christus selbst beobachten, genau wie an seinen ersten Schülern, die auch fast alle keinen natürlichen Tod gestorben sind. Und doch stellt der Glaube eine große Macht dar, die man nicht mit Händen anfassen kann, die aber trotzdem genauso real ist. Sie kann dafür sorgen, dass wir einen großen Sieg einfahren, obwohl wir gerade von Feinden umzingelt werden. Mitten in den größten, unüberwindbaren Problemen haben wir durch den Glauben ein großes Geschenk.

So können wir besonders dann, wenn eigentlich nichts mehr geht, noch einen Sieg davontragen. Eigentlich ist genau das die Situation, wo der Glaube erst so richtig zur Geltung kommt. Selbst Folter, Mord und ein Todesurteil können mich nicht mehr wirklich fertigmachen! Damit zeigt Gott, wie toll er mich findet, wie wichtig ich ihm bin! Alles kann letztendlich dazu führen, dass es mir dient, dass es gut für mich ist. Ich brauche Gott immer nur hundertprozentig zu vertrauen, das ist das Einzige, was zählt. Der Glaube hebt mein Leben letztendlich auf eine andere Ebene. Er macht mich total frei. Wenn wir das begriffen haben, sind wir wirklich frei. Das war es, was ich mit der Freiheit meinte, die ein Christ hat. Es bedeutet auch, große Macht zu haben.

> Und doch stellt der Glaube eine große Macht dar. Sie kann dafür sorgen, dass wir einen großen Sieg einfahren, obwohl wir gerade von Feinden umzingelt werden.

Wir sind aber nicht nur Präsidenten, die total frei sind. Wir sind auch Priester, und diesen Posten als Priester werden wir immer haben, selbst wenn diese Welt irgendwann explodiert ist. Die Priesterfunktion hat sogar noch viel mehr zu bedeuten als die Machtposition eines Präsidenten. Ein Priester darf nämlich direkt bis zu Gott kommen. So können wir zum Beispiel für andere beten. Und wir können uns gegenseitig beibringen, wie man jesusmäßig lebt. Diese Dinge gehören zu den Aufgaben von Priestern. Jemand, der nicht an Gott glaubt, dürfte so etwas niemals machen.

Das waren ein paar Sachen, die ich über die Stellung schreiben wollte, die jeder Christ in dieser Welt hat. Es ging mir dabei nicht um äußerliche Dinge, sondern um das, was sich in uns, in unseren Gedanken, in unserem Geist, abspielt. Ein Christ ist wirklich frei. Er ist für Gott in Ordnung, weil er sein Vertrauen auf ihn gesetzt hat. Dazu braucht man nicht besonders heilig leben und jeden Tag eine gute Tat tun. Im Grunde sind diese guten Taten sogar schädlich, wenn jemand deswegen denkt, dass er dadurch bei Gott besser durchkommen könnte.

Ich möchte jetzt noch einmal zu meinem zweiten Punkt zurückkommen. Es ging mir hier um den äußeren Menschen, um seine Taten und die Art, wie er lebt. Ich möchte mit diesem Text den Leuten eine Antwort geben, die ein Problem mit dieser neuen Denke haben, wo es nur noch um das Vertrauen auf Gott geht. Sie behaupten: „Wenn es letztendlich nur noch darum geht, dass wir Gott vertrauen, dann kann ja jeder so leben, wie er will. Warum sollten wir dann noch etwas Gutes tun? Ab sofort hängen wir den ganzen Tag rum. Wir brauchen ja nur noch das Vertrauen, um bei Gott durchzukommen!" Meine Antwort darauf: „Nein, Leute, damit liegt ihr völlig daneben! Wer so denkt, lebt gar nicht mit Gott!" Warum sag ich das?

Ich habe ja erklärt, dass jeder Mensch nur durch das Vertrauen auf Gott vollkommen okay für ihn ist. Er hat alles, was er braucht. Aber er sollte natürlich dafür sorgen, dass dieses Vertrauen jeden Tag größer wird. Den Schatz, den er durch das Leben mit Gott hat, den sollte er ständig vermehren. So lange, bis er ihn dann im Himmel irgendwann auspacken kann. Aber solange er noch auf dieser Welt lebt, muss er über seinen Körper bestimmen und ihn gut behandeln. Genauso muss er mit den Menschen gut umgehen, die ihm jeden Tag begegnen.

Das ist jetzt der Punkt, wo unsere eigenen Taten ins Spiel kommen. Hier müssen wir etwas tun. Wir dürfen nicht einfach rumschlaffen! Wir müssen dafür sorgen, dass wir unseren Körper im Griff haben! Wir brauchen Selbstdisziplin.

Wie bekommt man die? Zum Beispiel, indem man eine Zeit auf Essen verzichtet, also fastet. Oder indem man mal eine Nacht durchbetet. Aber auch durch die tägliche Arbeit oder durch Sport bekommt man diese Selbstkontrolle hin. Man zeigt dem eigenen Geist, wer das Sagen hat, nämlich der innere Mensch und der Glaube. Er muss tun, was man ihm sagt. Er muss sich dem Willen unterordnen. Er darf keine Revolution anzetteln, er darf den Glauben nicht behindern. Unser Geist ist nämlich von Natur aus so programmiert, er sendet ständig Störsignale gegen den Glauben aus. Wir müssen ihn unter Kontrolle bringen. Der innere Mensch dagegen ist genauso drauf wie Gott. Er wurde von ihm nach seinem Vorbild geschaffen. Er freut sich wie verrückt, wenn jemand anfängt, mit Gott zu leben. Er geht total ab, wenn jemand mit Jesus Christus verbunden ist. In Jesus stecken so viele gute Sachen drin, darum will dieser innere Mensch eigentlich nur das: freiwillig und ohne Zwang, aus reiner Liebe Gott dienen.

Jetzt tritt nur folgendes Problem auf: Während unser innerer Mensch Gott so dient, wird er mit einer anderen Macht in uns konfrontiert. Die

Bibel nennt diese Macht unser „Fleisch". Dieses Fleisch will genau das Gegenteil von dem, was Gott will. Es will so leben wie alle Menschen auf der Welt. Es will nur sein eigenes Ding durchziehen. Was Gott sagt, ist egal. Da kann die neue Kraft, der Heilige Geist, der durch das Vertrauen auf Gott in unser Leben gekommen ist, natürlich nicht mitgehen. Die beiden passen einfach nicht zusammen. So kommt es zu einem Kampf zwischen diesen beiden Kräften in uns. Der Glaube an Gott in uns will diese andere Kraft unter Kontrolle bringen. Paulus schreibt dazu im 7. Kapitel seines Briefes an die Römer in Vers 24: „In mir drin will ich das tun, was Gott will. Ich will nach seinem Programm leben. Aber so wie ich lebe, tu ich genau das Gegenteil und mach genau das, was mich von Gott fernhält." Und in seinem Brief an die Galater sagt er im 5. Kapitel im 24. Vers: „Alle, die zu Jesus Christus gehören, haben ihr altes Ich, inklusive der ätzenden Sachen, die daraus hervorgehen, am Kreuz hingerichtet."

> In Jesus stecken so viele gute Sachen drin, darum will dieser innere Mensch eigentlich nur das: freiwillig und ohne Zwang, aus reiner Liebe Gott dienen.

Ihr dürft echt nicht vergessen, dass niemand durch die Dinge, die er tut, also wenn er zum Beispiel sein altes Ich tötet, Gott beeindrucken kann. Das kann Gott nicht zulassen. Nur der Glaube, das Vertrauen auf Gott, sorgt dafür, dass wir bei Gott durchkommen. Aber durch die guten Dinge, die wir tun, bekommen wir unseren alten Menschen besser in den Griff. Er wird von seinen dreckigen Sehnsüchten sauber gemacht, es geht nur noch darum, diese Süchte abzuschalten.

Wenn dieser innere Mensch in uns durch das Vertrauen sauber geworden ist und voll in Gott verknallt ist, will er ja nur noch das eine: Er will, dass das ganze Leben sauber bleibt, damit sich Gott da drin wohlfühlt und dadurch groß rauskommt. Und das ist dann die richtige Motivation, warum ein Christ das tut, was Gott möchte. Er will so jesusmäßig leben, wie es nur geht.

Trotzdem ist es nicht das, was er tut, was ihn für Gott korrekt und gut werden lässt. All das soll er nur freiwillig tun, weil er so verliebt in Gott ist. Es soll ihm nur noch darum gehen, dass Gott sich an ihm freut. Das soll sein einziges Ziel sein, wenn er über seine Art zu leben nachdenkt.

Beide Aussagen sind also richtig: „Durch gute Taten wird kein Mensch gut. Aber ein guter Mensch will einfach gute Taten tun." Und: „Durch schlechte Taten wird kein Mensch schlecht. Aber ein schlechter Mensch will einfach schlechte Dinge tun."

Es geht also immer um den Ausgangspunkt, von dem her wir denken. Die Person selbst muss gut sein, dann erst sind ihre guten Taten interessant. Jesus hat ja mal etwas Ähnliches gesagt, und zwar in Matthäus, im 7. Kapitel, Vers 18. Er meinte: „Ein kranker Baum kann keine gesunden Früchte hervorbringen. Und ein gesunder Baum kann keine kranken Früchte hervorbringen." Es ist doch ganz logisch, dass nicht die Früchte den Baum tragen, sondern der Baum die Früchte trägt. Der Baum ist ja nicht an den Früchten gewachsen, es war umgekehrt. Die Früchte wachsen an dem Baum, der Baum bringt Früchte hervor! Bevor es eine Frucht gibt, muss erst einmal ein Baum da sein. Es gibt keine guten Früchte und auch keine schlechten, wenn es keinen Baum gibt, an dem sie wachsen können. So ist das auch mit den Menschen. Eine Person muss erst einmal schlecht sein, um schlechte Früchte hervorzubringen, also schlechte Dinge zu tun. Und sie muss erst einmal gut sein, um gute Früchte hervorzubringen, also gute Dinge zu tun. Logischerweise kann dann nicht das, was ein Mensch tut, ihn schlecht machen. Das Schlechte ist in ihm drin und kommt dann raus.

Darum ist es wichtig, beide Wahrheiten aus der Bibel zu kapieren und darüber zu predigen. Es ist wie bei den zwei Seiten einer Medaille, die zusammengehören. Es geht um das Alte und das Neue. Beides ist wie ein großer Schatz, den wir heben müssen. Einmal die Sache, dass Gott Dinge von uns will, dass es ein Gesetz gibt, nach dem wir leben sollen. Und zum Zweiten die Sache, dass er uns ewig liebt und uns verzeiht. Wir müssen über das Gesetz predigen, damit die Leute in den Kirchen erst einmal einen Schock bekommen. Sie sollen kapieren, dass sie Mist gebaut haben, dass sie das bereuen müssen, und dann ihr Leben ändern. Aber dabei dürfen wir nicht stehenbleiben. Wenn wir nur darüber predigen, fügen wir den Leuten große Wunden zu, ohne sie anschließend zu verbinden. Wir würden nur verletzen, aber nichts zur Heilung beitragen. Wir würden nur töten, aber niemanden lebendig machen. Wir würden den Leuten nur die Hölle predigen, aber sie nicht dort herausholen. Wir würden sie runtermachen, statt sie aufzubauen. Darum muss man auch von der Liebe predigen, von den großen Versprechen, die Gott in der Bibel allen gemacht hat. Dann können sie auch anfangen zu glauben. Denn ohne diese Lehre steht am Ende nur das Gesetz, die Kaputtheit, das Versagen, dass wir alle ganz unten sind. Und dann wäre alles, was wir sonst tun und predigen, umsonst gewesen, es würde nichts bringen.

Das waren die wichtigsten Dinge zum Thema gute Taten, die aber nichts bringen, und Taten, die ein Christ sehr wohl tun sollte. Zum Abschluss will ich noch mal etwas dazu sagen, wie man am besten mit seinen Mitmenschen umgeht. Es geht im Leben nämlich nicht nur darum, dass jeder versucht, das Beste für sich selbst rauszuholen. Sondern es geht auch immer um die vielen anderen Menschen, die auch auf dieser Erde sind. Im Grunde lebt jeder Christ nur für die anderen und nicht mehr für sich. Genau deshalb bringt er ja seinen Körper unter Kontrolle, damit er frei sein kann, für andere zu leben. So sagt es auch Paulus im 14. Kapitel, Verse 7 und 8 seines Briefes an die Römer. Da heißt es: „Ist doch klar: Unser Leben dreht sich nicht mehr um uns selbst – und unser Tod auch nicht. Wir leben nur noch für Jesus und sterben tun wir auch nur für ihn. Egal, wie du es auch drehst, wir haben unser Leben radikal Gott verschrieben." Weil das dort so steht, sollte niemand in seinem Leben schlaff vor sich hin drömeln, ohne dass er etwas für seinen Mitmenschen tut. Es ist wichtig, dass man mit den anderen so redet und umspringt, wie Jesus es uns vorgelebt hat. So, wie Jesus drauf war, müssen wir auch draufkommen. Unser Ziel sollte immer sein, anderen zu dienen. Alles, was wir tun, muss anderen helfen. Das, was unsere Mitmenschen gerade brauchen, sollten wir zu unserem Anliegen machen. Es sollte uns wichtiger sein als das, was wir gerade wollen oder brauchen.

In diesem Sinn hat auch Paulus einiges in der Bibel gebracht. Er schreibt, dass jeder Mensch arbeiten gehen soll, um genug Geld zu haben, das man Leuten spenden kann, denen es dreckig geht. Er hätte ja auch schreiben können, dass wir mit dem Geld für unser eigenes Essen sorgen sollen. Aber er sagt tatsächlich, dass jeder Christ denjenigen etwas geben soll, denen es dreckig geht. Auch das ist ein Grund, warum jeder auf sich und seinen Körper aufpassen muss: damit wir immer in der Lage sind, arbeiten zu gehen und Geld zu verdienen. Nur so können wir genug Geld haben, um Arme damit zu unterstützen. Die Gesunden in der Gemeinde können so den Kranken und denen, die ne harte Zeit durchmachen, helfen.

Wir gehören alle zu einer Familie, der Familie von Gott! Und jeder sollte sich um die anderen in der Familie kümmern. Wir müssen uns gegenseitig helfen. Wenn wir das tun, leben wir genau so, wie Jesus es immer gewollt hat. So sieht ein christliches Leben aus, kapiert ihr das? Hier kann man Glaube in Aktion erleben, das ist Liebe praktisch. Wir haben Lust dazu, wir machen es freiwillig, freudig. Wir helfen anderen Menschen, nicht weil wir es müssen, sondern weil wir es möchten. Wir machen es kostenlos, ohne dafür Geld zu verlangen. Wir sind so satt von der Liebe Gottes, wir sind so abgefüllt von ihr, dass wir gerne geben.

Als Paulus den Philippern in der Bibel aufgezeigt hat, was für krasse Sachen sie durch den Glauben an Jesus Christus haben, wollte er ihnen noch etwas erklären. Er schrieb im 2. Kapitel, Verse 1-4: „Ihr seid doch so drauf, dass ihr euch gegenseitig aufbaut. Man kann bei euch doch liebevoll getröstet werden, wenn man das mal braucht. Ihr haltet doch zusammen, weil der Heilige Geist das möglich macht. Und ihr spürt das, wenn es anderen schlecht geht und sie Hilfe brauchen. Darüber freu ich mich auch! Total freuen würde ich mich aber, wenn ihr alle dieselbe Denkweise bekommen würdet. Wenn ihr durch die Liebe eng miteinander verbunden seid und ganz fest zusammenhaltet, das wäre echt toll. Wenn es am Ende doch immer nur um euch und eure eigenen Interessen geht, dass ihr vielleicht sogar ein Star werden wollt, das wäre nicht gut. Ganz im Gegenteil, Leute, nehmt euch selber nicht so wichtig, und lebt immer so, als wären alle anderen wichtiger als ihr selber. Denkt nicht immer zuerst an euren Vorteil, sondern lasst die anderen Leute gut aussehen und helft ihnen."

An diesen Versen kann man ganz klar erkennen, dass Paulus nur ein großes Ziel hatte, wie ein Christ leben soll: Jeder Mensch hat durch seinen Glauben so megaviel bekommen, dass er das an andere verschenkt. Er hat so viel, dass er jedem ganz freiwillig davon abgeben kann. Alles, was er tut, soll anderen irgendwie helfen. Ich fände es gut, wenn ein Christ dabei ungefähr so denkt: „Hey, obwohl ich es nullstens verdient habe, wurde mir Riesenarschloch so eine große Liebe von Gott durch Jesus geschenkt. Mir steht ein mega Schatz zur Verfügung, ich bin korrekt für Gott geworden, er hat alles gut gemacht. Juchu! Ich hab jetzt alles, was ich brauche, mehr geht nicht. Das Einzige, was ich noch will, ist, Gott immer mehr zu vertrauen. Dieses Vertrauen sorgt dafür, dass ich richtig lebe. Warum sollte ich einem Vater, der mich so riesig beschenkt hat, der mich mit Geschenken geradezu überschüttet, nicht jedes Wort von den Lippen ablesen? Ich will freiwillig, mit aller Kraft das tun, von dem ich weiß, dass er es gut findet. Darum möchte ich mit meinen

Mitmenschen so umgehen, wie Jesus mit ihnen umgehen würde. So wie Jesus sich mir gegenüber verhalten hat, will ich mich auch ihnen gegenüber verhalten. Ich will nur solche Dinge tun, die anderen Menschen helfen, soweit ich das überblicken kann. Ich möchte so leben, dass es anderen guttut. Schließlich ist mir durch meine vertrauensvolle Beziehung zu Gott ein gigantischer Schatz geschenkt worden. In Jesus hab ich alles und mehr als genug bekommen."

Hast du das gecheckt? So passiert es, dass aus dem Glauben an Gott eine große Liebe und Freude sprudeln kann. Eine Liebe, die aus Gott kommt. Und man kommt dann einfach locker drauf, hat Spaß an der Sache, ist frei und hat Lust dazu, anderen Menschen zu helfen. Man will für seinen Dienst nicht die fette Kohle einziehen, noch nicht mal einen großen Applaus oder ein Schulterklopfen bekommen. Es ist egal, ob man gelobt oder kritisiert wird, ob man einen persönlichen Gewinn dadurch hat oder ob es eher ein Verlustgeschäft ist. Man tut es ja nicht mehr für Menschen und weil man sich ihnen gegenüber verpflichtet fühlt.

Und dann kann man auch allen Menschen gleichermaßen helfen. Egal, ob es ein Freund oder ein Feind ist, jemand, der einen mag, oder jemand, der einen total scheiße findet. Man achtet noch nicht mal darauf, ob einem derjenige besonders sympathisch ist oder nicht, man macht es einfach so, für Gott. Man setzt sich gern für andere ein und gibt Dinge ab, egal ob es am Ende schlecht investiert ist oder nicht oder ob einen dann die Leute toll finden. Denn unser Vater ist genauso drauf. Gott hat alles ohne Einschränkung ausgeteilt. Jeden Morgen lässt er die Sonne aufgehen, ohne dass wir dafür per PayPal oder Kontoeinzug bezahlt hätten. Egal, ob Menschen gut gelebt oder Linkes getan haben, er macht das für alle gleich. Und genauso machen seine Kinder das ihrem Vater nach: Sie schenken das weiter, was sie von Gott bekommen haben.

In Matthäus 17 zum Beispiel schnorren seine Schüler Jesus um Kohle an. Sie wollten ganz schön viel Geld haben, eine echt große Goldmünze, um die Steuer im Tempel zu bezahlen. Jesus redet dann mit Petrus. Er fragt ihn, ob ein Präsident, der in einem Land das Sagen hat, auch von seinen eigenen Kindern Miete fordert. Petrus antwortet mit Nein. Jesus sagt trotzdem, er soll runter zum See gehen. Er meint: „Wir wollen ja keinen Ärger mit den Jungs. Also pass mal auf. Du nimmst jetzt deine

Jeden Morgen lässt Gott die Sonne aufgehen, ohne dass wir dafür per PayPal oder Kontoeinzug bezahlt hätten.

Angel und gehst zum See und dann wirfst du sie aus, ja?! Da wird gleich ein fetter Brocken anbeißen und der wird eine Goldmünze im Mund haben. Die wird genug Kohle abwerfen, um deine und meine Steuern zu bezahlen!" Diese Story passt ganz gut zu unserem Thema. Denn Jesus vergleicht sich und seine Schüler hier mit Söhnen von einem reichen Präsidenten. Diese Söhne sind von niemand abhängig. Trotzdem zahlt er freiwillig die Steuern. Er tut es, weil er es so will, und unterwirft sich damit auch dieser Forderung.

Dieser Act, die Steuern zu bezahlen, war für Jesus Christus nicht notwendig, er hatte noch nicht mal was davon. Er wurde dadurch auch nicht okay für Gott, es konnte ihn nicht vor der Hölle retten. Und genau das Gleiche gilt natürlich auch für seine Schüler und ihre Taten. Das, was wir tun, hat immer einen geringeren Stellenwert als das, was wir sind. Unsere Taten sind nur dafür da, um anderen zu helfen, um ein gutes Vorbild zu sein.

Kapierst du das? Wenn dem so ist, dann ist es doch ganz klar, dass alle Dinge, die wir von Gott geschenkt bekommen haben, nur dafür da sind, sie an andere weiterzuverschenken. Alles gehört letztendlich allen. Der eine besorgt die Klamotten für seinen Nachbarn. Und das tut er so, als würde er gerade für sich selbst ein paar heiße Fetzen kaufen. Alles, was wir haben, kommt letztendlich von Jesus Christus. Es ist wie ein Fluss, der von ihm kommt und in unser Leben hineingeflossen ist. Er hat sich dabei voll mit uns identifiziert. Und von uns fließt dieser Fluss dann weiter zu denen, die ihn brauchen.

Mein Vertrauen auf Gott, meine Beziehung zu ihm, muss dafür eingesetzt werden, dass die Fehler von meinem Nachbarn nicht mehr so schlimme Konsequenzen haben. Wir beten für diese Leute und dadurch kommt alles in Ordnung. Ich nehme ihren Ärger und ihre Probleme auf mich. Ich behandle sie genau so, als wären sie meine eigenen Probleme. Genau das hat Jesus nämlich auch mit uns gemacht. So fühlt sich echte Liebe an und so sollte man als Christ wirklich leben. Überall dort, wo Menschen anfangen, Gott ganz zu vertrauen, ist auch die Liebe gottmäßig. Im berühmten ersten Brief vom Apostel Paulus an die Korinther schreibt er im 13. Kapitel über die besonderen Eigenschaften der Liebe. Er sagt dort, dass die Liebe nie das fetteste Stück vom Kuchen haben will.

Ich fasse noch mal zusammen: Ein Christ lebt nicht für sich selbst. Er lebt für Jesus Christus und für seine Mitmenschen. Wenn er das nicht tut, dann ist er auch kein Christ. Er lebt seine Beziehung mit Jesus ganz eng, sie sind miteinander verbunden. Diese Beziehung besteht aus Vertrauen. Die Beziehung zu seinen Mitmenschen besteht aus Liebe.

Durch seine vertrauensvolle Beziehung mit Jesus kommt er Gott immer näher. Er wird förmlich zu ihm hin in den Himmel gezogen. Und durch die Liebe zu seinen Mitmenschen wird er wieder zur Erde gebracht. Trotzdem bleibt er Gott und seiner Liebe dabei immer total nahe. Das hat Jesus ja auch schon gesagt. Im Johannesbuch steht im 1. Kapitel, Vers 51: „Leute, eins kann ich euch versprechen. Ihr werdet sehen, wie sich der Himmel öffnen wird, und ihr werdet Engel dabei beobachten, die wie im Fahrstuhl zwischen mir und Gott hin- und herfahren."

Das, was ich oben geschrieben habe, soll erst einmal zu dem Thema Freiheit reichen. Ich hoffe, ich konnte dir zeigen, dass diese Freiheit eine geistliche Freiheit ist und dass es sie wirklich gibt. Sie macht uns frei von unseren ätzenden Schuldgefühlen, denn sie sorgt dafür, dass uns unser Mist vergeben wird. Sie macht uns auch frei von irgendwelchen Gesetzen oder religiösen Regeln. Paulus hat das auch so im 1. Brief an Timotheus geschrieben. Dort sagt er im 1. Kapitel, dass man für jemanden, der für Gott bereits okay ist, kein Gesetz mehr braucht. Diese innere Freiheit von Gott ist so riesig. Sie ist viel größer als jede andere Freiheit, die man äußerlich vielleicht haben kann. Der Unterschied ist ungefähr so groß wie die Erde im Vergleich zum Universum. Ich bete dafür, dass Jesus uns in die Lage versetzt, diese Dinge zu kapieren und umzusetzen. Dass diese Erkenntnis uns von niemandem wieder weggenommen werden kann. Das wäre genial! So passt es [Amen]!

Was das mit der Ehe soll und wie man sie auf die Reihe kriegt

Vom ehelichen Leben, 1522

In diesem Text geht es Martin Luther um zwei Meinungen von damals, die er superseltsam findet. Zum einen um die Aussage, dass Sex von der dunklen Seite der Macht kommt, vom Teufel. Und zum Zweiten, dass Gott es viel cooler findet, wenn jemand nicht heiratet und stattdessen als Mönch oder Nonne lebt. Er beschreibt hier ganz deutlich, dass Ehe etwas sehr Jesusmäßiges ist und wie viel Respekt die Bibel vor der Ehe hat. Dabei sieht er die Dinge aber auch realistisch. All das erkennt Luther, lange bevor er selbst heiratet. Es ist krass zu sehen, wie viele seiner Thesen auch heute noch topaktuell sind.

Um ehrlich zu sein, hab ich nicht so Bock, über dieses Ehe-Thema zu schreiben. Das ist einfach ein Fass ohne Boden. Wenn ich erst mal anfange, meine Meinung darüber zu äußern, wird es richtig krass etwas in Bewegung bringen – bei mir und natürlich bei den anderen Lesern. Die beknackten Dinge, die der Papst zu dem Thema beschlossen hat, helfen überhaupt nicht weiter. Sie haben nur Verwirrung gebracht. Aber auch die normalen, weltlichen laschen Gesetze haben dafür gesorgt, dass es so viele ätzende und auch verwirrende Beispiele in der Öffentlichkeit gibt, wie es eben nicht laufen sollte. Am liebsten würde ich über das ganze Thema nichts mehr hören.

Letztendlich sehe ich aber keinen anderen Weg bei der ganzen Not. Es bringt nichts, einfach davonzulaufen und seinen Mund zu halten. Ich muss ein paar Dinge klarstellen, muss gegen die allgemeine Verwirrung predigen, das ist wichtig. Ich hab mir überlegt, meinen Artikel dazu in drei Teile zu gliedern.

Erster Teil

Zuerst will ich klarstellen, was für Leute heiraten können. Als guter Bibelspruch, der die Sache einleitet, ist mir der aus dem 1. Buch Mose,

1. Kapitel, Vers 27 eingefallen. Dort steht: „Also baute Gott einen Menschen. Dieser Mensch war ihm irgendwie ähnlich, er sollte nach demselben Muster gestrickt sein wie Gott. Er machte dabei gleich zwei Exemplare, einen Mann und eine Frau." Weil es diesen Bibelvers gibt, können wir ganz sicher davon ausgehen, dass Gott zwei Geschlechter geschaffen hat. Eben eine Frau und einen Mann, eine „Sie" und einen „Ihn". Er fand, das war eine gute Idee. Das sagt die Bibel dann sogar ganz ausdrücklich einige Verse später, nämlich im 31. Vers: „Gott sah sich dann das Ganze, was er gerade gemacht hatte, noch einmal in Ruhe an. Und er war voll begeistert, es war alles spitzenmäßig geworden!"

Gott hat jeden Menschen also mit einem individuellen Körper erschaffen. Das hat er ganz souverän getan. Es ist nicht in unserer Macht, das zu verändern. Entweder hat Gott dich als einen Mann geschaffen oder als eine Frau. Gott möchte, dass wir das akzeptieren und dass wir uns darüber freuen und ihm dankbar sind. Das bedeutet auch, dass der Mann nicht das Recht hat, eine Frau zu verarschen oder runterzumachen, nur weil sie eine Frau ist. Und eine Frau umgekehrt nicht das Recht hat, einen Mann zu verarschen oder runterzumachen, nur weil er ein Mann ist. Jeder soll das andere Geschlecht respektieren, weil Gott es geschaffen hat und das so gut findet.

Zweitens: Nachdem Gott eine Frau und einen Mann gemacht hatte, betete er für beide, er segnete sie. „Jetzt habt Spaß miteinander! Schlaft miteinander und bekommt sehr viele Babys!"

Weil dieser Spruch in der Bibel steht, in 1. Mosebuch 1,28, können wir uns über eine Sache ganz sicher sein: Gott möchte, dass die Menschen miteinander schlafen, sie müssen es sogar. Sex ist von Gott! Wir sollen uns nämlich vermehren. Dieser Punkt ist so wichtig wie der erste. Darüber braucht man keine Witze zu machen, man muss ihn sehr ernst nehmen, vor allem auch, weil Gott dazu seinen Segen gibt. Das geht noch über das reine Zusammenbasteln der Welt hinaus.

Daraus schließe ich Folgendes: Genauso wenig, wie ein Mensch bestimmen kann, was für ein Geschlecht er hat, hat er auch nicht das Recht, sich keinen Partner zu suchen. Anders gesagt: Gott befiehlt niemandem, ein Mann oder eine Frau zu sein, er schafft einfach Fakten. Und genauso befiehlt er niemandem, sich zu vermehren, er hat den Trieb einfach in uns hineingelegt. Wir müssen uns vermehren, es liegt in unserer Natur.

Der Drang, Sex haben zu wollen, ist also von Gott so in uns einprogrammiert worden. Und selbst wenn man versucht, dagegen anzukämpfen, schafft sich diese Energie doch immer wieder ein Ventil. Zum Beispiel indem man als Mann mit einer Prostituierten schläft oder in der Ehe fremdgeht oder andere sexuelle Dinge tut, die eher im Geheimen passieren. Das liegt einfach in unserer Natur, da kann man nicht viel gegen machen.

Drittens: Diese Dinge oben sind gesetzt. Und doch hat Gott auch einige Menschen davon ausgenommen. Das kann man in Matthäus, Kapitel 19 im 12. Vers nachlesen. Dort sagt Jesus, dass es Menschen gibt, die schon von ihrer Geburt an dazu bestimmt sind, keine Ehe einzugehen, weil sie keine Kinder bekommen können. Dann spricht er auch davon, dass sich einige gegen die Ehe entscheiden, weil sie durch Verletzungen nicht in der Lage sind, eine Beziehung einzugehen. Und als dritten Grund nennt er, dass Menschen freiwillig auf die Ehe verzichten, um alles für Gott geben zu können. Das sind die einzigen drei Gründe, die zählen. Alles andere gilt nicht als Argument, sich keinen Ehepartner zu suchen. Niemand sollte im Ernst glauben, er würde ein jesusmäßiges Leben ohne einen Partner führen können. Das klappt nicht, kannst du vergessen.

> Der Drang, Sex haben zu wollen, ist von Gott so in uns einprogrammiert worden.

Die Bibel ist Gottes Wort an uns. Und sie sagt, dass er dich dazu gemacht hat, dich zu vermehren. Dagegen kann man sich nicht wehren, das ist so. Wenn du es trotzdem versuchst, wirst du schlimme Dinge tun, es wird wie ein Zwang sein, von dem du nicht freikommst.

Das Gesagte gilt auch für alle Versprechungen, die Mönche oder Nonnen in ihren Klöstern gemacht haben. Kein Vertrag hat Gültigkeit, in dem man für den Rest seines Lebens auf die Ehe verzichtet, wenn man nicht zu einer der drei Gruppen gehört, die ich oben genannt habe. Gott höchstpersönlich hat sie aufschreiben lassen und sie sind die absolute Ausnahme!

Egal ob man ein Priester, ein Mönch oder eine Nonne ist: Man macht sich schuldig, wenn man dieses Versprechen, nicht zu heiraten, aufrechterhält, obwohl man merkt, dass man ziemlich viel Lust auf Sex hat. Es war von Anfang an in Gottes Plan, dass wir uns vermehren sollen. Und zwar nicht zu knapp! Diese gigantische Sex-Energie in uns ist so stark, dass sie nicht durch irgendeinen Zwang, ein Gesetz, ein noch so hochheiliges Versprechen oder einen Vertrag gebändigt werden kann.

Wenn man es trotzdem versucht, kann man davon ausgehen, dass das irgendwann in die Hose geht. Im wahrsten Sinne des Wortes. Man wird doch heimlich irgendwelche sexuelle Scheiße bauen und sich und seinen Geist damit verdrecken. Man kann sich dagegen auch gar nicht wehren, weil es ja so in den Regeln geschrieben steht, die Gott von Anfang an festgesetzt hat.

Was für Leute meint Jesus mit der ersten Gruppe, mit den Menschen, die von Geburt an nicht in der Lage sind, eine Ehe einzugehen? Ich glaube, er meint damit Menschen, die wegen irgendeinem Knacks nicht mit einem Partner zusammenleben können. Und er meint Leute, die wegen irgendeiner körperlichen Fehlbildung keinen Sex haben können. Diese Menschen brauchen auch keinen Partner. Gott hat sie so geschaffen und gewollt. Es ist für sie allerdings schade, weil sie nicht das Glück erleben können, wie cool es ist, Kinder zu bekommen.

Die zweite Gruppe, die Jesus hier meint, sind sogenannte Eunuchen. Das sind Männer, die aus bestimmten Gründen vor der Pubertät kastriert worden sind. Man hat ihnen operativ den Hoden entfernt. Und die sind natürlich auch voll die Ausnahme. Sie fallen eben aus dem Rahmen, wobei man auch sagen muss, dass sie das meistens nicht freiwillig tun.

Die dritte Gruppe, das sind für mich ganz spezielle Menschen. Sie sind wie von einer anderen Welt, haben sehr viel von Gott bekommen, sind spirituelle Geschosse. Sie schaffen es, ohne eine eheliche Beziehung zu leben, ganz freiwillig. Ihre Einstellung ist: „Ich würde schon heiraten, ich dürfte und könnte es auch, aber ich bin da jetzt nicht so megaheiß drauf. Mir sind andere Dinge wichtiger, für die ich alle Kraft brauche. Ich möchte mehr für Gott arbeiten und für seine Sache. Ich will lieber predigen und dafür sorgen, dass es noch mehr Christen auf der Welt gibt." Aber diese Leute sind echt eine Ausnahme. Unter tausend Menschen wird man nicht einen finden können, der so tickt. Sie sind wie ein ganz besonderes Wunder, das Gott gemacht hat. Niemand sollte sich anmaßen, von sich aus so zu leben, es sei denn, Gott hat ihm das ganz konkret und unübersehbar gezeigt, so wie er es Jeremia in der Bibel gesagt hat, das kann man in Kapitel 1, Vers 5 und in Kapitel 16, Vers 2 nachlesen. Vielleicht ist es auch so, dass Gott ihn so stark beschenkt, dass sein Befehl „Jetzt geht mal hin und habt Spaß miteinander, macht viele Babys" ihn irgendwie so gar nicht anmacht, weil er eigentlich nur an Gott denken kann.

Ich wundere mich jedes Mal, dass es doch viele Leute außerhalb dieser drei Gruppen gibt, die meinen, Gott hätte sie dazu berufen, ehelos zu bleiben. Da kommt bei mir das Gefühl auf, dass der Satan es geschafft hat, sehr viele Menschen aus dieser ganz natürlichen Sache rauszuhalten. Sie haben sich ihre eigenen Bibelstellen erfunden und haben sich damit selbst hinter Gitter gebracht, nur kommen sie jetzt nicht mehr dort raus. Sie wurden völlig unfrei, sie stehen unter lauter Zwängen.

Zweiter Teil

In diesem Part möchte ich etwas zum Thema Scheidung schreiben. Was für Ehen können eigentlich geschieden werden? Ich finde hier auch drei Gründe, wann das möglich ist. Der erste Grund hat mit dem Körper zu tun: wenn jemand von Natur aus oder wegen einem Unfall nicht in der Lage ist, Sex mit seinem Partner zu haben. Ich habe über das Thema ja schon oben ausführlich geschrieben.

Der zweite Grund für eine Scheidung ist, wenn einer der beiden in der Ehe fremdgegangen ist. Die Päpste haben über dieses Problem nie etwas erzählt, darum müssen wir noch mal hören, was Jesus höchstpersönlich dazu gesagt hat. Im Bibelbuch von Matthäus, im 19. Kapitel kann man das ab Vers 3 nachlesen. Dort fragen ihn die Juden, ob es einen Grund gibt, dass ein Mann sich von seiner Frau scheiden lassen darf. Er antwortet: „Mann, lest ihr eigentlich nicht in den alten Verträgen? Da steht doch eindeutig drin, dass Gott am Anfang Mann und Frau geschaffen hat. Da steht: ‚Darum ist das jetzt so, dass ein Mann irgendwann seinen Vater und seine Mutter verlässt und mit einer Frau zusammenzieht. Die beiden werden dann ganz fest zusammenwachsen, sie werden wie ein Mensch sein.' Die sind dann im Grunde nicht mehr zwei Leute, sondern nur noch eine Person. Was Gott auf die Art zusammengeschweißt hat, sollte der Mensch nicht wieder auseinanderreißen."

„Aber warum war es dann für Mose, der ja die alten Verträge von Gott bekommen hat, okay, dass man sich von seiner Frau trennt, sobald man ihr einen Wisch unterschreibt?"

„Also, Mose hat das nur erlaubt, weil er wusste, wie link und hart die Menschen oft unterwegs sind. Plan B sozusagen, aber Gottes ursprüngliche Idee sah mal anders aus. Ich bin der Meinung, dass jeder, der seine Ehefrau im Stich lässt und eine andere heiratet, eine Ehe zerstört hat.

Dabei gibt es nur eine Ausnahme, nämlich wenn die Ehefrau schon vorher mit einem anderen Mann fremdgegangen ist. Das bedeutet auch, dass jemand, der eine geschiedene Frau heiratet, mit ihr die eigentlich noch bestehende Ehe bricht."

Hier kann man sehen, dass es für Jesus einen Grund gibt, wann eine Scheidung okay sein kann – nämlich wenn ein Partner den anderen betrogen hat. Jesus sagt hier eindeutig, wenn jemand deswegen seine Ehe scheiden lässt, dann ist das okay. Und derjenige, der treu geblieben ist, darf sich einen neuen Partner suchen, das folgt logischerweise daraus.

Der dritte Grund, wann eine Scheidung okay sein kann, liegt im sexuellen Bereich. Wenn ein Partner absolut keinen Bock hat, mit dem anderen zu schlafen, dann ist das ein Scheidungsgrund. Sex ist für mich ein absolutes Muss in der Ehe. Wenn einer in der Ehe aber überhaupt keinen Sex will, dann kann so eine Beziehung nicht funktionieren.

> Wenn ein Partner absolut keinen Bock hat, mit dem anderen zu schlafen, dann ist das ein Scheidungsgrund.

Ich stütze mich hier auf eine Bibelstelle von Paulus im 1. Korintherbrief im 7. Kapitel ab Vers 4. Dort steht: „Die Ehefrau und auch der Ehemann haben das Recht an ihrem Körper an den anderen abgetreten. Beide sollten nicht ‚Nein' sagen, wenn einer mal Lust auf Sex hat. Ausgenommen, sie haben sich so abgesprochen, dass sie für eine Zeit abbeten wollen und Sex sie dabei nur ablenken würde. Danach solltet ihr aber wieder miteinander schlafen, sonst werdet ihr nur gigascharf, und Satan hat leichtes Spiel mit euch, verführungstechnisch."

Verstehst du? Hier sagt Paulus genau das. In dem Versprechen, was man sich bei der Hochzeit gegeben hat, wird das Thema auch angeschnitten. Wenn sich einer von beiden im Bett querstellt und einfach keinen Sex will, dann bestiehlt er damit quasi den Partner. Denn man hat ja versprochen, dass der Körper ab jetzt dem anderen gehört. Wenn das für einen von beiden nicht mehr gilt, ist eine Ehe im Grunde kaputt.

Da fällt mir ein: Neben diesen drei Gründen gibt es noch einen vierten, warum sich ein Paar scheiden lassen kann. In diesem Fall ist es aber so, dass man keine weitere Ehe eingehen darf, also ohne Partner weiterleben muss, wenn man sich nicht doch irgendwann wieder miteinander verträgt. Bei diesen Paaren geht es nicht um mangelnden Sex, sondern sie kommen einfach nicht miteinander klar. Sie streiten sich ständig. Paulus nennt diesen Fall in der Bibel im 1. Korintherbrief im 7. Kapitel. Dort schreibt er ab Vers 10: „Für die Leute, die verheiratet sind, hab ich ne Ansage, die nicht von mir, sondern von Jesus selbst kommt: Eine Frau soll sich von ihrem Typen nicht scheiden lassen. Wenn sie ihn aber trotzdem verlässt, soll sie auf keinen Fall wieder heiraten. Am besten, sie verträgt sich wieder mit ihrem Ex." Wenn sie sich miteinander vertragen müssen, hatten sie vorher vermutlich ne Menge Stress. Solche Fälle werden ja auch schon im Alten Testament in der Bibel geschildert. Der berühmte Salomo klagt zum Beispiel im Predigerbuch immer wieder drüber. Im 7. Kapitel schreibt er von einer Frau, die bitterer ist als der Tod. Sie ist superfinster drauf. Aber das gilt natürlich nicht nur für Frauen. Es gibt auch einige superätzende Männer. Sie sind völlig außer Kontrolle und kaum zu ertragen.

Wenn es einen Partner gibt, der auf eine Weise von Gott gestärkt wurde, dass er bei so einer linken Bazille bleiben kann, wird ihn das jesusmäßiger machen und ihn auf dem direkten Weg in den Himmel schicken. So ein Ehepartner kann nämlich echt zum Satan höchstpersönlich werden, aber wenn der andere das dann ertragen kann, wird er dadurch mehr wie Jesus. Falls derjenige aber dieses ständige Angemache nicht länger aushalten kann, dann soll er sich lieber scheiden lassen. Sonst bringt er den anderen am Ende noch um. Für den Rest seines Lebens sollte er aber kein zweites Mal heiraten. Ich finde nicht, dass man sich damit rausreden kann, immer zu sagen, der andere wäre schuld. Und das dann als Begründung zu nehmen, noch einmal zu heiraten. Denn solange der andere noch mit einem schläft, muss man den Mist ertragen oder sich allein von Gott Hilfe holen. Da passt das Motto: Wenn du ein Feuerchen haben willst, musst du den Rauch auch ertragen.

Was ist jetzt in dem Fall, wenn ein Ehepartner irgendwie krank ist und man deswegen keinen Sex haben kann? Darf man sich dann scheiden lassen? Nein, auf keinen Fall. Wenn das so ist, solltest du dem kranken Ehepartner helfen, denn dadurch dienst du auch Gott. Durch den anderen kommst du dem Himmel ein Stück näher. Du bist göttlich glücklich, wenn du so eine Aufgabe für dich annehmen kannst und ausführst. Diene deinem Partner, weil Gott es so will. Wenn du jetzt der Meinung bist, dass du nicht auf Sex verzichten kannst, dann lügst du. Hilf deinem kranken Ehepartner, das ist jetzt deine Aufgabe! Gott wird sich mit Sicherheit um dich kümmern. Er trägt dir keine Aufgabe auf, die du nicht leisten kannst. Er ist treu, man kann sich auf ihn immer verlassen. Wenn du dich um deinen kranken Partner gut kümmerst, wird er auch deinen Sextrieb nicht mehr so stark sein lassen.

Dritter Teil

Als Drittes will ich von etwas schreiben, was uns auch geistlich weiterbringt, nämlich wie man eine Ehe christlich führen kann. Zum Thema Sex in der Ehe, also wann und wie, will ich eigentlich nichts mehr sagen. Die meisten Prediger versuchen ja, das Ganze als etwas Schmutziges darzustellen, sodass man sich richtig schlecht dabei fühlt. Viele behaupten auch, für Sex gibt es nur ein bestimmtes Zeitfenster im Monat. Und an anderen Zeiten darf man auf keinen Fall miteinander schlafen, wie an bestimmten Feiertagen oder wenn eine Frau schwanger ist oder sowas. Ich bleibe bei der Grundaussage von Paulus. Er schreibt im 1. Korintherbrief im 7. Kapitel ab Vers 9: „Wenn die es aber sexmäßig nicht auf die Reihe kriegen, sollten sie besser heiraten. Verheiratet zu sein ist immer noch besser, als den ganzen Tag an Sex zu denken und davon kontrolliert zu werden." Eine ähnliche Aussage steht ein paar Verse vorher. In Vers 2 schreibt er nämlich: „Weil aber mit Sexsachen so viel Mist passiert, sollte besser jeder Mann eine Frau haben und jede Frau einen Mann." Generell sagt Paulus, dass auch verheiratete Christen sich nicht von irgendeiner Pornosucht oder von ihrem sexuellen Verlangen fernsteuern lassen sollen. Das findet man auch im 1. Thessalonicherbrief im 4. Kapitel, Vers 5. Ich finde, jeder muss da mit sich selber ehrlich sein. Check dich ab, und schau, ob du dich in Gefahr begibst, unjesusmäßige Sexsachen zu tun, wenn du zu lange nicht mit deiner Frau oder deinem Mann geschlafen hast. Irgendwelche noch so religiösen Feiertage sollten dich nicht davon abhalten. Genauso irgendwelche anderen, körperlichen Ursachen.

> Die Ehe hat so einen schlechten Ruf mittlerweile! Auf dem Büchermarkt gibt es so viel Schundliteratur, wo drinsteht, wie bescheuert es ist, zu heiraten.

Ich möchte aber einen Schwerpunkt auf eine andere Sache legen. Die Ehe hat so einen schlechten Ruf mittlerweile! Auf dem Büchermarkt gibt es so viel Schundliteratur, wo drinsteht, wie bescheuert es ist, zu heiraten, und wie schwierig das andere Geschlecht ist. Einige meinen sogar, selbst wenn einem die „Super-Frau" über den Weg läuft, soll man auf keinen Fall heiraten.

Darum noch mal ein paar Grundlagen: Jeder Mann und jede Frau ist von Gott gemacht worden. Und Gott hat dabei einen sehr guten Job abgeliefert. Was er als gut bezeichnet, darfst du nicht scheiße finden. Gott weiß das besser als du. Im 1. Buch Mose im 2. Kapitel sagt er in Vers 18: „Ist irgendwie keine gute Idee, wenn der Mensch hier alleine rumhängt. Ich will ihm noch eine Braut machen, die ihm hilft und ihn respektiert. Und sie sollte auch irgendwie zu ihm passen!" Hier kann man lesen, dass Gott die Frau gut findet und sie eine Unterstützung für den Mann ist. Wenn du das anders siehst, dann liegt das auf jeden Fall an dir und nicht an Gott. Du verstehst einfach noch nicht, was Gott will und wie er bestimmte Dinge gemacht hat, oder kannst es nicht glauben. Mit diesem Spruch aus der Bibel kann man allen Menschen das Maul stopfen, die sich ständig über ihre Ehe beschweren und rumjammern.

Nichtchristen sagen ja gern über die Ehe: „Kurze Freude, ewig langer Frust." Sollen sie nur reden. Alles, was Gott wichtig ist, wird von Menschen verarscht und sie machen sich darüber lustig. Das, was diese Leute außerhalb der Ehe an Spaß zu haben glauben, müssen sie mit ihrem Gewissen vereinbaren. Es ist ein Unterschied, einfach Sex zu haben oder zu kapieren, wie genial es sein kann, den richtigen Partner zu heiraten. Wem es nur um Sex geht, wer dabei aber nicht verstanden hat, um was es in der Ehe geht, wird ewig rumjammern und sich beschweren. Er wird keinen Spaß, sondern nur Schwierigkeiten mit seinem Partner haben. Es geht ihm wie einem, der Gott nicht kennt und der keine Peilung hat. Aber wer das kapiert hat, wird ohne Ende Spaß, Freude und Lust in der Ehe haben. Schon Salomo hat das gesagt, als er in den Sprüchen im 18. Kapitel, Vers 22 schreibt: „Wenn jemand seine Traumfrau gefunden hat, dann hat er echt den Hauptgewinn gezogen!"

Das gilt auf jeden Fall für die Menschen, die kapiert haben und ganz fest glauben, dass die Ehe Gottes Idee war. Er hat Männer und Frauen zusammengestellt, und es ist unser Job, Kinder zu machen. Das steht so im 1. Buch Mose im 1. Kapitel ab Vers 28. Und Gott lügt nicht, da kann man sich drauf verlassen. Deshalb kann man sicher sein, dass ihm das ganze Paket Ehe gefällt, mit all den Vorteilen, aber auch all den Nachteilen, dem Ärger und den Problemen. Ich frage euch: Wie kann man das noch toppen, wenn man weiß, dass Gott es gut findet, was man gerade tut? Da hat man doch voll die Freude, den Spaß und Frieden!

Wisst ihr, viele Männer sagen, sie haben schon viele Frauen im Bett gehabt. Ganz toll. Wichtiger ist doch, die eine richtige Frau im Bett gehabt zu haben! Solche Leute haben nicht kapiert, dass Gottes Idee ganz anders ist. Kein Wunder, dass sie nicht die Richtige finden. Wer so redet, hat eine linke Einstellung, ist total blind. Er checkt nicht, wie gut es ist, mit dem einen richtigen Partner zusammen zu sein. Denn dann wüsste er, dass – egal wie hässlich, böse, fies, arm oder krank der andere ist – er immer noch von Gott gebaut wurde und es sein Wille ist, dass man mit dem anderen gut zusammenlebt. Dadurch ist man in der Lage, in der ätzendsten Situation noch etwas Gutes erleben zu können, im größten Frust noch Freude. Es ist fast so wie bei den Märtyrern. Die können ja auch dem heftigsten Leiden noch etwas Gutes abgewinnen.

> Dadurch ist man in der Lage, in der ätzendsten Situation noch etwas Gutes erleben zu können.

Wir machen nur ständig den Fehler, Gottes Willen mit unseren Gefühlen zu beurteilen. Wir wollen nicht das tun, was er möchte, sondern das, was sich für uns gut anfühlt. Darum fällt es uns so schwer zu sehen, was er eigentlich von uns will. Das, was eigentlich gut ist, machen wir schlecht, und was total geil ist, finden wir scheiße. Es gibt doch nichts (noch nicht mal den Tod), was wirklich zu schlimm für mich wäre, wenn ich ganz sicher weiß, dass Gott genau das von mir will. Dann kann ich es ertragen. Es gilt also immer noch der Vers aus den Sprüchen von Salomo: „Wenn jemand seine Traumfrau gefunden hat, dann hat er echt den Hauptgewinn gezogen! Gott freut sich auch da drüber, es ist ein Zeichen, dass er ihn wohl sehr mag."

Ihr müsst auch echt auf euren Verstand achten und seine Kraft richtig einschätzen. Oft glaubt man, dass man durch ein Problem schon durchkommt, wenn man nur richtig nachdenkt. Aber das Hirn wird schnell zur billigen Nutte, die uns für ein paar Euros befriedigt, aber nicht wirklich weit bringt. Diese Hure sieht das Leben in einer Ehe und denkt sich (aus der Sicht eines Mannes): „Jetzt soll ich also für den Rest meines Lebens Kinder in den Schlaf wiegen, Windeln wechseln, Betten machen, den ganzen Gestank ertragen, die Nächte wegen Babygeschrei nicht mehr durchschlafen und ständig hochschrecken, mich um Windpocken und Masern kümmern und dann noch für meine Frau sorgen, Geld verdienen, einkaufen, arbeiten, kochen, putzen, dies und jenes tun, mich ständig um kleine Probleme kümmern und lauter so blödes Zeug? Ich lass mich doch nicht für den Rest meines Lebens so fesseln! Ach, ich arme Sau, warum hab ich bloß geheiratet?! Wie furchtbar! Das ist doch voll das Gefängnis, die Eheringe sind wie Handschellen. Ich hätte besser Single bleiben sollen, da hätte ich meine Ruhe. Ich werde doch lieber noch Mönch. Und meinen Kindern werde ich auch dazu raten." Das sind so Sprüche, die man immer wieder hört, und sie verlocken nun echt nicht dazu, zu heiraten. Aber was sagt der Glaube an Jesus zu dem Thema?

Wenn du wirklich jesusmäßig drauf bist, dann schaust du aus der Distanz auf diese ganzen Dinge, die dir keinen Spaß machen, die das Letzte scheinen, die dich einfach nerven. Und dann bemerkst du, dass alles von Gott kommt. Und dass es eigentlich wunderschön ist. Und dann kommst du zu dem Schluss: „Gott, ich weiß, dass du mich als einen Mann geschaffen hast! Dieses Kind dort ist von mir, aber auch du hast es gemacht. Darum weiß ich auch, dass du es supergut findest. Mir ist klar, dass ich es eigentlich nicht wert bin. Ich habe es null verdient, dass ich dieses kleine Wesen im Arm halten und ihm die vollgekackten Windeln wechseln darf. Wie bin ich kleine Wurst überhaupt zu der Ehre gekommen, dass mir klar werden durfte, dass du mich geschaffen hast? Und dass ich erkannt habe, dass ich für dich leben will? Darum will ich diesen Job gerne tun. Und selbst wenn es noch eine Stufe dreckiger wird, es wäre mir wurscht. Egal wie hart die Arbeit auch ist, wie kalt, nass, warm, heiß, stressig und anstrengend, ich will mich davon nicht kleinkriegen lassen. Denn ich bin mir sicher, dass du das so gewollt hast, es ist in deinem Plan."

Und die Ehefrau sollte auch so drauf sein, wenn sie über ihren Job nachdenkt; wenn sie das Baby an der Brust hat, es wiegt, badet, eincremt, mit ihm spielt, wenn sie andere Dinge im Haushalt tut und ihrem Mann hilft. Denn diese ganzen Sachen sind superwertvoll. Sie sind wie ein Sechser im Lotto, sie sind unheimlich wichtig und man sollte sie nicht unterschätzen.

Es ist doch so: Wenn ein Mann so einen Haushaltsjob machen würde, dann würde er von seinen Freunden verarscht werden. Ein Typ, der den ganzen Tag Windeln wechselt und dem Baby seinen Popo pudert, der würde von seinen Freunden nicht mehr ernst genommen. Man würde ihn für zu soft, für einen Dummschwätzer, für ein Weichei halten. Und das, obwohl er es aus dem oben genannten Grund tut, weil er eben an Gott glaubt und Christ ist. Die Frage ist, wer hier zu lachen hat. Gott lacht mit seinen Engeln und allen anderen Wesen, und zwar nicht, weil der Typ Windeln wechselt, sondern weil er es voller Glauben tut. Er freut sich also darüber. Aber die Leute, die immer nur auf das sehen, was getan wird, und nicht auf die Motivation dahinter, die lacht Gott aus. Sie sind die größten Idioten auf dem Planeten. Sie denken, sie hätten es gecheckt, dabei sind sie nur Marionetten, ferngesteuert vom Teufel höchstpersönlich.

Ich schreibe diese Dinge, weil ich klarmachen möchte, wie gut es ist, genau an dem Ort zu sein, wo Gott einen haben will. Das müssen wir lernen. In der Bibel steht das auch so und es gefällt Gott. Alles, was wir tun und was wir durchleiden, bekommt so etwas Göttliches, es wird wertvoll und gut. Schon Salomo schreibt im ersten Teil der Bibel in Sprüche, Kapitel 5, Vers 18: „Freu dich, wenn du die erste Frau, in die du verknallt warst, auch heiraten kannst." Und im Prediger im 9. Kapitel, Vers 9 steht: „Genieße jeden Tag, den du mit der Frau hast, in die du verknallt bist, und mach das so lange, bis du stirbst."

> Ich schreibe diese Dinge, weil ich klarmachen möchte, wie gut es ist, genau an dem Ort zu sein, wo Gott einen haben will.

Auf der anderen Seite kann man auch sehen, wie wenig Gottes Herz in der Idee der Ehelosigkeit von Mönchen und Nonnen drinsteckt. Die ganzen Nöte, das unbefriedigte Sexverlangen, alles, was diese Menschen deswegen durchmachen – das hat nichts mit Jesus zu tun. Es ist im Grunde umsonst, es bringt nichts. Jesus sagte dazu richtigerweise in Matthäus 15, Vers 9: „Sie erzählen, welche Regeln er angeblich will, dabei haben nur Menschen sich diese Regeln selbst ausgedacht."

Nun heißt das natürlich nicht, dass eine Ehe immer nur supertoll und eitel Sonnenschein ist. Ehepartner haben auch viel Frust und Ärger miteinander. Ich glaube, das liegt aber daran, dass sie die Bibel überhaupt nicht kennen. Sie wissen nicht, was Gott über die Ehe gesagt hat und was er mit ihnen vorhat. Solche Eheleute sind genauso zu bedauern wie die Mönche und Nonnen. Von innen und außen Frust und keine Peilung, dass Gott es nur gut mit ihnen meint – das ist einfach zu viel. Es fängt damit an, dass sie innerlich nicht wissen, wie cool Gott es findet, dass sie verheiratet sind. Schon alleine das sorgt für Frust. Wenn dann noch Probleme von außen dazukommen, wird die Unzufriedenheit erst richtig groß. Daher hat die Ehe auch so einen schlechten Ruf und wird in der Öffentlichkeit so runtergemacht.

Ich denke, dass man alles, was Gott geplant und konstruiert hat, auch so annehmen muss und positiv drüber denken soll. Vertrau ihm, dass er es gut meint, sonst hältst du es nicht aus, was alles so abgeht. So einen richtigen Spaß und eine Freude an der eigenen Ehe kann man auch als Christ erst dann bekommen, wenn man kapiert hat, dass Gott Ehe super findet. Er findet sie unheimlich wichtig.

Einige Leute denken, was genau alles in einer Ehe passiert, ist nicht so das große Ding für Gott. Das mag vielleicht sein, aber letztlich ist jeder Mensch das Produkt einer Ehe, ohne würden wir gar nicht existieren. Darum findet Gott, dass Ehe eine voll gute Erfindung ist, sie kommt ja schließlich auch von ihm und er beschenkt uns damit.

Ich möchte mein Leben nicht von meinen eigenen guten wie schlechten Erfahrungen bestimmen lassen. Sondern die Bibel soll meine Entscheidungen beeinflussen, sie soll mir zeigen, wer Gott ist und was er Gutes gemacht hat. Denn die Worte Gottes sind die Wahrheit. Wer sein Leben nach der Bibel ausrichtet, wird sich nicht länger durch die Betten vögeln, das ist doch klar! Und wer verheiratet ist, kann seine sexuellen Bedürfnisse in der Ehe ausleben und braucht das nicht mehr bei Nutten oder sonst wo zu tun.

Schon allein das ist ein Grund dafür, zu heiraten. Aber es gibt noch mehr. Denn dieses Rumvögeln schadet auch dem Innersten des Menschen, der Seele. Man fühlt sich einfach schlecht dabei und hat ständig ein mieses Gewissen. Dazu kann es auch dem Körper schaden, weil man Geschlechtskrankheiten bekommen kann – Tripper, Syphilis, Aids und so. Und manche Freundschaft kann auf diese Weise zu Bruch gehen. Man steht außerdem in Gefahr, einen schlechten Ruf zu bekommen. Kurzum: Es ist viel anstrengender, kostet viel mehr und ist viel weniger korrekt, mit jeder oder jedem ins Bett zu steigen, als eine Ehe einzugehen. Natürlich ist dann auch nicht alles toll, und es gibt neue Probleme, die man vorher nicht hatte. Aber diese Probleme sind nicht so schlimm wie die, welche man bekommt, wenn man von einem Bett ins andere springt. Das macht einen Menschen auf Dauer fertig. Der ganze Mensch leidet da drunter, nicht nur körperlich. Bei einigen Krankheiten hab ich manchmal das Gefühl, Gott hätte sie vom Himmel geschickt, um die Menschen von ihrem Sex außerhalb der Ehe zu einem Sex innerhalb der Ehe zu treiben. Leider ist das den meisten trotzdem egal.

Verheiratet zu sein, ist aber nicht nur gut für den einzelnen Menschen – für seinen Körper, seine Zufriedenheit, sein Ansehen und seine seelische Balance. Ein ganzer Ort, eine Stadt, ein ganzes Land profitieren davon. In der Bibel finden wir Stellen, wo Gott ganze Städte mit

Krankheiten und anderem Ärger bestraft hat. Der Grund dafür waren oft irgendwelche fiesen Sexsünden. Die große Sintflut wurde von ihm geschickt (siehe 1. Mosebuch, Kapitel 6, ab Vers 4) und die Städte Sodom und Gomorra sind von ihm verbrannt worden (1. Mosebuch, Kapitel 19, ab Vers 4) wegen diesen Sünden. Auch solche Männer wie David, Salomo und Simson aus der Bibel hatten große Probleme, weil sie das Sexding nicht im Griff hatten. Der Mist, den die Leute immer wieder wegen Sexsachen bauen, ist der Grund, warum Gott ihnen noch größere Probleme schickt.

> Solche Männer wie David, Salomo und Simson aus der Bibel hatten große Probleme, weil sie das Sexding nicht im Griff hatten.

Viele Leute glauben, sie können sich eine Zeit lang sexuell voll austoben, und wenn sie alles gemacht haben, was da so geht, werden sie ruhiger werden und können auch heiraten. Tja, was soll ich dazu sagen? Hat es wirklich mal jemand geschafft, durch so einen Lebensstil in diesem Bereich irgendwann jesusmäßig zu leben? Ich glaube, wenn jemand sexuell korrekt leben will, dann wird er das nicht dadurch schaffen, dass er sich für eine Zeit durch alle Betten der Welt vögelt. Er schafft es nur, weil es ihm von Anfang an wichtig ist, in diesem Bereich richtig zu leben und weil Gott es ihm schenkt. Oder er schafft es, indem er heiratet. Bei allen anderen sieht man ja, auf was es hinausläuft. Die toben sich nicht aus, sondern ein, könnte man sagen.

Es gibt ja diesen dummen Spruch, ich glaube, Satan hat den erfunden. Der geht ungefähr so: „Wer sich nicht in der Jugend richtig ausgetobt hat, der wird es tun, wenn er älter ist." Oder: „In der Jugend war er ein Engel, im Alter wurde er zum Teufel." Es gibt sogar einige Dichter, die in dieselbe Richtung geschrieben haben. Zum Beispiel der römische Komödiendichter Terenz und auch andere ungläubige Schriftsteller. Und weil sie nicht an Gott glauben, reden sie auch wie Leute, die vom Gegengott beeinflusst wurden.

Wie gesagt glaube ich, dass jemand, der nicht heiratet, seine sexuelle Energie irgendwo anders lassen muss. Ist doch klar, Gott hat Mann und Frau schließlich geschaffen mit dem Plan, dass sie miteinander schlafen und sich vermehren sollen. Diese sexuelle Energie muss einfach raus (wenn Gott einem nicht eine besondere Gabe gegeben hat), und wenn sie nicht in einer Ehebeziehung rauskann, dann geht man halt zu einer Hure oder treibt noch schlimmere perverse Dinge. Also am besten gleich heiraten!

Jetzt fragen einige bestimmt: „Und was ist, wenn ich mich wirklich dazu zwinge, keinen Sex zu haben – also weder heirate noch sonst irgendwie rummache?" Habt ihr nicht verstanden, dass das nur möglich ist, wenn Gott einem das schenkt? Es ist etwas ganz Besonderes und nicht die Norm. Wenn Gott etwas aufgeschrieben hat, dann gilt das auch. Er lügt nicht. Und wenn er im 1. Buch Mose im 1. Kapitel, Vers 28 befiehlt: „Jetzt habt Spaß miteinander! Schlaft miteinander und bekommt sehr viele Babys!", dann meint er das auch so. Das ist wie ein unsichtbares Programm in uns, gegen das man sich nicht wehren kann. Der Mensch will sich vermehren, er will Sex haben und viele Babys bekommen. Das kann man nicht aufhalten, Gott hat den Menschen so gemacht!

Das Größte an der Ehe sind aber die Kinder! Dafür lohnen sich alle Mühen und Probleme, die man vielleicht hat! Kinder kann man gemeinsam erziehen und ihnen beibringen, wie man am besten mit Gott lebt. Das ist die allerschönste Aufgabe, die Gott uns überhaupt geben kann. Gott liebt es, Menschen zu sich zu ziehen. Er liebt es, Menschen von ihrem Mist zu befreien. Vergesst nicht: Jeder hat Mist gebaut, und für unsere miesen Taten hätten wir es alle verdient, zu sterben. Wie toll ist es da, wenn wir ein Kind so erziehen können, dass es am Ende mit Gott lebt! Das ist doch eine ganz besondere Chance! Die Menschen, die wir selber gezeugt haben, hat Gott uns natürlich ganz besonders anvertraut. Mit ihnen sollten wir deshalb auch super jesusmäßig umgehen. Ein Vater und eine Mutter sind für ihre Kinder das, was für Erwachsene ein Apostel, ein Pastor oder ein Bischof ist. Eltern haben den Job, ihren Kindern die Gute Nachricht von Jesus zu erzählen.

Übrigens: Es gibt eigentlich keine Kraft, die auf dieser Erde mehr verändern kann, als die Kindererziehung. Die Eltern haben nicht nur vor dem Gesetz Autorität über ihre Kinder, sondern auch geistlich und können ihnen alles beibringen, was man zum Glauben braucht. Und jemand, der einem anderen beibringt, wie gut die Nachricht von Gott ist, hat eigentlich schon den Job eines Apostels oder eines Bischofs.

Eine Uniform oder ein Abzeichen oder viel Geld sorgen wohl dafür, dass Menschen einem hörig sind und blind folgen. Aber wenn man die Gute Nachricht von Gott weitersagt, kann das aus einem normalen Menschen einen Apostel und einen Bischof machen. Weil das so ist, macht die Arbeit für Gott irre viel Freude, es gibt einem unheimlich viel.

Viel mehr will ich zu dem Punkt jetzt nicht mehr schreiben. Es gibt ja noch andere Leute, die etwas dazu zu sagen haben, wofür eine Ehe gut ist. Mir war es wichtig, hier nur zu betonen, dass es vor allem einen Vorteil gibt, eine christliche Ehe zu führen: Gott freut sich darüber, wie es schon in den alten Verträgen bei Salomo steht. Gott findet das gut, er ist dafür! Ich will damit auf keinen Fall sagen, dass es uncool ist, nicht zu heiraten. Und ich will auch niemanden bedrängen, dass er jetzt unbedingt heiraten muss. Jeder soll es so machen, wie er glaubt, dass Gott es von ihm will. Ich wollte mich nur gegen diese Schwachsinnigen wehren, die behaupten, es wäre unchristlich zu heiraten. Sie glauben ja, dass Kinder schon von Geburt an lieb und brav sein müssen. Und da das erfahrungsgemäß meistens nicht so ist, sollte man besser überhaupt keinen Sex haben, denn da könnten ja Kinder bei rauskommen.

Ich bin der Meinung: Niemand soll sagen, dass Gott es besser findet, wenn man nicht heiratet. Sicher hat man es in einigen Punkten als Single leichter. Es gibt weniger, worum man sich Sorgen machen muss, und man hat auch mehr Zeit, um in der Bibel zu lesen und Predigten vorzubereiten. Das hat ja schon Paulus in der Bibel im 1. Brief an die Korinther, 7. Kapitel, Vers 35, gesagt. Wer solo ist, hat mehr Kraft, Sachen für Gott zu machen. Darum waren Paulus und auch Jesus nicht verheiratet. Aber an und für sich ist es immer besser, zu heiraten.

Und dann kommt immer wieder dieser Spruch von Männern. Sie finden zwar auch, dass es gut wäre, zu heiraten, aber sie meinen, dass sie es sich finanziell nicht leisten können. „Soll ich dann am Ende meine Frau auf den Grill schmeißen, bevor ich verhungere?", fragen sie. Ganz im Ernst, das ist schon ein echtes Problem. Ich würde sagen, es ist sogar der Hauptgrund heute, warum viele nicht heiraten. Und dann landen sie doch wieder ständig im Pornoladen oder bei einer Nutte, weil sie die Sexkraft nicht kontrollieren können. Nun, meine Antwort darauf ist ganz einfach, ich hab sie oben mehrfach gegeben. Wer so etwas sagt, glaubt nicht, dass Gott ihn versorgen wird. Er zweifelt daran, dass Gott ihn wirklich liebt.

Warum? Jesus hat in Matthäus 6, Verse 31 und 33 dazu ein ganz klares Statement abgegeben! „Macht euch also nicht so viele Gedanken, ob ihr genug zu essen und zu trinken haben werdet oder super aussehen werdet ... Euer Ziel sollte sein, dass Gott immer die Nummer eins in eurem Leben ist. Und macht seine Sache zu eurer Sache, dann wird er euch auch alles andere geben, was ihr so braucht." Im Psalm 37 steht was Ähnliches. Dort heißt es im 25. Vers: „Der, der Gott liebt, wird von ihm nicht verlassen, selbst die Kiddies haben Essen in Massen."

Wer nicht glaubt, dass Gott ihn versorgen wird, muss sich nicht wundern, wenn er am Ende hungert, friert, Durst hat und es ihm allgemein dreckig geht. Gott hat immer wieder bewiesen, dass er uns versorgt. Das fängt schon ganz am Anfang der Bibel an. Dort hat Gott zuerst die Pflanzen und die Tiere geschaffen, bevor er Menschen gebastelt hat. Damit beweist er ja, dass er uns immer mit Kleidung und Nahrung versorgen wird. Schon bevor wir ihn darum bitten konnten, waren die Sachen alle da. Wir sollen trotzdem arbeiten gehen und nicht nur rumhängen. Aber versorgen wird uns Gott, alles ist schon da. Das Problem ist doch, dass wir ihm das nicht glauben. Wir vertrauen ihm nicht. Wir sorgen uns um alles Mögliche zu Tode, obwohl wir doch gleichzeitig wissen, dass es ohnehin nicht in unserer Hand liegt. Wir haben kapiert, dass selbst ein superdickes Bankkonto in der Schweiz am Ende nichts bringt. Wenn du todkrank bist, kann dich dein Geld auch nicht wieder gesund machen; nur Gott kann es. Und dein ganzer Besitz kann von einem Tag auf den anderen plötzlich weg sein, wenn Gott es nicht verhindert.

Ich will dieses Kapitel noch mal in ein paar Sätzen zusammenfassen. Wenn du spürst, dass du nicht dazu in der Lage bist, auf Sex ganz zu verzichten, dann musst du in Aktion treten. Such dir einen Job und verdiene genug Geld, um eine Familie zu ernähren. Und dann such dir einen Partner und heirate ihn. Ich finde, dass Männer spätestens mit zwanzig heiraten sollten, Frauen zwischen fünfzehn und achtzehn. Dann sind sie noch jung und haben genug Kraft und Möglichkeiten, ihr Leben gemeinsam zu gestalten. Sie sollen Gott vertrauen, dass er ihre Familie versorgen wird. Wenn Gott Kinder schenkt, wird er wohl auch genug Kohle ranschaffen, um sie zu ernähren. Am Ende ist es doch immer Gott, der für seine Leute sorgt. Falls er nichts anderes mit euch vorhat und ihr ein ganz normales Leben führt, freut euch einfach an eurer Ehe als Christen. Du kannst ihm wirklich danken, dass er dir damit ein so großes Geschenk gemacht hat. Für ihn seid ihr die Stars, er wird euch schon versorgen.

Mir fällt gerade noch ein: So super die Ehe auch sein kann, ist sie kein automatischer Schutz gegen die Sünde. Seit es Menschen gibt, werden

Babys von Anfang an mit einem Sündenprogramm geboren. Das steht schon im 51. Psalm in Vers 7. David schreibt: „Seit mein Dad mich gezeugt und meine Mum mich ausgetragen hat, merk ich, wie der Scheiß in mir aus mir einen Sklaven macht." Auch an Sex in der Ehe ist also irgendwie Sünde dran. Aber Gott liebt die Ehe, es war seine Idee, er hat sie erfunden. Also egal, wie viel Sünde dran ist, beschützt Gott seine Erfindung, und das Gute bleibt, das er in sie hineinprogrammiert hat.

Einige Briefe Luthers

Ein Brief an Hans Luther, seinen leiblichen Vater
21.11.1521

Der Vater von Martin Luther war ein Kaufmann. Seine Karriere hatte ihn sehr viel Kraft gekostet. Nur ganz langsam konnte er sich hocharbeiten. Natürlich wollte er, dass sein Sohn den gleichen Berufsweg einschlägt wie er. Obwohl er großen Respekt vor dem Job eines Mönches hatte, wollte er auf keinen Fall, dass sein Sohn diesen Beruf wählt. In diesem Brief kann man lesen, wie Luther seine Entscheidung im Nachhinein beurteilt hat. Dabei war ihm anscheinend superwichtig, dass der Vater ihn versteht. Und das, obwohl er mittlerweile schon ein erwachsener Mann war. Dieser Brief stand dann ganz vorne in einem Buch mit dem Titel „Was Martin Luther da drüber denkt, wenn Menschen auf die Ehe verzichten und stattdessen in einem Kloster rumsitzen"[2]. Als er diesen Brief schrieb, war Luther noch Mönch, aber hatte sich innerlich schon davon verabschiedet. Erst am 9. Oktober 1524 verließ er öffentlich den Orden.

Lieber Vater,
zuerst wünsche ich dir, dass Jesus Christus dich groß beschenkt. Dass ich dich in diesem Buch ganz vorne erwähne, hab ich nicht gemacht, damit anschließend jeder deinen Namen kennt und du berühmt wirst oder wir gemeinsam groß rauskommen. Ich wollte nicht das tun, was schon Paulus in seinen Briefen in der Bibel schlecht findet: nämlich sich selber zu loben und größer darzustellen, als man wirklich ist (das sagt er zum Beispiel im Galaterbrief im 6. Kapitel, Vers 13).
Nein, ich möchte bei der Gelegenheit zu diesem Buch ein paar

---

[2] „Ein Urteil Luthers über die Klostergelübde" (1521).

Vorbemerkungen machen. Ich will schreiben, warum ich diesen Text überhaupt verfasst habe und worum es mir eigentlich geht. Und da komme ich nicht an dir vorbei.

Eins vorweg: Ich will dir klipp und klar sagen, dass es für mich nichts Wichtigeres, Gottmäßigeres und Besseres gibt, als das zu tun, was Gott von einem will! Davon bin ich hundertprozentig überzeugt. „Wie schade!", wirst du jetzt vermutlich denken, „ist dir das erst jetzt klar geworden und hast du vorher daran gezweifelt?" „Wie geil!", sage ich dagegen. „Ich bin so saufroh, dass ich das überhaupt gecheckt habe!" Mir war das nämlich nicht schon immer so klar wie jetzt. Ich hatte von der Sachlage bis jetzt absolut keine Ahnung. Und wenn ich darf, würd ich dir gern zeigen, dass du genauso keinen blassen Schimmer davon hattest.

Nun ist es schon fast sechzehn Jahre her, dass ich damals gegen deinen Willen Mönch geworden bin. Du hattest keine Ahnung, ich bin einfach abgehauen. Damals war ich gerade mal zweiundzwanzig Jahre alt und du hast dir Sorgen wegen meinem jugendlichen Leichtsinn gemacht. Und wie der alte Kirchenvater Augustinus zu sagen pflegte: „Ich war noch voll im Wahn eines Jugendlichen, bei dem eine Sicherung durchbrennt." Du hattest von unterschiedlichen Leuten gehört, dass so ein Leben als Mönch total nach hinten losgehen kann. Und du hattest ja sogar geplant, mich mit einer Frau zu verheiraten, die aus einer guten Familie kam und sehr viel Geld hatte.

Ständig hast du dir zu viele Sorgen um mich gemacht. Dass ich dann tatsächlich ins Kloster gegangen bin – da drauf bist du sehr lange Zeit nicht klargekommen. Du warst richtig sauer! Sogar deine Freunde haben mit dir gesprochen und versucht, deinen Ärger zu besänftigen. Sie meinten, ob du mich, deinen Sohn, nicht Gott schenken könntest. Denn wenn man Gott etwas opfert, soll man ihm auch das Beste und Wichtigste geben.

Nun, in der Zwischenzeit hat Gott zu dir gesprochen. Er gab dir einen Vers aus Psalm 94. Dort steht: „Komm raus, zeig, was du draufhast. Du bist der Richter der Welt und verpasst denen, die arrogant rumlaufen, nen Einlauf, weil sie es verdient haben." Dieser Vers poppte auf einmal in deinen Gedanken auf. Anschei-

> Ich bin so saufroh, dass ich das überhaupt gecheckt habe!

nend hast du deine Ohren aber nicht auf Empfang geschaltet gehabt. Es hat eine Zeit gedauert, aber dann musstest du doch nachgeben und hast Gottes Willen akzeptiert.

Deine Sorgen wegen mir haben deshalb aber nicht aufgehört. Ich kann mich noch gut an ein Gespräch mit dir erinnern. Damals hast du versucht, mir die Sache auszureden. Ich hab dir ganz eindrücklich geschildert, dass Gott mich mit einem wirklich heftigen Erlebnis in seinen Dienst gerufen hat. Es war nicht meine eigene Idee, ich bin nicht freiwillig Mönch geworden oder weil ich es unbedingt wollte. Ich wurde es auch nicht, um mir ein regelmäßiges Mittagessen zu sichern, sondern ich hatte wirklich totale Angst damals, es war fast so, als hätte man mir die Pistole an den Kopf gehalten. Ich stand dem Tod gegenüber und musste dieses Versprechen abgeben, sonst wäre ich gestorben.

Deine Antwort auf meine Geschichte war schon hart. Du meintest: „Das war bestimmt nur eine optische Täuschung! Du warst vermutlich leicht verwirrt!" Dieser Satz ist echt tief gegangen, fast so, als hätte Gott zu mir gesprochen. Ich hab versucht, das nicht zu sehr an mich ranzulassen. Ich hab mich gegen deine Meinung gewehrt, so gut es ging.

Da gab es dann später noch einen zweiten Satz von dir, der mir noch mehr zu schaffen gemacht hat. Ich hab mit dir gesprochen, wie ein kleines Kind mit seinem Vater redet. Ich wollte dir sagen, wie sehr mich deine Worte verletzt haben. Aber du hast mich sofort wieder zusammengestaucht. Diese Worte gingen ganz tief, sie haben mich lange begleitet, viel mehr als alles, was sonst schon mal jemand zu mir gesagt hat. Du meintest damals: „Hast du etwa auch noch nie gehört, dass man seinen Eltern gehorchen soll?" Vom Verstand her hab ich diesen Satz aufs Tiefste verachtet, ich dachte, da stehe ich drüber, ich hab nichts falsch gemacht! Ich musste mir irgendwie einreden, das wäre rein menschliches Gelaber von dir, denn eigentlich war ich zutiefst überzeugt, dass man auf seine Eltern hören soll.

Es stellt sich doch die Frage, ob du selbst nicht wusstest, dass es nichts Wichtigeres gibt als Gottes Gesetze. Wenn du gewusst hättest, dass du mich laut Bibel total in der Hand hast, hättest du mir dann nicht die Mönchskutte um die Ohren gehauen? Und bei mir war es nicht anders: Wenn ich es gewusst hätte, wär ich ohne dein Wissen und dein Einverständnis nicht Mönch geworden, selbst wenn es mich fast umgebracht hätte.

Im Rückblick muss ich sagen, dass mein Schwur, den ich als Mönch abgelegt habe, für den Arsch war. Warum? Ich habe mich damit deinem Einfluss als Vater entzogen und damit etwas getan, was Gott nicht will. Das ganze Ding hab ich letztendlich ohne Gott gemacht. Das ist für mich ganz klar, schon alleine, weil ich gegen deinen Willen gehandelt habe. Aber auch, weil diese Entscheidung total erzwungen war und nicht von Herzen kam. Außerdem war es falsch, weil ich diese Entscheidung nicht auf Gott, sondern auf menschliche Dinge gegründet habe, und noch dazu auf jede Menge abergläubischen Unsinn. Gott hatte damit nichts zu tun. Gott ist totale Liebe. Er kennt das Leben, er weiß einfach alles. Und ich bin ganz baff zu sehen, wie er aus diesen falschen Entscheidungen und diesem ganzen Mist, den ich gebaut habe, etwas so Gutes hat werden lassen!

Wenn du dir mein Leben jetzt ansiehst, denkst du dann nicht auch, dass es all das wert gewesen ist? Lieber hättest du hundert Söhne verloren als das alles nicht erlebt! Zumindest, wenn man sich das Endresultat anschaut! Ich glaube, dass die dunkle Seite, der Satan, schon ne Peilung hatte, was passieren würde, als ich noch ein Kind war. Jetzt leidet er unter dem, was Gott durch mich getan hat. Er hat wirklich krasse Register aufgefahren, um mich umzubringen, mich k.o. zu schlagen usw. Manchmal hab ich mich gefragt, ob ich der einzige Mensch bin, der so stark von ihm angegriffen wird.

Mir ist jetzt erst klar geworden, dass Gott seine Finger im Spiel hatte, mich ins Kloster zu schicken. Denn dort hab ich mit eigenen Augen gesehen, was man von der tollen „Weisheit" des Theologiestudiums und dem super-„heiligen Leben" der Mönche zu halten hat. Da läuft echt viel Schrott, da passieren Dinge, die Gott überhaupt nicht will, die er ätzend findet. Menschen, die nicht an Gott glauben, können also nicht behaupten, dass ich nicht wüsste, wovon ich rede. Ich war da, ich habe als Mönch gelebt!

Dabei hab ich natürlich auch immer wieder Dinge getan, die

Gott nicht will, aber ich konnte nicht immer etwas dafür. Denn um den Papst herum werden Sachen, die Gott nicht gefallen, als etwas sehr Gottmäßiges dargestellt, so als würde Jesus es gut finden. Kaum einer erkennt, was für ein großer Scheiß dort gebaut wird.

Mich würde interessieren, wie du heute darüber denkst, dass ich trotzdem Mönch geworden bin. Möchtest du mir die Sache immer noch ausreden? Immerhin bist du noch mein Vater und ich bin dein Sohn. Das zieht mehr als jedes Versprechen, was man für die Kirche abgeben kann. Du hast von Gott her immer noch die Stellung, mir Dinge zu sagen, die ich umsetzen soll. Und selbst wenn man wie die Mönche sogar auf Sex verzichtet, ist das völlig umsonst, wenn man nicht das tut, was Gott von einem will.

Also noch mal die Frage an dich: Willst du, dass ich das Mönchsein an den Nagel hänge? Wahrscheinlich. Aber damit du dir nichts darauf einbildest: Gott war schneller und hat mir das bereits klargemacht! Diese Mönchskutte und der affige Haarkranz sind

> Diese Mönchskutte und der affige Haarkranz sind doch völlig bedeutungslos und machen nicht automatisch einen Mönch aus mir.

doch völlig bedeutungslos und machen nicht automatisch einen Mönch aus mir. Paulus hat ja auch im 1. Korintherbrief im 3. Kapitel etwas dazu geschrieben. Dort steht ab Vers 22: „Alles liegt euch zu Füßen, die ganze Welt, das Leben und der Tod, die Vergangenheit und die Zukunft! Aber ihr gehört zu Jesus Christus und gehört. damit zu Gott!" Jetzt ist die Frage, ob die Kutte sagt, wohin ich gehöre, oder vielmehr ich selbst der Kutte sage, wohin sie gehört. Durch das, was ich jetzt kapiert habe, hab ich kein schlechtes Gewissen mehr! Ich bin frei, richtig frei! So bin ich zwar immer noch ein Mönch, aber irgendwie auch nicht. Ich bin jetzt ein Mönch des Herzens, innerlich gehöre ich total Gott.

Es ist etwas total Neues mit mir passiert, ich bin ein neuer Mensch. Und zwar nicht vom Papst gemacht, sondern von Jesus Christus! Der Papst schafft ja auch Leute, aber eher so Marionetten und hirnlose Nachmacher. Die sind wie Puppen oder Abziehbilder von ihm selbst. Im Grunde kann man diese Figuren mit Plastikgöttern vergleichen, ähnlich denen, die wir auch im alten

Teil der Bibel überall finden. Und eigentlich war ich früher auch so eine Puppe des Papstes. Ich war völlig ballaballa, total ferngesteuert von ihm, und nur weil Gott so lieb mit mir war, hat er mich daraus befreit.

Denkst du jetzt, ich würde dir das Recht absprechen, als mein Vater über mich zu bestimmen? Was mein Mönchsdasein angeht, nicht! Aber ich hab ja schon gesagt, dass dieser Beruf mir nichts mehr bedeutet. Und mal so nebenbei: Derjenige, der mich aus diesem Job als Mönch herausgeholt hat, war immerhin Gott! Und der hat ja nun mehr Macht über mich als du. Er hatte etwas anderes mit mir vor als diesen Fakejob, wo man frömmer tut, als man wirklich ist. Gott wollte von mir etwas Ehrliches, ein Leben als gläubiger Mensch, das wirklich alles ausmacht und das rockt.

Ich glaube, niemand würde bezweifeln, dass das, was ich jetzt mache, voll von Gottes Wort beeinflusst ist. Dieser Job ist superwichtig, so wichtig, dass auch die Eltern dort nicht mehr reinreden dürfen. Schließlich sagt ja schon Jesus in Matthäus im 10. Kapitel, Vers 37: „Wenn dir dein Vater oder deine Mutter oder dein Sohn oder deine Tochter wichtiger ist, als ich es bin, dann hast du ein Problem. Dann hast du es eigentlich nicht verdient, mein Schüler zu sein und zu mir zu gehören."

Ich glaube nicht, dass Jesus damit sagen wollte, Eltern hätten nichts mehr im Leben ihrer Kinder zu melden. Der Apostel Paulus schreibt doch immer wieder in seinen Briefen, dass die Kindern tun sollen, was ihre Eltern ihnen sagen. (Zum Beispiel im Epheserbrief im 6. Kapitel, Vers 1 und im Brief an die Kolosser, Kapitel 3, Vers 20). Aber wenn das, was die Eltern wollen, und das, was Jesus Christus will, sich gegenseitig ausschließt, dann muss man das tun, was Jesus sagt.

Ich weiß also heute, dass ich wegen meinem Mönchsein tun sollte, was du mir sagst, da bin ich mir ganz sicher. Aber das gilt nicht für meinen neuen Job als Prediger, der die Bibel auszulegen hat. Das meinte ich damit, als ich gesagt habe, früher hätten wir noch nicht gecheckt, dass das, was Gott will, wichtiger ist, als das, was Menschen wollen. Mönche will nur der Papst, aber Prediger, die will Gott.

Heute weiß allerdings fast keiner mehr, was Gott von den

Menschen wirklich will. Und im Grunde leiden sie da drunter. Seitdem dieses Machtding vom Papst sich in der Kirche ausgebreitet hat, wird es mit der Unwissenheit der Menschen immer schlimmer. Paulus hat das schon in seinem 2. Brief an Timotheus angekündigt. Dort schreibt er, es würde Menschen geben, denen egal ist, was die Eltern sagen. Ich denke, dass trifft auf die Mönche und Priester voll zu. Besonders auf diejenigen, die behaupten, sie wären jetzt superheilig, gehörten alleine Gott und müssten nicht mehr auf ihre Eltern hören. Dabei sagt Gott genau das: Wir sollen auf unsere Eltern hören, er will das von uns, das gehört zu seinen Gesetzen!

Ich schick dir dieses Buch, um noch mal genau zu erklären, wie klar Gott mich aus dem Job des Mönches rausgeholt hat. Es waren ganz deutliche Zeichen, die Jesus mir geschickt hat. Er hat mich von diesem Vertrag, diesem Versprechen, befreit. Stattdessen hat er mich sowas von frei gemacht, es ist voll das Geschenk von ihm! Obwohl ich jedem Menschen dienen soll, gibt es am Ende doch nur einen, der über mir steht, und das ist Jesus Christus! Nur er ist noch mein – im Kirchenslang gesagt – Bischof, mein Abt, mein Prior, mein Chef, mein Vater, mein Lehrer. Ich höre nur noch auf ihn!

Wenn du jetzt denkst, dieser Jesus hat dir deinen Sohn geklaut, musst du eins wissen: Ich werde

> Obwohl ich jedem Menschen dienen soll, gibt es am Ende doch nur einen, der über mir steht, und das ist Jesus Christus!

vielen anderen Vätern mit ihren Söhnen helfen. Ich finde, das musst du nicht nur einfach so akzeptieren, du kannst dich auch echt drüber freuen. Aber da bin ich mir bei dir eigentlich ganz sicher.

Was wäre nun, wenn der Papst mich umbringen lässt? Was wäre, wenn er mich mit einem Ritual in die Hölle schickt? Ich hab da keine Angst vor! Ich bin beim Bibelstudium zu der Überzeugung gekommen, dass meine alte Existenz schon tot ist. Und was tot ist, wird der Papst nicht noch einmal töten können. Niemand kann zweimal hintereinander getötet werden. Wenn er mich aber tatsächlich mit einem öffentlichen Ritual in die Hölle schickt, dann soll er das ruhig machen. Ich bin mir hundertprozentig sicher, dass am letzten Tag dieser Erde diese fiesen Machenschaften vorbei sind. Und das wird nicht mehr allzu lange auf sich warten lassen. Ich fände es sogar richtig cool, wenn wir öffentlich hingerichtet und getötet würden. Dann würde unser Blut dafür sorgen, dass seine Verurteilung noch schneller und noch heftiger ausfallen wird. Für mich wäre das eine Ehre!

Aber wenn ich so einen Tod für meinen Glauben nicht sterben darf, gibt es vorher noch anderes zu tun. Ich möchte Gott in seiner Liebe darum bitten, dass er mir so viele Gelegenheiten wie möglich dazu gibt, über diese Sache zu sprechen und zu predigen und sie mit meinem Leben zu verkörpern. Jesus Christus ist das Zentrum, er ist der Chef über das ganze Universum, er ist unser Gott. Und er wird für immer ganz oben stehen, da bin ich mir sehr sicher. So passt es [Amen]!

Lieber Papa, durch diesen Jesus sollst du ein gutes Leben haben. Schöne Grüße auch an Mama, deine Margaretha! Grüße mir auch alle anderen Verwandten. In Jesus vereint!

November 1521, geschrieben in der Pampa
Dein Martin

Brief an Spalatin, einen Freund von Martin Luther
10.4.1523

Da, wo sich Christen dieser neuen Revolution um Martin Luther anschlossen, wurden so Einrichtungen wie Klöster plötzlich überflüssig. Das brachte einige praktische Probleme mit sich. In diesem Brief an Spalatin werden einige davon deutlich. Spalatins richtiger Name war eigentlich Georg Burkhardt. Er kam aus der Stadt Spalt in Franken, daher sein Spitzname. Spalatin hat von 1484 bis 1545 gelebt und arbeitete im Regierungssitz vom damaligen Regierungsoberhaupt über Sachsen, dem Kurfürsten Friedrich dem Weisen. Durch seinen Job stellte er für Luther immer eine gute Verbindung zur Politik dar.
In diesem Brief bittet Luther seinen Freund unter anderem darum, sich um die Aufnahme der Nonnen zu kümmern, die damals aus den Klöstern geflohen waren. Was Luther zu dem Zeitpunkt noch nicht wusste: Eine dieser geflohenen Nonnen sollte einmal seine Ehefrau werden ...

Mein lieber Freund Spalatin,
ich muss dir was erzählen. Letztens sind neun Nonnen zu mir gekommen, die aus ihrem Kloster geflüchtet sind. Sie haben mir alle voll leidgetan! Leonhard Koppe und sein Vetter und Wolf Dommitzsch brachten sie zu mir. Beide kommen aus der Stadt Torgau, wo sie respektiert und geachtet werden. Gut, dass sie gleich zu mir gekommen sind und es nicht in der Öffentlichkeit rumposaunt haben. Sonst hätten die Leute wieder was zu lästern gehabt.
   Ich hätte fast heulen können, als ich mit ihnen gesprochen habe. Es gibt so viele Nonnen, die durch dieses dumme Versprechen, nicht heiraten zu dürfen, innerlich vertrocknen und sterben. Ich finde ja, dass Frauen von Natur aus gar nicht in der Lage sind, alleine zu leben. Sie sind viel zu schwach dazu. Gott hat sie so geschaffen, dass sie einen Mann an ihrer Seite brauchen. Wenn sie nun auf so brutale Art und Weise von den Männern getrennt werden, gehen sie kaputt. Die Eltern und auch die Verwandten, die Frauen zu sowas belabern, müssen echt aufpassen. Und wenn ich an euch Bischöfe und an dich Papst denke, dann frage ich mich, welche Worte krass genug wären, um euch die

Krätze an den Hals zu wünschen. Wie kann man so blind sein, so einen Hass auf die Menschen haben, dass man so etwas Unmenschliches von ihnen verlangt und sie in ein Kloster steckt? Aber ich will mich jetzt nicht allzu sehr in diesem Brief darüber aufregen.

Was mache ich jetzt aber mit diesen acht Nonnen, willst du wissen. Als Erstes werde ich mit ihren Verwandten sprechen. Die sollen sich um sie kümmern, ihnen ein Dach über dem Kopf geben. Wenn sich keiner finden lässt, werde ich dafür sorgen, dass sie irgendwo anders unterkommen. Einige Freunde haben sich dafür schon angeboten. Und ein paar von ihnen werde ich sicher auch einen Partner organisieren, damit sie heiraten können. Sie heißen übrigens Magdalena Staupitz, Elsa von Canitz, Ave Groß, Ave von Schönfeld und ihre Schwester Margarethe von Schönfeld, Laneta von Golis, Margaretha von Zeschau und Katharina von Bora. Diese Frauen brauchen jetzt wirklich unsere Unterstützung. Wenn wir ihnen helfen, helfen wir gleichzeitig Jesus Christus. Dass sie aus dem Kloster fliehen konnten, ist echt ein Wunder.

Ich hab noch eine Bitte an dich. Kannst du so lieb sein und mir vielleicht etwas Kohle organisieren? Du hast doch Connections zu Leuten in der Regierung, die bestimmt ein paar Scheine lockermachen können. Ich brauch das Geld, um sie acht bis vielleicht vierzehn Tage zu versorgen. Danach hab ich bestimmt einen Verwandten oder irgendjemand anderes gefunden, der ihnen von da ab weiterhelfen kann.

Meine Homies in Wittenberg kriegen die dollsten Predigten von mir zu hören, sind aber trotzdem die reinsten Geizkrägen. Neulich hab ich noch nicht mal zehn Euro geborgt bekommen, die ich an einen bestimmten Mann weiterverleihen wollte, der im Moment total blank ist. Ironischerweise würden die, die kaum Geld haben, gern viel mehr spenden, wenn sie könnten. Aber die reichen Menschen weigern sich. Und wenn sie sich nicht weigern, zieren sie sich total und wollen immer eine Gegenleistung dafür haben, sodass Gott sich schon nicht mehr drüber freuen kann. Oder ich fühle mich total unfrei danach, als wäre ich ihnen was schuldig.

Nun ja, man kennt das ja. Mein eigenes Gehalt liegt nur knapp über Hartz IV. Von der Stadtverwaltung in Wittenberg bekommen ich und meine Mitstreiter keinen Cent für unseren Job. Aber das will ich auch gar nicht. Ich möchte lieber so drauf sein wie mein Held Paulus. Leute, die nicht an Gott glauben, sollen mich finanzieren, damit ich meinen Homies, meinen „Korinthern", kein Geld abknöpfen muss. Das kann man auch im Brief an die Korinther im 11. Kapitel ab Vers 7 nachlesen. So weit erst mal.

Also bis dann, alles Gute!
Dein Martin

Zweiter Brief an Spalatin
6.12.1525

Nicht nur Luthers eigene Hochzeit im Juni 1525 mit der ehemaligen Nonne Katharina von Bora war ein Skandal. Auch sein Freund Spalatin riskierte einiges, als er Katharina von Heidenreich heiratete. Der hatte damals eine gute Stellung im Kreis der Kirchenleute in der Gegend von Altenburg. Luther gratuliert ihm in diesem Brief zu seiner Vermählung. Man kann aus diesen Zeilen sehr gut herauslesen, wie fett die beiden befreundet waren. Es wird aber auch deutlich, wie schlecht Luther kohlemäßig dastand. Und es ist interessant zu lesen, wie locker er über das Thema Sex schreibt.

Lieber Spalatin,
ich freue mich, dir heute wieder zu schreiben. Denn bei dir weiß ich immer, dass wir uns auf einem hohen Niveau austauschen können. Du hast eine gute Schulbildung und ein hohes Studium, aber du liebst auch Jesus über alles und willst ihm dienen.

Ich will dir als Erstes noch mal herzliche Glückwünsche zu deiner Heirat ausrichten! Du hast da eine echt tolle Frau gefunden, wow! Danke, Jesus! Ich weiß ja, dass diese Pseudo-Priester der Kirche es überhaupt nicht so gut finden, dass du geheiratet hast. Ich aber bin davon völlig begeistert. Um ehrlich zu sein, finde ich, dass deine Ehe das Perfekteste ist, was ich jemals gesehen habe, mal abgesehen von der Bibel. Dass ihr geheiratet habt, ist allerdings auch etwas, was aus dem Lesen dieser Bibel entstanden ist. Was für ein hammer Geschenk!

Es tut mit total leid, dass ich nicht bei der Hochzeit dabei sein konnte. Die Gründe dafür erfährst du von unserem Kumpel Eberhard. Auf jeden Fall wünsche ich dir, dass du sehr viel Spaß in der Ehe hast. Und natürlich auch, dass dir Jesus ein paar süße Kinder schenkt. Ich kann mich über deine Hochzeit genauso krass freuen wie über meine eigene. Das ist wirklich so!

Als Hochzeitsgeschenk bekommst du diese Goldmünze von mir, du weißt ja, dass in meinem Geldbeutel eher Ebbe herrscht. Sie stammt aus Portugal und wurde mir selbst zur Hochzeit geschenkt. Auch wenn es nur eine Kleinigkeit ist, erkennst du hoffentlich, was ich damit ausdrücken will.

So, genug geschrieben. Schöne Grüße an deine Braut!

Aber noch ein Tipp: Wenn du deine Katharina umarmst und Sex mit ihr hast, muss dir immer bewusst sein, dass Gott dir diesen wunderschönen Menschen einfach so geschenkt hat. Dafür kann man ihm ewig danken.

Ich hab ausgerechnet, wie lange dieser Brief braucht, bis er bei dir ankommt. Vermutlich werde ich an dem Abend auch gerade mit meiner Frau im Bett sein, genauso wie du mit deiner. Dann sind wir auch auf dieser Ebene miteinander verbunden. Darüber freue ich mich total.

In der Bibel steht ja, dass Gott die Frauen aus einer Rippe des Mannes gemacht hat. In diesem Sinne grüßt meine Rippe auch dich und deine Rippe. ;-) Danke noch mal für alles! So passt es [Amen]!

Dein Martin Luther am 6. Dezember 1525 (Nikolaustag!) in Wittenberg

Brief an Käthe, die Ehefrau von Martin Luther
27.2.1537

Luther war ständig im Reisedienst unterwegs. Dabei schrieb er viele Briefe an seine Frau. In diesen Briefen kann man sehen, wie er mit Alltagsproblemen umgegangen ist, zum Beispiel als er einen Nierenstein hatte. Zwischen den Zeilen liest man aber auch immer wieder seine feine Form der Ironie.

Tambach, 27. Februar 1537

Meine liebe Käthe,
ich wünsche dir, dass du dich megageliebt von Jesus fühlst und dass er dich innerlich ganz ruhig macht.

Wenn du gerade ein Auto brauchst, miete dir bitte eins. Mein neuer Chef hat nämlich dein Auto behalten und schickt es erst später mit meinem Kumpel Philipp zurück. Ich selbst bin gestern von einem Chauffeur im Wagen von meinem Chef, dem Fürsten Friedrich, gefahren worden. Sehr schick. Allerdings war ich auch nicht in der Lage, selber zu fahren. Zurzeit bin ich ständig krank. Gestern war die erste Nacht, wo ich nach zehn Tagen endlich mal wieder pissen konnte. Ich konnte mich vor Schmerzen seit Tagen nicht einmal hinlegen, geschweige denn schlafen. Alles, was ich gegessen oder getrunken habe, musste ich sofort wieder auskotzen. Irgendwann dachte ich, ich muss sterben. Hatte wirklich schon mit dem Leben abgeschlossen und hab nur noch gebetet, dass Gott sich um dich und die Kinder kümmert. Den Gedanken fand ich zwar voll schrecklich, aber ich dachte echt, dass ich bald abnippeln muss.

Es haben einige Leute richtig krass für mich gebetet. Plötzlich öffnete sich meine Blase in der Nacht und ich hab bestimmt zwei Stunden lang mehrere Liter abgestrullt. Uff. Danach fühlte ich mich wie neugeboren. Was für eine Erleichterung!

Du kannst dich dafür echt bei Gott bedanken, auch Tante Lene soll das mit den Kindern tun! Es hätte nicht viel gefehlt und sie hätten ihren Vater verloren. Mein Chef, der gläubige Fürst, hat alles an medizinischen Mitteln auffahren lassen, was in seiner Macht stand. Er hat richtig viel Geld gelassen, aber nichts hat wirklich geholfen. Auch dein Spezialmittelchen hat es diesmal nicht gebracht. Es muss Gott gewesen sein, der mich in dieser Nacht übernatürlich geheilt hat. Und natürlich hat das Gebet von einigen Christen dazu beigetragen.

Ich schreib dir das nur deshalb, weil mein lieber Chef wohl einem seiner Beamten gesagt hat, dass er dich abholen und dich schnell zu mir bringen soll, falls ich unterwegs sterbe. Er dachte, es wäre eine gute Idee, wenn wir uns vor meinem Tod noch einmal sehen und reden können. Zum Glück hat sich das jetzt erledigt, du kannst ruhig zu Hause bleiben. Gott hat mir ganz krass geholfen und mich von dieser Krankheit geheilt. Bald werden wir uns dann hoffentlich wiedersehen. Freu mich schon drauf! Heute übernachten wir in Gotha. Das ist jetzt der vierte Brief von mir, leider hab ich bis jetzt aber nicht eine Antwort von dir erhalten. Ich hoffe, meine Briefe kommen überhaupt bei euch an?!

Dein Martin

An Käthe
Wittenberg, den 25.1.1546

An
Käthe Luther
Bierbrauerin und Richterin
Saumarkt
06886 Wittenberg

Liebe Käthe,
ich wünsche dir fetten Segen von Jesus! Heute sind wir um acht Uhr aus Halle abgefahren, haben es aber nicht nach Eisleben geschafft. Leider wurden wir durch eine Riesenüberschwemmung der Saale mit Wellen und Eisschollen und allem Drum und Dran aufgehalten. Die Saale wollte uns glatt noch mal taufen, wie die Wiedertäufer. ;-) Zurück konnten wir auch nicht und sitzen deshalb jetzt in Halle fest. Nicht, dass wir Lust hätten, hier nur Wasser zu trinken, da halten wir uns lieber an ein Torgauer Bierchen oder ne gute Flasche rheinischen Wein. Lecker! Damit können wir die Zeit gut überbrücken, bis die Saale wieder relaxter ist.

Die Jungs hier und selbst der Fährmeister hatten richtig Schiss, und da wollte ich auch nicht unbedingt Gott austesten und weiterfahren. Im Wasser herrscht nämlich der Teufel, und der ist mächtig sauer auf uns. Es ist besser, vorher vorsichtig zu sein, als hinterher groß rumflennen zu müssen. Und es ist auch nicht nötig, unseren Feinden eine Party zu gönnen. Ich hatte nicht damit gerechnet, dass die Saale so eine Flut anrichten kann. Alles ist überschwemmt, sogar die Straßen und Wege!

Okay, ich hör auf zu schreiben. Bitte bete für uns und zieh dein Leben mit Gott durch. Ich vermute ja, dass du uns auch geraten hättest, nix zu riskieren. Da siehst du, dass ich ab und zu auch mal auf dich höre. ;-)

So long, Jesus mit dir, so passt es!

Dein Martin

Brief an Hans Luther, seinen Sohn
27.1.1537

Luther und seine Frau bekamen insgesamt sechs Kinder. Auf seine Kids war er immer mächtig stolz. Dieser Brief ging an seinen Sohn Johannes. Er lebte während seiner Ausbildung woanders. Man kann in den Zeilen sowohl Luthers strenge Hand als auch seine fürsorgliche Seite erkennen. Er machte sich wohl auch einfach Sorgen um seinen Jungen. Immerhin sind zwei seiner Kinder recht früh gestorben.

Lieber Hans,
ich habe mich sehr über deine Briefe gefreut! Deine Erkenntnisse, die du im Studium gesammelt hast, sind super! Wenn du so weitermachst, tust du nicht nur mir einen Gefallen. Es wird vor allem dir nützen, denn es sieht ganz so aus, dass du eine Menge von meinen Genen abbekommen hast. Bitte mach weiter so, hör nicht auf, werde nicht irgendwann schlaff im Studium! Gott hat gesagt, dass die Kinder tun sollen, was die Eltern ihnen sagen. Und wenn sie es tun, wird Gott ihnen helfen. Das ist wie so ein Segensspruch, ein Versprechen Gottes. Bitte vergiss das nie. Lass dich nicht von irgendwelchen dummen Typen davon abbringen.
Immerhin hat derselbe Gott, der das in der Bibel versprochen hat, auch etwas Schlimmes angedroht. Wenn ein Kind nicht das tut, was die Eltern ihm sagen, bekommt es ein Problem. Du musst vor Gott immer großen Respekt haben. Er kann helfen, er kann aber auch Probleme verursachen. Zwar wird er viele seiner Worte erst am Ende dieser Welt für böse Menschen wahr machen, aber für die, die tun, was er will, erfüllt er sie direkt, damit es ihnen gut geht. Hab daher echt Respekt vor Gott. Und es ist total wichtig zu tun, was die Eltern von einem wollen. Wir wollen ja sowieso nur das Beste für dich. Wenn jemand in deiner Nähe ein ätzendes Gespräch anfängt, das dich nur runterzieht oder in dem es um schmutzige Sachen geht, dann dreh dich um und hau einfach ab.
Ich soll dir liebe Grüße von deiner Mom ausrichten. Auch Tante Lene lässt dich grüßen. Und natürlich deine Schwestern und deine Brüder. Sie wünschen dir alle das Beste und hoffen mit dir,

dass du dein Studium gut machst und deine Prüfungen erfolgreich bestehst.

Ich soll dir von deiner Mutter ausrichten, dass du bitte deinem Lehrer und seiner Frau von ihr Grüße ausrichtest. Wenn die beiden an Karneval mit dir hier bei uns sein wollen, könnt ihr das ruhig machen, allerdings nur, wenn ich nicht da bin. Tante Lene wäre das sonst nicht recht.

Alles Gute, mein Sohn. Ich hab dich sehr lieb! Studiere anständig! Und wenn dir jemand, der was draufhat, einen guten Rat gibt, dann höre auf ihn. Gott soll immer auf deiner Seite sein.

Dein Vater, sowohl im geistlichen wie auch im körperlichen Sinn :-)

Martin Luther

Wie es im Gottesdienst am besten abgehen sollte

Deutsche Messe und Ordnung des Gottesdienstes, 1526

Für Luther waren irgendwelche christlichen Rituale im Gottesdienst nicht so wichtig. Im Mittelpunkt eines jeden Gottesdienstes sollte die Gute Nachricht von Gott stehen, dass er die Menschen liebt. Und diese Nachricht sollte so rübergebracht werden, dass jeder Honk sie auch versteht. Deswegen mussten ganz neue Gottesdienstformen erfunden werden. Luther gab also ein komplettes Buch mit ausführlichen Anleitungen heraus. Daraus folgt jetzt hier die interessante Einführung.

Zuerst ist mir Folgendes sehr wichtig: Ich möchte auf keinen Fall, dass dieser neue Entwurf, wie ein Gottesdienst abgehen kann, zu einem Gesetz gemacht wird! Niemandem soll ein schlechtes Gewissen eingeredet werden, nur weil er seinen Gottesdienst anders durchziehen will. Wir sind als Christen total frei. Jeder kann diesen Entwurf so benutzen, wie er will, wo er will, wann er will und solange es gut und sinnvoll ist.

Ich schreibe diesen Text auch nicht, weil ich mich als den großen Checker aufspielen will, der irgendwelche neuen Regeln erfindet. Es kamen aber bei mir Beschwerden rein, dass die neuen Gottesdienste zurzeit von jeder Gemeinde anders gefeiert werden. Das ist ja auch grundsätzlich gar nicht mal so schlecht. Und einige machen das aus einer wirklich guten Motivation. Aber andere eben nur, weil sie sich oberkreativ vorkommen. Die versuchen krampfig, irgendwas Neues zu machen, Hauptsache, es ist anders. Damit wollen sie dann groß rauskommen. Wobei man sagen muss, dass diese neue Freiheit, die wir als Christen haben, solche Auswüchse mit sich bringt. Zumindest, wenn man sie so versteht, dass jeder seinen Egotrip durchziehen kann. Dabei geht es wirklich nur darum, dass Gott geehrt wird und andere Leute was davon haben!

Ich möchte noch mal festhalten, dass jeder mit dieser neuen Freiheit so umgehen kann, wie er will. Niemand darf sie verbieten. Trotzdem muss man darauf achten, dass diese Freiheit immer dazu da ist, anderen zu helfen und Gottes Liebe weiterzugeben. Wenn dabei Leute verletzt werden oder sogar durchdrehen, ist das ein großer Fehler; wir haben da eine Verantwortung! Hier hat jede Freiheit eine Grenze, die man nicht übertreten sollte. Die Menschen sollten uns als Vorbild sehen und sich nicht über uns ärgern.

Mein Entwurf hier hat nix mit deinem Gewissen vor Gott zu tun und ist eigentlich auch nicht so wichtig. Aber ich glaube doch, dass er den Leuten was bringen kann. Deswegen wäre es gut, wenn die Sachen, die bei uns im Gottesdienst abgehen, nach außen hin erkennbar sind und sich ähneln. Paulus schreibt ja im 1. Korintherbrief im 1. Kapitel, Vers 10 und an anderen Stellen, dass wir uns einig sein sollten – so, wie wir auch alle die gleiche Taufe haben und nicht jeder sein eigenes spezielles Taufding hat.

Ich möchte aber noch mal sagen, dass dies nur ein Vorschlag von mir ist. Wenn ihr in eurer Gemeinde bereits andere Regeln aufgestellt habt und die gut oder sogar besser funktionieren, behaltet die auf jeden Fall bei. Ich bin der Meinung, dass nicht zwangsweise alle Gemeinden in Deutschland die Dinge so machen müssen, wie wir sie hier in Wittenberg beschlossen haben. Ich mein, das war ja bis jetzt auch nicht so in den bestehenden Klöstern und anderen kirchlichen Einrichtungen. Da hat jeder auch sein eigenes Ding durchgezogen. Ich fände es nur super, wenn wir den Gottesdienst zumindest lokal gleich gestalten würden, dass es also in einem Landkreis die Stadt und die umliegenden Dörfer alle gleich machen. Was die im nächsten Landkreis dann machen, können sie selbst entscheiden; sie können es halten, wie sie wollen.

Um ehrlich zu sein, mache ich den Entwurf gar nicht wegen den Christen, die in die Gemeinde gehen. Für die ist das ja eh egal. Es geht mir mehr um die Menschen, die noch keine Christen sind. Es wär super, wenn wir die zu Christen machen könnten. Das ist schließlich unser Ziel, dafür leben wir! Für die Nichtchristen ist eine klare Gottesdienststruktur aber sehr wichtig. Und auch für die jungen Christen, die noch nicht so lange mit Jesus unterwegs sind, ist das gut. Man kann das mit Taufe, Evangelisation und Neuausrichtung vergleichen. Ein Christ braucht das eigentlich nicht mehr, der hat es schon. Aber wer von Gott noch getrennt ist, der braucht das alles sehr.

Und außerdem ist es für die Jugendlichen sehr wichtig, genau wie für die Leute ohne große Schulbildung. Denen muss man die Bibel nahebringen und die Versprechen Gottes erklären. Man muss sie da dran gewöhnen, sie müssen richtig fit im Umgang mit dem Wort Gottes werden. Das ist auch wichtig, damit sie dann in Diskussionen immer genau wissen, wo was in der Bibel steht, und ihre Meinung fundiert vertreten können. So können sie anderen von Jesus erzählen und noch mehr Leute zur Party mit Gott einladen. Man muss alles auf diese jungen Leute ausrichten. Angefangen bei der Musik, über die Textlesung, die Predigt und auch Zeitschriften und Bücher oder Filme. Von mir aus sollte das fetteste Sound-System für diese Leute an den Start gebracht werden. Am besten alles auffahren, was geht. Man darf ruhig richtig kreativ werden!

> Am besten alles auffahren, was geht. Man darf ruhig richtig kreativ werden.

Das ist auch ein Grund, warum die traditionellen Gottesdienste nichts taugen. Zum einen hat die Kirche eine Pflichtveranstaltung aus dem Gottesdienst gemacht. Wer ihn nicht besucht, ist gleich in der Hölle. Und wer hinlatscht, kann sich danach auf die Schulter klopfen. Damit wird die Wahrheit, dass wir Gott nur vertrauen brauchen, völlig unterdrückt. Und zum anderen haben sie die Jugendlichen und die normalen Menschen völlig aus dem Blick verloren! Dabei brauchen gerade die eine biblische Frischzellenkur. Aber leider scheinen viele kirchliche Profis das Gefühl zu haben, als dürften nur sie selbst davon profitieren und so in den Himmel kommen. Der Gedanke ist echt pervers und vom Teufel! Ich bin mir sicher, dass die Leute, die früher mal unsere Gottesdienstformen erfunden haben, ursprünglich etwas ganz anderes im Sinn hatten.

Im Grunde kann man drei Gottesdienstformen unterscheiden. Zuerst ist da der gute alte Gottesdienst in Latein, wir nennen ihn den „Formula Missae", also Regelgottesdienst. Manche haben den schon abgehakt, aber der kann weiterhin so durchgezogen werden. Wenn ein Pastor Spaß daran hat oder er einen bestimmten Anlass sieht, soll er diesen Gottesdienst in seiner Gemeinde anbieten. Denn ich möchte auf keinen Fall, dass wir die lateinische Sprache aus allen Gottesdiensten ganz rausnehmen! Auch die Jugendlichen brauchen das. Richtig cool fände ich es, wenn wir Gottesdienste sogar noch in Altgriechisch und auch Hebräisch halten würden. Dann hätten wir sogar vier Sprachen und könnten an jedem Sonntag in einer anderen singen, beten und predigen. Schade, dass es nicht so gute Mucke in allen Sprachen gibt.

Ich finde es nicht richtig, dass einige Leute die Fremdsprachen aus dem Gottesdienst verdrängen wollen. Ist doch voll gut, wenn Jugendliche schon so früh die Vokabeln lernen. Dann können sie sich später auch viel besser verständigen, wenn sie mal im Ausland sind, um dort mit den Menschen zu reden. Wäre doch schlimm, wenn es bei uns genauso abgeht wie bei manchen Deutschen im Ausland. Die leben nur unter sich, und keiner kann was von ihrem Glauben erfahren, wenn er nicht ihre Sprache lernt. Der Heilige Geist ist in der Apostelgeschichte auch nicht so mit den Menschen umgegangen. Er hat nicht darauf gewartet, dass alle Menschen auf der Erde nach und nach einen Trip nach Jerusalem machen, um dort erst einmal Hebräisch zu lernen. Nein, da steht, dass die Apostel in den ausländischen Sprachen predigen konnten und dann auch in die Welt aufgebrochen sind. So will ich auch leben. Es ist generell eine superwichtige Sache, dass Jugendliche unterschiedliche Sprachen lernen. Woher weiß man denn, wozu sie das später noch brauchen können? Gott kann das immer benutzen. Deswegen haben wir ja auch Schulen.

Neben dem lateinischen Gottesdienst muss es aber auch immer einen in deutscher Sprache geben. Darüber will ich auch noch ein paar Sätze schreiben. Diese Gottesdienste sollen so gestaltet sein, dass ein absoluter Nonchecker im Glauben etwas damit anfangen kann.

Diese zwei Formen des Gottesdienstes braucht jede Gemeinde. Sie müssen öffentlich sein, dass jeder Mensch sie besuchen kann, wenn er das will. Man darf nicht vergessen, dass unter den Gottesdienstbesuchern immer auch Leute sind, die noch nicht an Gott glauben. Viele sind auch nur da, um sich einmal umzuschauen oder weil sie sich so eine Veranstaltung einfach geben wollen. Für die ist das genauso neu, wie wenn sie jetzt plötzlich in irgendeinem nicht christlichen Land einen Open-Air-Gottesdienst besuchen würden. Das sind deshalb ganz lockere Veranstaltungen, wo man nichts voraussetzen kann und keine großen Ansprüche an die Leute haben darf. Es geht mehr um eine öffentliche Werbeveranstaltung für den Glauben.

Es gibt aber auch noch eine dritte Gottesdienstform, die ich wichtig finde. Die sollte nicht in einer großen Kirche oder sonst wo öffentlich stattfinden. Das ist mehr so ein internes Ding und nur Leute, die es wirklich ernst mit dem Christsein meinen, sollten dazukommen. Sie können sich dazu vorher auf eine Liste eintragen. Diese kleine Gruppe trifft sich dann, um radikal zusammen zu beten und in der Bibel zu lesen. Aber auch Taufen und das Abendmahl sollten dort durchgezogen werden. Man könnte auch von dort aus bestimmte Einsätze starten.

In diesen eher internen Treffen sollte man Leute abstrafen, die in der Gemeinde Mist gebaut haben, damit sie sich ändern. Oder man könnte Menschen aus der Kirche rausschmeißen, nach den Regeln, die Jesus dafür in Matthäus 18 ab Vers 15 vorgesehen hat.

In diesen Gruppen sollte auch regelmäßig die Büchse rumgehen und Geld eingesammelt werden, natürlich nur freiwillig. Dieses Geld würde dann später für die Obdachlosenarbeit und Hartz-IV-Familien verwendet. So hat es ja auch Paulus im 2. Korinther, Kapitel 9, Vers 1 vorgeschlagen.

Bei diesem Gottesdienst bräuchte man kein großes Gesinge oder irgendwelche Performance. Auch Taufe und Abendmahl sollten kurz und knackig durchgezogen werden. Denn die Predigt und das Gebet und die Gemeinschaft sollen im Vordergrund stehen.

> Bei diesem Gottesdienst bräuchte man kein großes Gesinge oder irgendwelche Performance.

Am besten wäre ein Input über so grundsätzliche Themen wie das Glaubensbekenntnis, die Zehn Gebote und das Vaterunser-Gebet.

Zusammengefasst: Hätten wir nur Personen in unserer Gemeinde, die wirklich ernsthaft mit Jesus durchziehen wollen, bräuchte man keine großen Strukturen oder so. Die paar Leitlinien, die nötig sind, wären schnell aufgestellt. Solche Leute gibt es aber noch sehr wenige. Jedenfalls stehen sie nicht in Scharen Schlange, deshalb warte ich erst mal noch mit zu vielen Überlegungen zu solchen Gruppen. Es gibt auch kaum Personen, die sie leiten könnten. Falls ich aber darum gebeten werde und die Leute mich darum anbetteln, dann würde ich natürlich dabei helfen, dass solche Gruppen entstehen, und meinen Part übernehmen. Alles andere könnte ich nicht mit gutem Gewissen verantworten.

Ich bleibe also erst mal bei den zwei Gottesdiensten. Die sollten öffentlich und gerade für Jugendliche und Nicht-Insider sein. Man sollte als Ziel haben, dass durch die Predigt und alles Weitere darin möglichst viele Leute zu Christen werden. Wenn die Menschen dann länger mit Jesus leben, sie die Bibel ernst nehmen, werden sie sich von sich aus in Gruppen zusammenfinden und noch einen anderen Gottesdienst wollen.

Die Idee dafür sollte dann am besten von ihnen selbst kommen. Wenn man so etwas von oben organisiert, kann das schnell zu einer Spaltung in der Gemeinde führen. Wir Deutschen sind einfach ziemlich starrköpfig, durchgeknallt und wild. Uns zu etwas zu bringen, ist kaum möglich, es sei denn, die Kacke ist bereits richtig am Dampfen.

So, jetzt noch weitere wichtige Punkte! Los geht's, in Gottes Namen! Zuallererst muss in einem deutschen Gottesdienst darauf geachtet werden, dass man alles gut verstehen kann. Bitte keine Fremdwörter, keine langen Schachtelsätze und kein Christendeutsch! Die Lehre muss supereinfach sein, jeder soll sie verstehen können. Die Grundlagen des Glaubens müssen den Menschen beigebracht werden, die noch nicht an Jesus glauben. Sie müssen erfahren, was es heißt, ein Christ zu sein, an was man glaubt und was nicht. Und auch wie man als Christ leben sollte und wie nicht, ist wichtig. Die Inhalte für diesen Unterricht brauch ich nicht neu erfinden. Es gibt sie bereits so lange, wie es das Christentum gibt. Es sind diese drei Teile: 1. die zehn Gesetze, 2. das Glaubensbekenntnis, 3. das Vaterunser-Gebet. In diesen drei Teilen ist eigentlich fast alles drin, was ein Christ wissen muss.

Weil es noch keine richtige Gemeinde gibt, soll das Ganze so abgehen: Man macht zu festen Zeiten und regelmäßig – wie oft eben nötig – öffentliche Veranstaltungen, wo man das ganze Zeug erklärt. Genauso verklickern es die Leute dann zu Hause ihren Kindern und die Chefs ihren Angestellten, wenn es ihnen wichtig ist, dass sie auch Christen werden. Das geht richtig gut mit dem Frage-Antwort-Ding, wie ich es euch in meinem Grundlagenbuch über den Glauben beigebracht habe. Nicht alles auf einmal, sondern immer ein kleines Stück nach dem anderen. Da lernt niemand nur stur auswendig oder plappert einfach etwas nach, sondern die Leute schnallen auch, was es bedeutet. Diese Mühe sollten sich die Chefs und Lehrer und Eltern und Erzieher doch machen, solange noch keine besondere Kerngemeinde da ist, von der ich vorhin gesprochen habe.

Was ich von den Konzilen und der Kirche halte

Von den Konzilen und der Kirche, 1539

In diesem letzten Teil eines sehr ausführlichen Aufsatzes erklärt Luther, wie er die christliche Kirche an und für sich sieht.

Als Nächstes möchte ich ein paar Takte über die Kirche schreiben. Was ist das überhaupt, „Kirche"? Im Grundlagenbuch über den Glauben steht als ein Bekenntnis: „Ich glaube an die heilige, christliche Kirche, die Gemeinschaft der Heiligen." Hier haben wir es schwarz auf weiß. Kirche ist die Gemeinschaft der Heiligen. Also eine Gruppe von Menschen, die an Jesus glauben und deswegen etwas ganz besonders Gottmäßiges sind. „Kirche" ist gar kein ursprünglich deutsches Wort, und es erklärt auch nicht richtig, was man darunter eigentlich verstehen soll.

In der Bibel wird das Wort „Ekklesia" für Kirche benutzt. Damit wurde eine Menschenmenge bezeichnet, die auf einem Marktplatz zusammengelaufen kam. So wie zur Kirmes oder bei einer Demo. In der Apostelgeschichte, Kapitel 19, Vers 39 und 40 wird der höchste Beamte am Ort zitiert. Er sagt: „Das muss in einer ganz ordentlichen Volksversammlung vorgetragen werden." Und dann noch: „Ich hab ein wenig Schiss, dass die Römer uns sonst wegen einer unangemeldeten Demo ans Bein pinkeln." Hier wird im Original das griechische Wort „Ekklesia" gebraucht, was auch mit Kirche übersetzt werden kann. Eigentlich war es eben wie eine Demo oder ein Menschenauflauf! Dabei ist es im ursprünglichen Wortsinn egal, ob es sich um Christen oder Nichtchristen handelt.

Bekanntlich gibt es auf der Welt sehr verschiedene Menschengruppen. Aber Christen sind ganz besonders. Gott hat sie sich extra ausgesucht. Für ihn hat die Kirche die Kraft von einer riesengroßen Massendemo. Er nennt sie auch nicht umsonst „Sancta Catholica Christiana", was so viel bedeutet wie „das christliche Volk, das ganz besonders gottmäßig ist". Die Menschen, die ihr Vertrauen auf Jesus Christus setzen, werden abgefüllt mit der Kraft Gottes. Diese Kraft, der Heilige Geist, macht sie jeden Tag neu, so wie Gott sie gut findet. Das passiert einmal dadurch, dass ihnen täglich der Mist vergeben wird, den sie tun, weil Jesus für sie gestorben ist. Er sorgt aber auch dafür, dass sie keinen neuen Mist mehr bauen müssen. Er tötet das Verlangen in uns, Dinge zu tun, die Gott nicht will, er pustet uns richtig durch. Dadurch werden wir erst so richtig gottmäßig. Wenn wir also in diesem Glaubensbekenntnis von der „heiligen, christlichen Kirche" reden, dann sind damit alle gottmäßigen Leute zusammen gemeint. Man kann sie die heilige Christenheit nennen oder wegen mir auch Ökumene. Im alten Buch der Bibel werden sie jedenfalls als Gottes Leute bezeichnet.

Leider ist es so, wenn jemand heute das echt schwammige Wort „Kirche" hört, dann denkt er sofort an ein großes, altes Gebäude. Das ist so ein Abziehbild, wie man es auch von Postern her kennt oder von Postkarten. Wenn man Glück hat, werden da als „Kirche" immerhin die Apostel, die Schüler von Jesus, und seine Mutter Maria an Pfingsten abgebildet, mit dem Heiligen Geist, wie er aus dem Himmel angeflogen kam. Das ist zwar schon besser, aber trotzdem zeigt es die Christendemo nur zu einer bestimmten Zeit, nämlich ganz am Anfang, als es losging.

Diese „Ekklesia"-Kirche, von der in der Bibel geschrieben wird, ist aber heute noch genauso da wie zu den Zeiten der Apostel. Die sind ja mittlerweile alle längst unter der Erde. Es wird aber immer eine Gemeinschaft von gottmäßigen, starken Christen auf der ganzen Welt geben, die radikal mit Jesus lebt. Eine Gemeinschaft, die von seiner Liebe begeistert ist. Die sich jeden Tag neu von dem Sündendreck sauber machen lässt. Die ein völlig neues Leben durch den Glauben lebt, weil der Heilige Geist die Power dazu gibt. Die keinen Mist mehr baut und stattdessen die guten Dinge tut, die Gott in der Bibel von seinen Leuten fordert. Das ist übrigens genau das, was auch Paulus in der Bibel über Christen sagt. Aber der Papst und seine Leute haben das wohl nicht gecheckt. Sie glauben, dass mit dem Wort und der Vorstellung „Kirche" nur ihre versiffte, unjesusmäßige und peinliche Organisation gemeint ist. Sie übersetzen sich das Wort „Ekklesia" so, wie sie wollen.

Sie halten sich für noch viel heiliger als Gott sein Volk. Diese Pseudoheiligkeit hat aber nichts mit der echten Heiligkeit zu tun. Und auf die haben sie eh überhaupt keinen Bock. Darum mögen sie es auch nicht, wenn man ganz allgemein von der „christlichen Kirche" oder „den christlichen Leuten" spricht. Denn damit ist ja nicht nur ihre christliche

Kirche gemeint, sondern alle Kirchen und Christen auf der Welt, und damit ist man schon unten durch. Sie denken, dass es nur ihre christliche Gemeinschaft gibt, und alles andere wird nicht akzeptiert. Für ihre tolle Kirche haben sie sich auch eine ganz besondere, höhere Form von einem göttlichen Leben ausgedacht. Und die ist natürlich viel besser ...

Von einem heilig, also gottmäßig lebenden Christen kann man dann sprechen, wenn der Heilige Geist in diesem Menschen wirkt. Dieser Geist sorgt für einen Neuanfang, sodass man seine Einstellungen zu Dingen verändert. Alles ist dann neu: das Herz, die Seele, der Körper, der Charakter, das, was man tut, der Glaube (das steht auch in Apostelgeschichte 15, Vers 9). Wenn jemand sich mit allem, was er hat, ganz an Jesus übergibt, dann ist er heilig. Die Gesetze von Gott wurden eben nicht mehr auf eine Metallplatte gefräst. Er hat sie in das Innerste des Menschen geschrieben, in sein Herz – so steht es ja auch im 2. Korintherbrief, Kapitel 3, Vers 3. Da gibt es den ersten Teil dieser Gesetze, die Nummern eins und zwei, wo es um dich und Gott geht, genauso wie den zweiten Teil, die Nummern drei bis zehn, wo es um dich und deine Welt geht. Es beginnt doch damit, dass der Heilige Geist jemandem zeigt, wer Gott eigentlich ist und dass man mit ihm leben will. Im nächsten Schritt will man deswegen sein Leben verändern, gewisse Dinge nicht mehr tun, gewisse Gedanken nicht mehr denken und so manchen Schwachsinn nicht mehr glauben, den man vorher noch geglaubt hat. Die Dunkelheit soll ab dann draußen bleiben.

Wenn man so zum Glauben kommt, wird man dadurch enorm getröstet. Man kann auf einmal mit bestimmten ätzenden Situationen viel besser umgehen. Der Glaube macht einen innerlich stark. Wenn sich jemand vorher immer selbst fertiggemacht hat, tut er das jetzt nicht mehr. Und wenn jemand bei jeder kleinen Versuchung schwach geworden ist, ständig Mist gebaut hat, bekommt er plötzlich die innere Kraft, Nein zu sagen. Man bekommt so eine übernatürliche Kraft, dass Schmerzen, Krankheiten, ja sogar der Tod eines nahen Menschen mit einem Mal erträglich werden. Und man hat auch keine Angst mehr vor der letzten großen Gerichtsverhandlung vor Gott und dass er wütend sein könnte. Denn auf einmal ist das Leben von Hoffnung geprägt, man kann lachen und sich freuen. Man kann sogar mit einem Lächeln im Gesicht dem Teufel in die Fresse schlagen. Dazu werden andere posi-

> Man kann mit einem Lächeln im Gesicht dem Teufel in die Fresse schlagen.

tive Dinge im Leben entstehen. Man wird Gott immer mehr lieben, man wird immer mehr Respekt vor ihm haben. Und wenn dann mal schlechte Dinge passieren, kann man damit viel besser umgehen und schiebt nicht gleich den Megafrust.

Egal, ob etwas Supergutes oder etwas Superschlechtes passiert, man kommt damit einfach besser klar. Und man liebt Gott, sagt ihm Danke und tut, was er will. So sieht ein neues Leben aus, das ein Christ durch den Glauben bekommt. Auf die Art schafft man es, innerlich gottmäßig zu leben, so wie es Mose auf seine Platten gefräst hat.

> Auf die Art schafft man es, innerlich gottmäßig zu leben, so wie es Mose auf seine Platten gefräst hat.

Man spricht ja auch von diesen drei wichtigsten Eigenschaften, die ein Christ haben sollte: Glaube, Hoffnung, Liebe. So steht es zumindest im 1. Korintherbrief im 13. Kapitel ab Vers 13. Diese Eigenschaften bewirkt der Heilige Geist. Darum heißt er auch „Heiliger" Geist, er macht uns nämlich heilig, also gottmäßig. Durch seine Kraft werden wir erst wirklich lebendig. Unsere alte Existenz ohne Gott – man nennt sie auch den alten Adam – ist tot. Diese alte Existenz kann gar nicht gottmäßig leben. Und das stellt sie auch immer wieder unter Beweis, wenn sie versucht, nach den Gesetzen zu leben. Gäbe es die nicht, würde sie's ja nicht mal merken.

Auch alles, was im zweiten Teil der zehn Gesetze steht, bewirkt der Heilige Geist in den Christen. Also dass wir gottmäßig leben, indem wir die Eltern respektieren und auch die Regierung. Er erreicht, dass wir nett miteinander umgehen und nicht aufmucken, nicht sauer auf andere Menschen sind und niemanden ablinken wollen. Außerdem Geduld miteinander haben, nett und hilfsbereit sind, liebevoll, die anderen mit Respekt behandeln usw. Er kriegt das hin, dass wir eben nicht pornosüchtig rumlaufen, mit jedem oder jeder, der oder die nicht bei drei auf dem Baum ist, im Bett landen. Dass wir unsere Sexualität im Griff haben, egal ob wir jetzt Frau, Kinder und Angestellte haben oder nicht. Klauen, andere abzocken, aber auch rumgeizen oder jemand betrügen läuft nicht mehr. Jeder geht einer ehrlichen Arbeit nach, ernährt sich gesund, ist hilfsbereit und verleiht auch gerne etwas Geld, wenn jemand mal ein paar Euro braucht. Lügen, betrügen, Leute abziehen, Gerüchte über andere verbreiten – no way. Nett, ehrlich und treu sein, verlässlich und sich an die Dinge halten, die sonst noch in den zehn Gesetzen in der Bibel stehen, das ist dran.

Und dass man das wirklich will und auch kann, bewirkt die Kraft Gottes, der Heilige Geist. Er macht aus trägen Schlaffis fitte Leute, bei denen das irgendwann alles läuft. So verstehe ich die christliche Art, heilig zu leben. Und es muss immer solche Menschen auf der Erde geben, selbst wenn es nur zwei oder drei oder nur Kinder oder Jugendliche sind (denn bei den älteren Herrschaften gibt es leider nur wenige, die so draufkommen). Wenn Leute diesen Lebensstil verweigern, dann soll man sie aber auch bitte nicht mehr als Christen bezeichnen. Und man sollte sie auch nicht so behandeln, als wären sie Christen, nur um ihr Ego zu streicheln. Immer dieses Gelaber von der Vergebung, alles wäre gut und „Gott liebt doch alle". Das bringt es nicht.

Wir können die beiden Teile der Gesetze nicht auseinanderreißen. Man kann sich nicht die guten Dinge vom ersten Teil, die der Heilige Geist schenkt, also Liebe, Trost und Schuldenvergebung, rauspicken, aber den zweiten Teil einfach unter den Tisch fallen lassen. Man hat keine Ahnung vom ersten Teil, wenn man den zweiten Teil nicht tut. Und der ist ja eigentlich viel leichter zu kapieren als der erste Teil.

Die Grundlagen des christlichen Glaubens sagen uns, dass es immer Leute von Gott auf dieser Erde geben wird. Das ist gesetzt, bis diese Erde irgendwann einmal explodiert. Denn Jesus hat ja versprochen, er wird immer auf seine Leute aufpassen, er wird bei ihnen sein, egal, was kommt. In Matthäus 28, Vers 20 sagt er: „Ich werde – egal, zu welcher Zeit und egal, wo ihr gerade seid – immer bei euch sein und euch nie mehr verlassen!"

Jetzt ist die Frage, wie ein Mensch, der sich in diesem wirren Leben irgendwie verirrt hat, auf die Idee kommen kann, dass es Antworten für ihn gibt. Dass es eine Truppe von ganz besonderen Menschen auf der Welt gibt, von Christen, die Bescheid wissen. Woran erkennt man diese Truppe? Gibt es da ein paar Hinweise?

Ich denke, als Erstes erkennt man Gottes Leute daran, dass sie seine Worte haben. Ich meine jetzt mal die Versprechen von Gott in der Bibel. Wenn in der Kirche geredet wird, dann sind es genau diese Versprechen, die weitergesagt werden – zum Beispiel durch dich und mich. Wo du die Versprechen Gottes aus der Bibel hörst, da sind seine Leute – vor allem da, wo man die Worte nicht nur redet, sondern ihnen auch vertraut, das hat Jesus als Erkennungszeichen festgelegt. Es ist dieses öffentliche Stehen zum eigenen Glauben, das jeder sehen kann. Dazu hat Jesus in Matthäus 10, Vers 32 Folgendes gesagt: „Darum gilt: Wer sich für mich vor anderen gerade macht, für den werde ich mich auch vor Gott gerademachen!"

Es gibt viele Christen, die ihren Glauben eher verheimlichen. Keiner von ihren Freunden weiß, dass sie eigentlich an Jesus glauben, weil sie es nicht erzählen wollen. Es gibt umgekehrt viele Menschen, die eben nicht an Gott glauben und trotzdem christlicher leben als der tollste Christ. Es sind halt echt wenige, die richtig glauben und dann auch ihr Leben entsprechend gestalten. Eine gute Geschichte von Jesus verdeutlicht das. In Matthäus 13 ab Vers 4 erzählt er von den unterschiedlichen Böden, auf die ein Same fällt. Und nur der vierte Boden ist gut genug, dass dort viel Frucht wachsen kann.

Wenn du also irgendwo jemanden hörst, der so etwas in der Art predigt und auch danach handelt, dann kannst du sicher sein, dass da eine richtig coole, gottmäßige Kirche mit dem richtigen Glauben ist. Oder um es mal so zu sagen, wie es unsere lieben Freunde aus Rom tun: eine „Ecclesia sancta catholica". Und die Leute, die da hingehen, sind jesusmäßige Christen, so wie sie im 1. Petrusbrief, 2. Kapitel, Vers 9, beschrieben werden. Aber da gibt es bislang leider echt nur ein paar peoplechen.

Da, wo man genau das predigt, was wirklich in der Bibel steht, geht es immer ab. Hier entsteht neues Leben, Früchte wachsen (das steht auch in Jesaja 55, Vers 11). Und wenn sonst nichts anderes passiert als das, ist das schon ein Beweis, dass es sich hier um richtig jesusmäßige Christen handelt. Denn überall da, wo man aus der Bibel predigt, müssen auch Gottes Leute sein. Und umgekehrt können Gottes Leute nicht ohne Gottes Worte existieren. Beides gehört zusammen. Wer sollte sonst predigen oder einer Predigt zuhören, wenn es Gottes Volk nicht gäbe? Und was sollten seine Leute glauben, wenn es sein Wort nicht gäbe? Dadurch passieren echte Wunder. So kann alles gut werden, egal wie verkorkst es ist. Und die verwirrtesten Dinge können wieder in eine Ordnung gebracht werden. Und Mr. S, der Teufel, macht keine Stiche mehr.

Und Mr. S, der Teufel, macht keine Stiche mehr.

Das zweite Merkmal, an denen man Gottes Leute immer gut erkennen kann, ist, dass sie dieses ganz besondere Ritual, die Taufe, durchziehen, eine gesunde Lehre darüber haben und ganz viel von ihr erwarten. Die Taufe ist etwas, was in der Öffentlichkeit geschieht. Alle kriegen das mit. Und durch so ein Taufritual werden auch die Menschen drumrum Gott auf eine ganz besondere Art näher gebracht.

Die Taufe ist so eine Art neue Geburt. Man badet jemand in Gottes Wasser und dann wäscht die Kraft Gottes denjenigen sauber (steht auch im Brief an Titus, Kapitel 3, Vers 5). Der ganze Sündendreck ist weg! Der Tod verliert die Macht über einen, nur durch diese Taufe! Denn wir werden damit in das Blut eingetaucht, das von einem heiligen, gottmäßigen, ganz besonderen Lamm kommt – dem Lamm Gottes! Wenn du irgendwo bist und mitbekommst, dass dort Leute getauft werden, dann bist du richtig! Hier wirst du auf echte Christen treffen.

Übrigens: Es ist letztendlich egal, wer die Taufe macht, da brauchst du dich nicht irritieren lassen! Die wichtigste Person ist doch der Täufling selbst! Er wird getauft, und es ist total schnurz von wem, weil es letztlich Gott ist, der das macht. Es ist vergleichbar mit einer Predigt. Die ist ja auch nicht für den Prediger (obwohl er natürlich selber auf sie hören und sie glauben darf). Nein, die Predigt ist vor allem für die Leute, die zuhören und mit Jesus leben wollen. Sie stehen im Mittelpunkt.

Das Dritte, woran man erkennen kann, dass es sich um eine richtige jesusmäßige Christentruppe handelt, ist das Ritual des Abendmahls. Hier muss es aber schon so abgehen, wie Jesus es in der Bibel beschrieben hat. Und man muss auch mit einer Erwartungshaltung ins Abendmahl gehen, dass Gott dabei etwas tut.

Auch dieses Ritual ist eine öffentliche Angelegenheit. Es ist eine ganz besondere und wichtige Sache, die uns Jesus hinterlassen hat. Seine Leute werden dadurch Gott näher gebracht. Wenn jemand daran teilnimmt, bekennt er ja auch ganz klar vor der Öffentlichkeit, dass er ein Christ ist. Genauso wie mit der Taufe und wenn er Gottes Wort weitersagt.

Das Geschlecht oder das Alter ist egal, jeder kann mitmachen. Ein Pastor fragt ja auch nicht vor jeder Predigt, was für ein Geschlecht die Zuhörer haben oder ob alle volljährig sind, genauso wenig bei einer Taufe. Oder?

Übrigens: Es kann dir als Gemeindemitglied auch egal sein, wie gottmäßig derjenige lebt, von dem du das Abendmahl bekommst. Dieses ganz besondere Ritual, in dem Gott irgendwie drinsteckt, kann nicht negativ von demjenigen beeinflusst werden, der es austeilt. Es geht ja nicht um ihn, sondern um dich (außer natürlich, er macht selber auch mit, dann geht es natürlich auch um ihn)!

Falls du also mal in irgendeine Gemeinde kommst und siehst, dass dort in diesem Sinne das Abendmahl ausgeteilt wird, dann kannst du dir hundertprozentig sicher sein: Hier sitzen echte Christen! Ich hab es oben schon einmal in Bezug auf die Bibel erwähnt: Da, wo man ernsthaft in der Bibel liest, findet man die echten Christen, die wirkliche Gemeinde. Und das gilt auch für die Taufe und das besondere Abendmahl. Da, wo das aber nicht passiert, sitzen nur Pseudos in der Kirche.

Diese besonderen, heiligen Dinge bringen uns Gott näher. Und wo man sie tut, einübt, sich nach ihnen ausstreckt und öffentlich dazu steht, kann es sich nur um Christen handeln. Allerdings kann es auch in der Gemeinde natürlich immer wieder ein paar falsche Vögel geben, die nicht wirklich mit Gott leben und ihm vertrauen. Aber die paar können nicht dafür sorgen, dass die ganze Gemeinde verschmutzt wird. Das ist zumindest so, wenn diejenigen ihr unjesusmäßiges Leben nicht an die große Glocke hängen und die anderen es deshalb nicht merken. Wer das aber ganz öffentlich macht, der wird auch nicht in Gottes Gemeinde geduldet. Derjenige kriegt ne Verwarnung und entweder bessert er sich dann oder

Ein viertes Merkmal, woran man echte Christen erkennen kann, ist, dass sie öffentlich die Gelegenheit wahrnehmen, ihren Mist bei Gott loszuwerden.

er fliegt. Wenn er sich dauerhaft wirklich nicht ändern will und mit dem gleichen Scheiß immer weitermacht, muss er eben gehen. Die anderen sehen ihn dann so an, als würde er nicht mehr zu ihnen gehören. So hat es ja auch Jesus in Matthäus im 18. Kapitel, Vers 17 empfohlen.

Ein viertes Merkmal, woran man echte Christen erkennen kann, ist, dass sie öffentlich die Gelegenheit wahrnehmen, ihren Mist bei Gott loszuwerden. Dazu hat Jesus auch schon einiges im Matthäusbuch, 18. Kapitel, ab Vers 15 gesagt. Wenn ein Christ heftigen Mist baut, dann soll man ihn zur Rede stellen. Und erst, wenn er trotzdem so weitermacht und sich nicht verändern will, sollte man härtere Mittel auffahren. Dann kann man ihn auch öffentlich aus der Kirche rausschmeißen. Aber wenn er sich besinnt und seinen Lebensstil verändert, soll man ihn auch wieder aufnehmen und ihn von seinem Mist lossprechen.

So soll es abgehen. Aber es gibt immer zwei Möglichkeiten, wie man das machen kann: öffentlich oder im Vier-Augen-Gespräch. Nach meiner Erfahrung haben viele Christen einen echt schwachen Glauben und leiden voll unter ihrem schlechten Gewissen. Selbst wenn sie nicht vom Pastor vor allen angezählt werden, so richtig froh werden die nicht. Sie brauchen ein persönliches Gespräch mit dem Pastor, der ihnen ganz direkt die Vergebung von ihrem Mist zuspricht. Es gibt aber auch das Gegenteil: Leute die so hart drauf sind, dass sie überhaupt keine Schuld empfinden, nicht vergeben wollen und mit ihrem Mist immer weitermachen. Denen ist da selbst ein Gespräch mit dem Pfarrer egal.

Darum muss man sich überlegen, welche Maßnahmen besser passen: jemanden öffentlich zur Rechenschaft zu ziehen oder das Gespräch unter vier Augen zu suchen. Aber egal, wie es passiert, solange du mitbekommst, dass in dieser Gemeinde Leuten Vergebung von ihrem Mist zugesprochen wird, dann bist du richtig. Hier sind echte Christen am Start. Nur bei Pseudochristen gibt es so etwas wie Vergebung nicht. Die gehören dann auch nicht mehr zu Gottes Leuten dazu.

Ein fünftes Merkmal ist, dass in einer gesunden Kirche viele neue Leiter in den Dienst berufen werden. Schließlich muss es in jeder Kirche auch Leute geben, die die oberen vier Dinger durchziehen. Es muss Leiter, Prediger, Pfarrer oder Pastoren geben, die diese Dinge ausleben, sowohl öffentlich als auch im privaten Rahmen. Paulus schreibt ja auch in seinem Brief an die Epheser im 4. Kapitel ab Vers 11: „Einigen hat er die Begabung gegeben, Gemeinden zu starten (das sind die Apostel), von anderen wollte er lieber, dass sie Worte, die direkt von Gott kommen, an andere weitergeben (Propheten). Es gibt wiederum Leute, die haben die Begabung, Nichtchristen von Gott zu erzählen (Evangelisten). Dann gibt es da auch Leute, die sollten Pastoren sein, Seminare geben und Vorträge halten (Hirten und Lehrer)." Das sind so spezielle Jobs, die kann nicht jeder machen. Es muss Leute geben, die jede dieser unterschiedlichen Aufgaben ausüben und entsprechend ihrer Begabung ausführen. Wenn alle das machen wollten, gäb's nur Chaos. Ein Kampf um die besonderen Aufgaben in der Gemeinde bringt es also nicht. Einer allein sollte den Predigtjob übernehmen, taufen, Vergebung zusprechen, Abendmahl austeilen, und das ist der Pfarrer oder Pastor. Die anderen sollen sich mit dieser Tatsache zufriedengeben. Überall, wo das so funktioniert, kannst du davon ausgehen, dass es sich bei der Gemeinde um echte Christen handelt, die besonders gottmäßig leben wollen.

Ich hatte oben schon erwähnt, dass man nicht darauf achten sollte, wer und auch wie jemand zum Beispiel das Abendmahl zelebriert. Es geht nicht um den, der es austeilt, sondern um den, der es bekommt. Genauso kann es dir egal sein, wer der Pastor oder Leiter ist und wie er sein Leben lebt. Es ist sein Job, er ist von der Gemeinde akzeptiert worden. Es geht immer nur um dich, du sollst dir was mitnehmen und das wirst du auch, dafür wird Gott schon sorgen. Egal, wie der Pfarrer also drauf ist, es kann die Wirkung eines Abendmahls und die Wirkung der Bibel nicht verändern. Es geht doch nicht um ihn, sondern alleine um Jesus Christus! Er ist dein Gott! Und seine Kraft, sein Heiliger Geist, sorgt für den Rest. Zumindest, wenn die Lehre okay ist. Natürlich soll die Kirche nicht etwas gut finden und absegnen, was Gott scheiße findet. Aber du bist ja auch nicht „die ganze Kirche", sondern ein einzelner Christ, also mach mal halblang beim Bewerten.

Ein sechstes äußerliches Merkmal für echte, jesusmäßige Christen ist, wenn man sie zusammen beten sieht. Wenn sie sich gemeinsam bei Gott bedanken und ihm Lieder singen. Und zwar öffentlich, sodass jeder zuschauen kann. Immer wenn man mitbekommt, dass in einer Gemeinde das Vaterunser-Gebet gesprochen wird und es auch anderen beigebracht wird, wo auch die Psalmen und andere Lieder für Gott gesungen werden, die biblisch sind und eine gute Lehre enthalten, da bist du richtig! Wenn man dort auch das Glaubensbekenntnis wichtig findet und vermittelt, die zehn Gesetze, dann war es ein Volltreffer. Und wenn dann noch die Grundlagen des christlichen Glaubens gelehrt werden, kannst du dir hundert Pro sicher sein: Hier sind echte Christen am Start!

Beten ist so eine Übung, durch die Christen jesusmäßiger werden. Wir verändern uns, werden Gott ähnlicher, wenn wir mit ihm reden. Das hat schon Paulus im 1. Brief an Timotheus gesagt (im Kapitel 4, Vers 5). Die Psalmen aus der Bibel sind auch alles Gebete, in denen man sich bei Gott bedankt und ihm zeigt, dass man Respekt vor ihm hat. Auch dieser Spruch, wo man aufsagt, was man genau glaubt, dieses Glaubensbekenntnis, hat eine besondere Kraft. Genauso die zehn Gesetze. Sie gehören zu den Dingen, die Gott direkt zu den Menschen gesprochen hat. Sie helfen uns, so zu leben, wie er es gut findet. Durch die Kraft Gottes, seinen Heiligen Geist, werden wir dazu befähigt.

Siebtens: Ein weiteres äußeres Merkmal, woran man die Christencrew erkennen sollte, ist das Kreuz. Es ist ein ganz besonders schönes Symbol. Aber nicht nur das. Es bedeutet auch, dass bei Christen nicht immer alles locker zugeht. Das Kreuz war ja ein Folterinstrument, es steht für Schmerzen, die andere einem zufügen. Ein Christ wird oft wegen seinem Glauben verfolgt, er bekommt deswegen Probleme. Das Böse, der Teufel, schmeißt ihm ständig Hölzer zwischen die Beine. Er versucht, Christen vom guten Weg mit Gott abzubringen. Jesus hat schon in dem Vaterunser-Gebet seine Leute darauf hingewiesen. Aber auch die Menschen, die ohne Gott leben, können uns Probleme machen. Genauso wie das, was in uns Menschen drin ist. Paulus nennt es das „Fleisch", und er meint damit so eine Art unjesusmäßiges Programm in uns, das jeder in seinem Innersten aufgespielt bekommen hat. Innerlich sind wir zum Beispiel depressiv, traurig, haben Angstattacken. Aber auch äußerliche Dinge wie Armut, Krankheit, körperliche Schwachheit haben ihre Ursache in diesem „Programm". Diese Probleme sollen uns trainieren. Sie sollen dafür sorgen, dass unser Charakter jesusmäßiger wird. Das gilt aber nur, wenn sie nur daher kommen, dass jemand sich radikal an Gottes Wort gehalten hat, dass er also straight die Dinge getan hat, die Gott will. Hier zieht die Bibelstelle aus Matthäus 5, Vers 11, wo Jesus sagt: „Richtig glücklich werden die Menschen sein, die Probleme bekommen, weil sie das tun, was ich sage."

Das bedeutet übrigens auch, dass gläubige Menschen immer so leben sollten, dass sie mit dem Gesetz in der Welt nicht in Schwierigkeiten kommen. Sie müssen bei der Arbeit so eine Einstellung haben, dass sie tun, was ihnen vom Chef aufgetragen wird. Sie sollen so drauf sein, dass sie anderen Menschen immer helfen wollen – praktisch, aber auch mit ihrem Geld. Jemanden verletzen oder etwas kaputt machen ist nicht ihr Ding.

Ich will es noch einmal ganz krass ausdrücken. Niemand, keine Partei, kein Verein, keine Menschengruppe, muss manchmal so einen finsteren Hass von Andersdenkenden ertragen wie die echten Christen. Sie kriegen mehr Fett weg als die Juden, Atheisten und die Moslems zusammen. Sie werden als Teufel bezeichnet, als Fundamentalisten, Arschlöcher, Abzocker, Armleuchter. Es wird Leute geben, die denken, sie dienen Gott damit, wenn sie einen Christen foltern, Waterboarding an ihm machen, Stromschläge verabreichen, ihn in ein dunkles, nasses Loch ohne Licht und Nahrung einsperren. Sie glauben, es wäre gut, einen Christen zu vergiften und, wenn er Durst hat, ihm Benzin oder Jauche zu trinken zu geben. Manche machen das sogar im Namen Gottes. Und der Grund dafür ist nicht, dass sie etwas verbrochen haben. Nein, es liegt nur daran, dass sie an Jesus glauben, und zwar nur an Jesus, radikal. Überall, wo du von so etwas hörst, kannst du davon ausgehen, dass es sich hier hundert Pro um echte Christen handelt. Das steht schon in Matthäus 5, Verse 11 und 12: „Wenn ihr verarscht oder gelinkt werdet oder man Gerüchte über euch verbreitet, weil ihr mit mir lebt, dann könnt ihr echt froh sein. Feiert deswegen und freut euch, denn im neuen Leben werdet ihr dafür ganz fett absahnen." Das ist wie so eine Art Medizin vom Heiligen Geist, wenn man wegen Jesus runtergemacht wird. Sie hilft uns dabei, dass wir immer jesusmäßiger draufkommen. Die Kraft Gottes sorgt so dafür, dass wir bei Gott im Himmel am Ende auch ankommen.

Die oben beschriebenen sieben Merkmale sind Dinge, die der Heilige Geist in uns Christen jeden Tag tut und wodurch wir immer jesusmäßiger werden. Sie haben alle das Ziel, das auch die ersten beiden Gesetze von Mose haben. Wenn du so lebst, bist du auf dem richtigen Weg. Du lebst zwar nicht so gottmäßig wie Jesus, aber es ist dein Ziel, irgendwann so zu werden wie er. Du wünschst dir, dass er dich befreit. Und Jesus sorgt dafür, dass dein Mist verziehen wird, so lange, bis das nicht mehr nötig ist und du so drauf bist wie er. Wie gesagt sollte das immer unser Ziel sein.

> Die Kraft Gottes sorgt so dafür, dass wir bei Gott im Himmel am Ende auch ankommen.

Ursprünglich wollte ich nicht von sieben Merkmalen schreiben, sondern von sieben Sakramenten. Aber dieses Wort „Sakrament" ist von den Katholiken fiese missbraucht und ausgelutscht worden. In der Bibel wird es immer ganz anders verwendet als in der katholischen Kirche. Darum nenne ich es jetzt die sieben wichtigsten Merkmale, die dazu helfen sollen, dass Christen jesusmäßiger leben. Es sollen Merkmale sein, an denen man erkennen kann, dass es sich hier um echte Christen handelt.

Es gibt aber über diese sieben Merkmale hinaus noch andere Zeichen, an denen man eine jesusmäßige, christliche Gemeinde erkennen kann. Denn die Kraft Gottes, der Heilige Geist, hilft uns, auch den zweiten Teil der Gesetze von Mose zu befolgen. Er hilft uns zum Beispiel dabei, dass wir Respekt vor unserem Vater und unserer Mutter haben. Und er hilft auch den Eltern, dass sie ihre Kinder jesusmäßig erziehen und korrekt leben. So ähnlich ist es bei den regierenden Politikern. Wir sollten tun, was sie anordnen, und sie sollten die Menschen lieben, beschützen und den Leuten dienen, die sie gewählt haben.

Generell sollten Christen auf niemanden dauerhaft sauer sein. Hass, Wut, Neid, Rache gehen für einen gläubigen Menschen einfach nicht. Stattdessen sollten wir uns um die Leute kümmern. Wenn uns jemand verletzt hat, sollten wir das schnell verzeihen. Wenn jemand einen Rat braucht, sollten wir die erste Adresse sein, bei dem er ihn findet. Wenn jemand Geld braucht, sollten wir es ihm leihen. Und wenn jemand Hilfe braucht, sollten wir da sein und helfen. Die Gesetze fordern von uns, dass wir uns nicht ständig besaufen oder bekiffen. Sie wollen, dass wir nicht von oben auf andere runtersehen, dass wir freundlich sind und nicht rumprollen. Und auch, dass wir uns sexmäßig im Griff haben und nicht rumvögeln. Sie wollen, dass gläubige Menschen auf dem Boden der Tatsachen stehen, nicht falsch sind, gerne mit anderen reden, nicht das fetteste Stück vom Kuchen abgreifen, nicht lügen, nicht stehlen, Autos knacken, andere übers Ohr hauen, rumgeizen. Sie wollen bewirken, dass man sich auf uns Christen immer verlassen kann, dass wir treu sind und mit dem zufrieden, was wir haben. Paulus schreibt da ja ziemlich viel drüber, zum Beispiel im Römerbrief, Kapitel 13 oder im Galaterbrief, Kapitel 5, ab Vers 19.

Das ist der Grund, warum für uns Christen die zehn Gesetze Pflicht sind. Sie sagen uns, wie wir zu leben haben. An ihnen können wir aber auch messen, wie weit unser Charakter von der Kraft Gottes wirklich verändert worden ist. Sie zeigen uns, wo es bei uns noch fehlt, und spornen uns an, immer jesusmäßiger zu leben, damit wir so werden wie er (und nicht etwa denken, wir hätten's schon geschafft). Wir sollen immer mehr zu neuen Wesen durch den Glauben an ihn werden. Im 2. Petrusbrief steht der Satz: „Ich wünsche euch, dass ihr immer mehr begreift ..." (Kapitel 3, Vers 18). Und im 1. Brief an die Thessalonicher im 4. Kapitel schreibt Paulus in den Versen 1 und 10 davon, dass wir immer mehr dazulernen sollen. Es geht also ums Wachsen und Sich-Weiterentwickeln.

Natürlich ist ein korrektes Leben kein hundert-prozentig sicheres Merkmal dafür, dass es sich auf jeden Fall um einen Christen handelt. Schließlich gibt es auch viele nicht gläubige Menschen, die sich super verhalten. Und einige von ihnen leben sogar viel christlicher als so manch ein Christ. Und doch sind ihre Motive anders, so zu leben. Sie machen es nicht, weil sie an Gott glauben. Von dem haben sie keinen blassen Schimmer. Bei uns, den Christen, ist das aber so. Die Kraft Gottes, der Heilige Geist, bewirkt das in uns, wenn wir offen für ihn sind, wenn wir auf das hören, was er sagt, und das auch umsetzen. Das steht auch in dem Vergleich mit dem Bauern, der Weizen aussät, Lukas 8, Vers 15.

Ich denke ja, dass der erste Teil der Gesetze wichtiger ist und über dem zweiten Teil steht. Wenn man ihn befolgt, wird man Gott ähnlicher werden. Über den zweiten Teil der Gesetze, der aus den letzten sieben Regeln besteht, hätte man theoretisch auch noch einmal sieben große Hauptkapitel schreiben können. Auch das sind alles Dinge, die uns helfen, jesusmäßiger zu leben.

Jetzt ist klipp und klar, was und wo die Kirche ist und wie die Menschen sich da verhalten. Genau so sollen die Christen, diese besonders gottmäßigen Menschen auf der Erde, drauf sein. Über diese Merkmale diskutieren geht gar nicht, über alles andere können wir gerne reden, da geht sowieso viel daneben.

So, jetzt habe ich aber genug über die Kirche geschrieben. Mehr kann man dazu nicht sagen, höchstens noch mehr ins Detail gehen. Aber ich will noch mal etwas Kritisches zu diesen unwichtigen Äußerlichkeiten schreiben, die man in der Kirche überall findet. Viele glauben, dass man durch diese äußeren Dinge wie eine schöne religiöse Kleidung oder indem man viel Geld spendet, Gott ähnlicher wird. Aber das ist großer Müll. Weder der Körper noch der Geist oder das Innere eines Menschen werden dadurch wirklich verändert. Gott hat das nie von Menschen gefordert, es war nicht seine Idee.

Natürlich, das hab ich ja oben schon erwähnt, sind die Sachen teilweise trotzdem notwendig und auch nützlich. Wenn man zum Beispiel einzelne Tage oder Uhrzeiten für Gottesdienste oder Gebet festlegt, dann bringt es das. Auch ist es sicherlich gut, wenn eine Kirche Häuser baut, Andachtsräume, einen Altar renoviert, eine Kanzel neu anstreicht, Geld für Taufsteine, Glocken, Pastorenkleidung, Schlagzeug und Gitarren ausgibt. Und doch ist es nicht wichtig, es sind nur Äußerlichkeiten und Rituale, die eben ihren Zweck erfüllen. Das ist so wie das Gebet, das Kinder vor dem Essen aufsagen. Es macht das Essen nicht leckerer und auch nicht nahrhafter. Menschen, die ohne Gott leben, kein Gebet vor dem Essen sprechen und denen es total wurscht ist, von wem sie es bekommen, schmeckt das Essen genauso gut und sie werden auch genauso groß und stark. Ein echter Christ kann auch so jesusmäßiger werden, also ohne ein Kirchengebäude eine Predigt halten oder hören, ohne einen Altar das besondere Abendmahl feiern und sogar ohne ein Taufbecken taufen. Denn man kann sich ja auch zu Hause eine Predigt geben, Menschen taufen und das Abendmahl feiern, wenn es ei-

> Jetzt ist klipp und klar, was und wo die Kirche ist und wie die Menschen sich da verhalten.

nen besonderen Anlass dazu gibt. Dafür braucht man nicht erst in eine Kirche zu rennen, das geht auch so.

Natürlich ist es für die einfachen Menschen und auch für die Kinder ganz nett, wenn diese Dinge feierlich in einer Kirche gemacht werden, zu einer bestimmten Zeit, an einem bestimmten Ort. Sie können sich so besser darauf einstellen, es ist ein guter Rahmen und gibt Struktur. Paulus schreibt ja auch im 1. Korintherbrief, 14. Kapitel, Vers 40: „Aber passt auf, dass alles in geregelten Bahnen abläuft." Diese geregelten Bahnen sollte niemand aus falscher Arroganz einfach so durcheinanderbringen. Selbst wenn es jemandem nicht passt, soll er mitmachen und zumindest nicht darüber ablästern oder Gegenaktionen starten. So zeigt ihr euch liebevoll und freundlich.

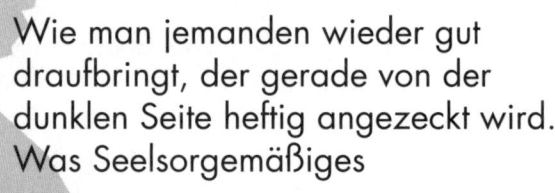

Wie man jemanden wieder gut draufbringt, der gerade von der dunklen Seite heftig angezeckt wird. Was Seelsorgemäßiges

Tröstung für eine Person in hohen Anfechtungen, 1521

Martin Luther hat selber viele heftige Krisen durchgemacht. Er wusste also genau, wovon er in diesem Text spricht. Die Tipps hatte er alle an sich selber ausprobiert.

Zu diesem Thema möchte ich euch ein paar Sätze schreiben. Als Erstes finde ich es wichtig, dass so jemand sich nicht ständig um sich selbst dreht und nur nach seinen Gefühlen geht. Besser ist es, sich an die Aussagen zu halten, die man in einer Predigt gehört hat und die im Wort Gottes stehen. Man sollte sich auf diese Dinge konzentrieren und dahin die eigenen Gefühle lenken.

Zweitens sollte derjenige wissen, dass er nicht der Einzige auf der Welt ist, dem es schlecht geht. Es gibt noch viele andere gläubige Menschen, deren Glaube auch von der dunklen Seite angegriffen wird. Das steht auch schon im 1. Petrusbrief, im 5. Kapitel, Vers 9. Und auch der alte David hat Ähnliches in den Psalmen beschrieben, immer wieder. Zum Beispiel steht im 31. Psalm im 23. Vers: „Ich dachte für kurze Zeit: ‚Gott hat sich von mir abgewandt.'" Und in Psalm 88, Vers 5 schreibt er: „Jeder rechnet damit, dass ich jetzt hier bald sterbe, so schwach bin ich heute, Gott, mir geht es echt derbe." So etwas nennen Christen auch eine Anfechtung. Jeder erlebt das, es ist heftig, aber es gehört dazu.

Der dritte Tipp ist, dass wir diesen Leuten sagen können, dass man solche Probleme manchmal aushalten muss. Zumindest vorausgesetzt, dass diese Probleme da sind, weil Gott es zugelassen hat. Dann wäre ein gutes Gebet: „Das, was du willst, Gott, soll passieren, und nicht das, was ich will!"

Viertens: Das beste Gegenmittel, was bei Frust und Anfechtung hilft, ist, Gott zu danken und zu loben. David sagt ja auch schon im 18. Psalm im 4. Vers: „‚Du bist der Beste', ruf ich zu Gott. Und er hört mich, rettet mich in der Not." Den fiesen Depri-Dämon kann man nämlich nicht loswerden, wenn man nur rumweint, klagt, Angst vor ihm hat oder sich über ihn beschwert. Wenn man sich jedoch bei Gott bedankt, kommt man automatisch selbst gut drauf.

Mein fünfter Tipp ist, dass derjenige sich bei Gott für diese Attacke vom Bösen bedankt. Man soll es sogar als ein Vorrecht ansehen, dass man dieses Problem hat und daran wachsen darf – im Gegensatz zu vielen anderen. Gleichzeitig weiß man nicht, welcher Gewinn am Ende wirklich dabei rausspringt – das wäre auch nicht gut und hilfreich. Manche wollten das rausbekommen und haben sich dabei richtig auf die Fresse gelegt. Man sollte einfach drauf vertrauen, dass Gott seine Hand mit im Spiel hat und die Probleme aushalten. So ein Problem kann sich dann irgendwann als ein riesengroßes Geschenk Gottes entpuppen, das er nur zugelassen hat, weil er die Menschen so liebt.

Wem es so geht, der soll am besten den 142. Psalm von David beten, lesen oder auch singen. Der ist quasi wie gemacht für solche Situationen. Ich schreibe ihn unten hin und setze in Klammern meine Anmerkungen dazu.

Gebet von David, als er im Loch saß

Ich schrei zum Chef, und ich tu's laut,
ich brauch dich, denn es sieht nicht so gut aus.
Ich lege meine Klagen vor, fühl mich grad total verloren.
Ich bin am Ende, also, Gott, leih mir deine Ohren!
*(Das bedeutet, dass Gott hört, wie's uns geht,
und er auch dafür sorgt, wie es uns gehen soll.)*
Oder siehst du jemanden, der einen Ausweg weiß?
Meine Not interessiert die Leute doch 'n Scheiß!
Hilf mir, Gott, ich trete vor deine Tür.
Ich habe keine Hoffnung mehr, doch ich bete zu dir.
*(Hier sagt David, dass Gott seine Hoffnung ist,
dass er weiß, wie es ihm geht.)*
Ich leg mich auf den Boden und fleh.
Sei nett mit mir, lass mich Hilfe sehen!
Rette mich, denn meine Feinde sind mir auf den Fersen!
*(Mit den Feinden ist auch der Satan gemeint,
der uns schlimme Gedanken eingibt. Plötzlich*

> weiß man nicht mehr, was man machen soll, ist
> verwirrt, tut nicht mehr das, was man eigent-
> lich tun soll. So was kann man Gott dann sagen
> und ihm vertrauen, dass er einem schon helfen
> wird.)

Sie sind mir überlegen, und ich kann mich nicht entfernen.
> (Das bedeutet: Man kann nicht abhauen, man
> hat richtig Schiss. Doch auch wenn man das Ge-
> fühl hat, man ist total alleine, stimmt das nicht.
> Gott ist da!)

Gib mir einen Grund, dir zu danken!
> (Das bedeutet auch: Verändere meine Situation
> zum Guten, lass es mir wieder gut gehen!)

Und alle deine Leute werden sich versammeln.
> (Das heißt, dass sie sich versammeln werden,
> um mit mir und für mich Gott Danke zu sagen,
> weil es mir wieder gut geht. Gott wird auf einen
> aufpassen, er wird helfen, wenn man angezeckt
> wird.)

So passt es, Amen.

Mein sechster Tipp bezieht sich auf die Bibel. Dort hat Gott ganz viele Versprechen gegeben. Es ist wichtig, dass man diesen Zusagen auch glaubt und nicht an Gottes Treue und Ehrlichkeit zweifelt. Denn er hat ja die Erhörung von einem Gebet auch an das Vertrauen geknüpft, dass er auf jeden Fall was tun wird. Sowohl in Matthäus 21, Vers 22 als auch in Markus 11, ab Vers 24 sagt Jesus: „Alles wird möglich sein. Ihr werdet alles bekommen können, wenn ihr betet und dabei ganz fest glaubt." In Lukas 11, Vers 9-13 sagt er sogar: „Wenn ihr Gott um etwas bittet, dann werdet ihr das bekommen! Wenn ihr bei ihm nach Antworten sucht, dann wird er sie euch auch geben! Und wenn für euch etwas verschlossen ist, dann klopft bei ihm an, und er wird die Tür für euch öffnen. Wenn jemand um etwas bittet, dann wird er es bekommen, wenn einer was sucht, wird er es auch finden, und jeder, der an die Tür klopft, wird auch reingelassen werden. Wie ist das denn mit einem guten Vater? Würde der seinem Sohn einen Regenwurm geben, wenn der um einen Lolli bittet? ... Wie viel mehr wird dann der Himmelspapa den Leuten seine besondere Kraft, den Heiligen Geist, schenken, wenn sie ihn darum bitten!"

Dabei ist es aber schon wichtig, dass derjenige weiß, wer Jesus ist. Er muss kapiert haben, dass man seinen Dreck nur bei Jesus loswerden kann. Jesus hat dafür bezahlt. Es ist ein Geschenk von Gott, man kann es sich nicht erkaufen noch dafür Geld abdrücken. Man kann außer durch Jesus keine Gemeinschaft mit Gott haben.

So weit meine Tipps, wenn jemand von der dunklen Seite der Macht angegriffen wird. Falls derjenige alle diese Tipps befolgt, aber die Angriffe danach sogar noch heftiger werden, dann sollte man sich erst recht an die Dinge halten, die ich oben geschrieben habe. Es ist ein gutes Zeichen! Mr. S weiß bereits, dass er gerade verloren hat, und versucht noch mal alles aufzufahren, was geht. Aber es wird bald zu Ende sein! Auch in den alten Verträgen war das schon so. Der Pharao hat die Israeliten am schlimmsten verfolgt, als er schon wusste, dass er sie ziehen lassen muss. Er hatte bereits verloren. Und auch in der Medizin kann man das oft sehen. Ein Medikament haut einen manchmal erst komplett aus den Puschen. Und danach beginnt die heilende Wirkung. Ich finde, das sollte diese Person ermutigen.

Ein kurzer Text zur Ermutigung, dass Christen im Gebet immer durchziehen sollten und nie damit aufhören

Ein kurzer Trostzettel für die Christen, dass sie sich im Gebet nicht beirren lassen, 1540

Immer wieder hat Martin Luther davon geschrieben, wie megawichtig das Gebet ist. Für ihn ist eine Voraussetzung, damit man richtig gut beten kann, dass sich der Beter aus Gottes Perspektive sieht und nicht aus seiner eigenen.

Ich, Martin Luther, habe diesen kurzen Text verfasst. Er soll allen treuen Pastoren, Predigern, Seelsorgern und anderen Christen helfen und sie ermutigen. Es geht mir dabei um diejenigen, die es wirklich ernst damit meinen, für die Regierung, aber auch für die Kirche zu beten. Wir leben in einer Zeit, wo nicht immer alles easy ist, da kann man sich schon Sorgen machen oder auch mal Angst bekommen. Und da kommt manchmal die Frage auf: Wofür soll ich jetzt beten? Und wenn ich bete, hört Gott mich überhaupt? Bin ich nicht viel zu unwichtig für ihn? Dieses dumme Minderwertigkeitsgefühl ist oft eine Riesenbelastung. Man muss es als Erstes loswerden, bevor man im Gebet richtig abgehen kann.

Erfahrene Christen wissen genau, wovon ich rede. Sie wissen, dass es nichts Krasseres gibt, als zu beten. Und gleichzeitig auch nichts, was so schwer ist. Es ist der ultimative Gottesdienst und zeigt, wie du innerlich drauf bist. Ich bin der Meinung, dass man nicht nur dann beten kann, wenn das zu einer festgesetzten Zeit, an einem festgesetzten Ort, nach einer festgesetzten Regel gemacht werden muss. Aber es kann schon helfen – egal wie fit man im Glauben ist –, gerade, wenn man mal keine Lust hat. Ich sag euch was: Der Teufel, Mr. S, feiert jedes Mal Party, wenn er wieder jemanden vom Beten abhalten konnte. Er fährt die fiesesten Tricks auf und versucht das Äußerste, um das Gebet zu verhindern. Ich schreib das als eine fette Warnung! Lass dich auf keinen Fall davon abhalten zu beten! Und wenn du plötzlich auf den Gedanken kommst: „Ich bin doch der letzte Hempel! Ich kann doch gar nicht mit dem gigantisch großen Gott reden!", dann hab ich eine hammer Nachricht für dich, die sollst du dir dann vorsagen:

1. Gott findet mich so gut, dass er dafür gesorgt hat, dass ich überhaupt lebe! Er hat schon an mir gearbeitet, als ich noch im Bauch meiner Mutter war.
2. Gott findet mich so gut, dass er seinen einzigen Sohn hat sterben lassen, nur für mich. Dadurch, dass sein Sohn verblutet ist, bin ich erst frei geworden.
3. Gott findet mich so wertvoll, dass er mir durch seine Kraft, den Heiligen Geist, beibringt, wer Jesus Christus ist. Er hat dafür gesorgt, dass ich die Gute Nachricht von Gott überhaupt erst kapieren kann und dass sie mir jetzt so wichtig ist.
4. Gott findet mich so wertvoll, dass er mir einen ganz besonderen Auftrag gegeben hat, nämlich sein Wort weiterzusagen. Er hat dafür gesorgt, dass ich seine Gute Nachricht, seine hammer Geheimnisse, überhaupt erst verstehen und dann auch weitergeben kann.
5. Gott glaubt so sehr an mich, dass er mir zutraut, Probleme und Leid zu ertragen.
6. Gott glaubt so sehr an mich, dass er die ganzen Anzeckungen von der dunklen Seite und den Leuten, die keine Ahnung von Gott haben, in meinem Leben zulässt und ich sie mit seiner Hilfe ertragen kann.
7. Gott findet mich so toll, dass er mir ermöglicht hat, diese Dinge überhaupt zu glauben.
8. Gott findet mich so toll, dass er mich dazu bringt, an diesen Wahrheiten, dem Geschenk seiner grenzenlosen Liebe und seinen Vatergefühlen für mich nicht zu zweifeln, weil ich sonst verloren wäre. Das macht er durch Jesus Christus.

Weil das oben alles stimmt, Gott, will ich nie vergessen, was für gute Sachen du in meinem Leben getan hast. Ich will mir anschauen, was für geniale Dinge du machst.

Schmeiße deine Sorgen alle auf Gott. Dann wird er für dich sorgen.
   Und dann noch mal Psalm 31, Vers 25: „Seid stark und mutig, alle, die auf Gott vertrauen. Hört nicht auf, Gott zu mögen, denn Gott liebt euch auch."

Ein paar gute Songs, in denen es um den Glauben an Gott geht

Geistliche Lieder

Luther liebte es zu singen. Und Texte zu reimen, fand er auch äußerst cool. Bei seinen Liedern hat er sich sehr oft von den Hits inspirieren lassen, die gerade überall gespielt wurden und zu denen man in den Discos tanzte. Wir haben versucht seine Lieder in einer lockeren Form zu reimen, sodass man sie rappen, als Gedicht oder als Lied vortragen kann.

Vorwort zum Wittenberger Songbook von 1524

Vorrede zum Wittenberger Gesangbuch von 1524

Jeder Christ weiß, dass es eine gute Sache ist und es Gott gefällt, Lieder von und auch zu ihm zu singen. Schon die alten Propheten, Präsidenten und Könige in der Bibel wussten das. Sie haben Gott durch Songs, Lieder, Raps, Gedichte und fette Gitarrenriffs gesagt, wie krass gut er ist. Und auch die Christen haben das von Anfang an gewusst und gemacht. Paulus hat sogar im 1. Korintherbrief im 14. Kapitel davon gesprochen und es in Kolosser 3, Vers 16 geradezu seinen Freunden befohlen. Man soll Gott volles Rohr Lieder singen oder ihm laut die Psalmen vorrappen! Das hilft auch dabei, die Inhalte des Glaubens besser zu verstehen, zu verbreiten und einzuüben.

Genau das ist auch der Grund, warum ich zusammen mit anderen so eine Art Liederbuch entworfen habe. Das soll andere provozieren, auch loszudichten. Es sind alles Songs, in denen es um die Gute, krasse, göttliche Nachricht von Gott geht, die jetzt Gott sei Dank wieder die Runde macht. Und sie soll noch mehr bekannt werden! Ich finde das sehr cool! So wie schon der alte Mose für Gott ein Liedchen geträllert hat (nachzulesen im 2. Mosebuch, Kapitel 15), soll Jesus Christus Grund genug für uns sein, neue Lieder anzustimmen. Jesus ist unser Chef, er hat uns gerettet, und nur von ihm sollen wir singen und erzählen, genau wie Paulus es im 1. Korintherbrief, im 2. Kapitel, Vers 2 sagt.

Ich fange an mit einem Song, der eher für Kinder geeignet ist. Es handelt sich um ein Weihnachtslied und es geht dabei um Jesus Christus.

Ein Rap zu Weihnachten (von Benski – Freispruch)
Inspiriert von: Ein Kinderlied auf die Weihnacht Christi – Vom Himmel hoch, 1535

Meine Message läuft rund wie 'n Vestax,
meine Story live und direkt für euch, also check das.
Das Firmament bezeugt dir meine Herkunft,
ich erzähl euch Storys in guter Absicht, mit Herz und
Liebe zum Leben, so viel, wie nur geht,
in Form von Sprechgesang, bis es jeder versteht.
Ein Mensch kam zu uns und, ja, er ist es.
Wer? Ich glaub, deine Vermutung trifft es.
Geboren von einer Frau, ohne jeden Sex vorab,
darum hat Gott mit ihr Großes vorgehabt.
Ihr Kind bringt Leben und Freude auf diese Welt,
er ist der Anker, der diese Welt zusammenhält.
Er befreit uns aus Leid, Not, Schmerz und Angst,
wir sind wie Goldstaub in seiner Hand.
Er fegt den Dreck aus unserer Seele,
er eröffnet uns Hoffnung und lebenswerte Wege,
die er persönlich für uns geplant hat,
von unserem Vater, der schon immer für uns da war,
auf dass wir ewig in einer Villa mit ihm chillen,
denn er will uns mit seiner unendlichen Liebe füll'n.
Darum lasst uns feiern bis zum Ende der Zeit,
so lange, bis die Ewigkeit unser Herz ergreift
und wir sehen, was Gott der Vater für uns tat,
was er durch seinen Sohn wirklich für uns gab.
Er ist der Boss im Kosmos und Herr über allem
und er allein rettet euch vor allen Gefahren.
Er will euer Boss sein, bis ans Ende der Welt,
er verzeiht euch jede Schuld, darum ist er euer größter Held.
Er schenkt euch den größten Frieden aller Zeiten,
der von ihm persönlich kommt, als so 'ne Art Zeichen,
dass wir alle auf seinem Anwesen leben dürfen für immer,

365 Tage, von Frühling, Sommer, Herbst bis Winter.
Hey Gott, du Designer des ganzen Universums,
du wurdest wie wir Mensch, du wurdest einer von uns,
du lagst und saßst auf dem Asphalt der Straße,
inmitten von Staub und Schwarzem.
Mein ganzes Leben verehrt allein nur dich,
denn du gabst dein einziges Kind für mich.
Alle die, die zu dir gehören, rocken mit,
weil sie wissen, dass du der einzig wahre Gott bist.
Mein Herz, sei aufmerksam, schau hin,
welch ein Kind liegt dort in der Krippe drin?
Ein Baby, einzigartig wie ein Diamant,
es ist Jesus, und er ist in der ganzen Welt bekannt.
Du bist jederzeit willkommen, sei unser Gast,
danke, dass du uns Sünder nicht ausgeschlossen hast,
wenn es mir dreckig geht, kommst du zu mir,
von ganzem Herzen danke ich dir.
Du bist der Boss im Kosmos, hast alles gemacht,
und du hast dich für mich trotzdem so klein gemacht.
Du saßst wie wir auf einer Parkbank,
wo vorher noch ein Penner geschlafen hat.
Die Welt ist dein, egal wie groß sie auch ist,
du bist größer, weil du ihr Schöpfer bist.
Sie ist und bleibt deine Idee, dein Einfall,
in deiner Hand ist die Welt wie ein Tischtennisball.
Darum gehört alles ganz allein dir,
sie wurde allein von dir verziert.
Du bist groß, du bist mächtig wie'n Billiardär,
dein Reich scheint allein vom Himmel her.
Es gefällt dir, mir deine Größe zu präsentieren,
mit mir über deine Wahrheit zu philosophieren.
Die ganze Welt, so klein liegt vor dir im Mikroskop,
ist sie dir noch lang nicht dein einziger Trost.
Jesus, du hast mein Herz erobert,
sei du in meinem Herzen für immer wohnhaft.
Beruhige du den Schmerz in meiner Seele,
auf dass mein Herz nie vergisst, wofür ich lebe.

Davon will ich schwärmen 24/7,
der Gedanke daran lässt mich fliegen,
ich bin erfüllt von Glück und echtem Frieden,
mein Herz möchte nonstop in deinen Armen liegen.

Fester Tower (von Mirjam)
Ein feste Burg, 1529

𝔐ein Gott ist ein fester Tower,
mit ihm kämpf ich voller Power.
Er fightet uns aus jedem Mist,
der an uns hängen geblieben ist.
Der Drecksack von Feind,
voll ernst er es meint;
mit Mordspower und viel Trick
schmückt er sich grausam schick,
es gibt nichts, was so schlimm ist wie er.

Mit unsrer Power ist nichts gerissen,
wir sind übelst bald verreckt,
den Fight für uns, nach meinem Wissen,
hat Jesus längst gecheckt.
Alter, fragst du, wer der ist?
Er ist Jesus Christ,
er ist König von allen Königen,
und verlieren tun die Übrigen,
die müssen sich demütigen.

Und wenn die Welt voll Scheiße ist
und will uns ziehen in den Mist,
so pinkeln wir uns nicht so an,
tschakka, wir gehn ran!
Der böse King dieser Welt,
egal, wie er bellt,
er beißt uns doch nicht;
er ist ein kleines Gewicht,
ein Wort löscht aus sein Licht.

Dein Wort, das gilt für immer,
verändert wird es nimmer;
every day, wir checken's ab,
mit Geist und Gaben komm herab.
Nehmen sie den Body,
Hof, Hund, Kind und Muddi,
lass es fahren vor die Wand,
sie gewinnen doch nur Tand
und uns gehört für immer das Land.

Ein Song über die guten Dinge, die Gott durch Jesus für uns getan hat
Nun freut euch, lieben Christen g'mein, 1523

Jetzt freut euch, Christen, geht mal ab,
und lasst uns tanzen und singen.
Wir sind getröstet durch den Gott,
da kann man Pogos springen.
Er ist gut mit uns umgegangen,
Gott hat krasse Wunder getan.
Billig war unsere Rettung nicht.

Von dunkler Macht krass kontrolliert,
der Tod hat mich umkettet,
die Fehler sind zur Folter mutiert
und keiner, der mich rettet.
Der Sog der Sünde packte mich,
im Dreck der Welt erstickte ich,
ein ferngesteuertes Leben.

Die guten Dinge, die ich tat,
sie brachten es nicht mehr.
Mein Ego selbst nach Gott nicht fragt,
ertrunken im Sündenmeer.
Panik und Angst kontrollierten mein Herz,
ich wollte lieber sterben statt diesen Schmerz,
in teuflischem Sumpf versinken.

Gott auf dem Chefsessel sieht mein Leiden,
den Dreck, der mich umgibt,
er wird für gute Hilfe sorgen,
hat nicht vergessen, dass er mich liebt.
Der beste Himmels-Papi-Vater,
mit weichem Herz, er ist kein Harter,
der Jesus-Preis war hoch.

Gott sprach zu seinem geliebten Sohn:
„Es ist dran, meine Liebe zu beweisen.
Geh auf die Erde, mein ganzer Stolz,
und werde zur Heilung für die Kaputten.
Helfe ihnen mit ihrem Sündenproblem,
besiege den Tod, er soll für immer gehn.
Du sollst das Leben rocken!"

Der Sohn tat, was der Vater sagte,
er kam zu uns auf die Erde.
Eine Jungfrau gebar ihn in einer Garage,
er sollte ein normaler Mensch werden.
Topsecret lebte er als Zimmermann,
niemand sah ihm seine Macht an,
das Böse wollte er fertigmachen.

Jesus sagte zu mir: „Orientiere dich an mir,
ab jetzt werd ich dir helfen.
Ich gebe mich ganz für dich hin,
ich werde für dich kämpfen.
Ich gehöre dir und du gehörst mir,
wo ich bin, da bin ich auch in dir.
Niemand soll uns auseinanderbringen können."

Ich, Jesus, hab für dich geblutet,
ich hab mein Leben gegeben.
Mein Leiden war für dich, mein Freund,
aus Schmerzen wird so Segen.
Ich hatte wirklich nichts verbrochen,
„unschuldig" müsste das Urteil lauten.
Doch ich trug deine Schuld am Kreuz,
um dir die Brücke zum Himmel zu bauen.

Ich fahre hoch zum Himmel gleich,
will dich durchs Leben führen.
Mein Geist, die Kraft vom Himmelreich,
wird dein Herz tief berühren.

Der Geist wird dich auch trösten können
und dir voll die Peilung gönnen,
zu sehen, wer ich wirklich bin,
die Wahrheit ist so in dir drin.

Was ich den Leuten beigebracht,
das sollst du tun und lehren.
Die Sache Gottes, seine Worte,
sich überall vermehren.
Die Worte von Menschen sind oft leer,
sie können dich nicht leiten.
Vertraue mir, ich bin bei dir,
ich werd dich stets begleiten.

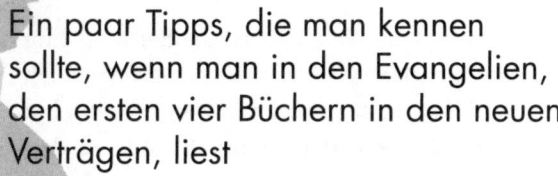

Ein paar Tipps, die man kennen sollte, wenn man in den Evangelien, den ersten vier Büchern in den neuen Verträgen, liest

Ein kleiner Unterricht, was man in den Evangelien suchen und erwarten solle, 1522

Die Revolution, die Luther und seine Freunde damals anzettelten, hatte eine feste Grundlage. Und zwar bestanden sie darauf, dass in der Bibel genau das drinsteht, was Gott von den Menschen will und wie er ist. In diesem Buch steht die Basis des Glaubens. Bis heute reden und diskutieren Leute darüber, ob man das überhaupt so sagen kann. Wie sollen wir die Bibel verstehen, und wie sollen wir anwenden, was in ihr steht? In diesem Text beschreibt Luther seine Meinung zu diesem Thema. Für ihn ist ganz klar, dass im Zentrum aller Aussagen der Bibel immer Jesus Christus steht.

Mittlerweile ist es ja eine ganz normale Sache, dass man von den „vier Evangelien" redet. Jeder weiß, dass am Anfang von den neuen Verträgen viermal die Gute Nachricht steht, wie Gott die Menschen durch Jesus gerettet hat. Doch leider lesen die Leute oft nicht weiter. Viele wissen gar nicht, was Paulus oder Petrus in ihren Briefen gesagt haben. Was da steht, wird wie ein Zusatz zur Guten Nachricht angesehen. Als ob es so was wäre wie ein Kommentar vom Hieronymus, der ja bekanntlich der erste Mann war, der Bücher aus den alten Verträgen der Bibel ins Lateinische übersetzt hat.

Was ich aber noch viel schlimmer finde, ist, dass viele Leute die Evangelien und Briefe so lesen, als wären sie ein totes Regelbuch. So als hätte man sie nur verfasst, um uns zu sagen, wie wir genau zu leben haben. Ich meine, wer das glaubt, kann mit den Worten der Bibel eigentlich null etwas anfangen. Sowohl die vier Bücher mit der hammer Nachricht über Jesus als auch die Briefe bringen einem dann nichts. Wer mit so einer Einstellung die Bibel liest, bleibt im Grunde genauso weit weg von Gott, wie wenn er sie nie gelesen hätte.

Darum ist es wichtig zu wissen: Es gibt nur *eine* Gute Nachricht! Diese Nachricht wurde aber von unterschiedlichen Leuten aufgeschrieben. Jeder Brief, egal ob von Paulus oder Petrus, gehört dazu. Genauso die

Geschichte von den Apostentypen oder die Jesus-Story, wie sie Lukas aufgeschrieben hat. Natürlich erzählt nicht jedes Buch nur die Geschichte von Jesus und berichtet von dem, was er erzählt hat. Es ist ja auch nicht so, dass jedes der vier sogenannten Evangelien diese Geschichte genau gleich erzählt. Das muss auch gar nicht sein. Wenn man etwas „Evangelium" nennt, also die Gute Nachricht, dann geht es letztendlich immer um diesen Retter Jesus, um nichts anderes.

Übrigens: Das ist ja auch bei normalen Büchern der Fall, wenn jemand etwas über irgendwelche Stars oder Politiker schreibt, was die so gemacht und erlebt haben. Das eine Buch ist etwas länger, das andere etwas kürzer. Das eine Buch hat auf ein bestimmtes Thema einen Schwerpunkt gelegt, das andere auf einen anderen.

Mit dem Evangelium, also der Guten Nachricht von Jesus, ist das auf jeden Fall so. Es geht erst einmal nur um die Erzählung von diesem einen großen Retter, dem Christus. Um alles, was er getan und gesagt und erlitten hat. Der eine beschreibt die Story so, der andere eben etwas anders, der eine kurz, der andere länger. Wenn man diese Nachricht megaknapp zusammenfassen will, kann man das so machen: Da gab es einen Retter. Er war der Sohn von Gott und kam als normaler Mensch zu uns. Er ist gestorben, aber dann wurde er wieder lebendig. Jetzt ist er der oberste Chef über alles, was es im Universum gibt. Punkt.

Diese Kurzfassung ist die Basis von Paulus' Briefen, die er dann nur noch weiter ausführt. Dabei erwähnt er die ganzen Wunder und das Leben von Jesus kaum. Trotzdem kommt die ganze hammergute Nachricht in seinen Texten rüber. Ganz gut deutlich wird das zum Beispiel am Anfang des Briefes, den er an die Römer geschrieben hat. Da bringt er die Message auf den Punkt. „Absender: Paulus, der voll zu Jesus Christus gehört und der alles für Jesus gibt. Gott hat mit seinem Finger auf mich gezeigt und gesagt: Du bist jemand, durch den ich meine guten Nachrichten weiterleiten kann, du bist ein Apostel. Diese Nachricht wurde schon vor Ewigkeiten angekündigt, und zwar durch seine Botschafter, die Propheten. Die haben schon im alten Buch da drüber eine Ansage gemacht. Es geht hier um Jesus, den Sohn von Gott. Er wurde als Mensch geboren und gehörte zu der Familie vom David. Dass er der große Held und Sohn von Gott ist, der über allen steht, wurde schon alleine dadurch klar, dass er durch die derbe Kraft, die direkt von Gott kommt, den Gegner ,Tod' ausgeschaltet hat ..."

Hier kann man sehr gut sehen, dass sich die Gute Nachricht immer um Jesus dreht. Er ist der große Retter, er ist der Sohn von Gott. Er stammt allerdings auch aus dem Familienstamm vom großen israelischen Präsidenten David. Er ist gestorben, aber er kam auch wieder zum Leben zurück. Und jetzt ist er Chef über allem! Das ist die perfekte Zusammenfassung der ganzen Sache.

Genauso wie es nur einen Jesus Christus gibt, kann es auch nur ein Evangelium geben. Wenn Paulus und Petrus ihre Erkenntnisse über diesen Jesus aufschreiben, dann muss es sich bei ihren Texten auch um diese hammergute Nachricht handeln. Und die Propheten aus dem ersten Teil der Bibel? Ja, bei denen gilt das Gleiche, wo sie von dem großen Retter, diesem Christus, geredet haben. Das sagt ja auch Paulus in diesem Abschnitt ganz am Anfang von seinem Brief an die Römer, den ich gerade zitiert habe. Überall da, wo man über die Nachricht von Jesus Christus schreibt, handelt es sich um das sogenannte Evangelium in Reinform. Eben um die gleiche Sache, von der auch Matthäus oder Lukas schreiben.

> Wenn Paulus und Petrus ihre Erkenntnisse über diesen Jesus aufschreiben, dann muss es sich bei ihren Texten auch um diese hammergute Nachricht handeln.

Mal ein Beispiel: Im alten Teil der Bibel schreibt Jesaja (im 53. Kapitel, ab Vers 2), wie Jesus für uns sterben wird, damit der ganze Mist wegkommt, der zwischen Gott und uns steht. Das ist hundertprozentig die Gute Nachricht! Pur und in Farbe! Ich bin mir in dieser Sache sehr sicher: Wenn irgendjemand in diesem Punkt anderer Meinung ist, dann wird die Bibel für ihn keinen Sinn ergeben. Er tappt vollkommen im Dunkeln.

Das Zweite, was ich noch superwichtig finde, ist Folgendes: Du darfst Jesus nie mit Mose verwechseln. Jesus hat viel mehr getan, als nur eine neue Lehre zu den Menschen zu bringen. Und er war auch viel mehr als nur ein Vorbild, wie man gottmäßig lebt – so wie andere Leute in der Bibel es vielleicht sind. Dann wäre das Evangelium, die Gute Nachricht, ein reines Schulbuch oder ein Regelwerk.

Die Dinge, die Jesus gesagt, getan und erlitten hat, kann man zweifach verstehen. Einmal war und ist Jesus das große Vorbild! So wie er gelebt hat, sollen wir auch leben. Wir sollen es ihm nachmachen. So sagt es ja auch Petrus in seinem 1. Brief in Kapitel 2, Vers 21. Dort steht: „Jesus hat ja auch schlimme Sachen durchgemacht und es trotzdem gepackt. Macht es wie er!" So wie Jesus gebetet, gefastet hat, den Menschen geholfen und sie geliebt hat, so sollen wir es auch machen. Aber das sind eigentlich nur die Basics von der Guten Nachricht, da hat sie diesen Namen eigentlich noch gar nicht verdient. Jesus ist dann nicht besser als irgendein inspirierender Lehrer oder vorbildlicher Mensch – und das hilft dir überhaupt nicht! Dann bringt dir sein Leben nichts, es hat nichts mit dir zu tun. Um es mal ganz kurz zu sagen: So zu leben wie Christus, macht dich noch lange nicht zu einem Christen. Es macht dich eher zu einem Pseudochristen. Da gibt es noch einiges mehr, was mit dir passieren muss. Auch wenn man das in den Kirchen nur selten gepredigt bekommt.

Das Allerwichtigste, der Boden, das Fundament der Guten Nachricht, ist, dass du Jesus zuallererst in dein Leben lassen musst, bevor du dir ihn zum Vorbild nimmst. Du musst kapieren, dass er ein gigantisches Geschenk ist, das Gott dir gemacht hat und das jetzt dir gehört. Es ist wichtig, dass du dich voll mit ihm identifizierst, dass du ihm total nahe bist. Du bist mit Jesus gestorben, ihr seid jetzt ganz eng zusammen; ihr seid miteinander verschweißt. Was Jesus getan und erlitten hat, darauf kannst du dich so verlassen, als hättest du es selbst getan. Ihr seid ja laut Bibel eins.

Wenn du so drauf bist, hast du die Gute Nachricht von Gott erst richtig kapiert. Es ist die megagroße Liebe Gottes, und kein Mensch auf dieser Welt, noch nicht mal ein Prophet, ein Oberleiter oder ein Engel hat bis heute die richtigen Worte gefunden, um diese gigantisch große Wahrheit wirklich angemessen beschreiben zu können. Gott liebt uns wie verrückt! Seine Liebe brennt wie ein Feuer für uns. Wenn man das auch nur ansatzweise kapiert hat, wird es zu einer gigantischen Quelle von Freude. Und das Gewissen wird von fiesen Schuldgefühlen befreit. Man fühlt sich nur noch sicher, glücklich und gut.

Genau das macht den christlichen Glauben aus. Und darüber sollte man viel mehr predigen. Dann ist so eine Predigt auch „Evangelium", also eine gute, ermutigende, happy Botschaft. Und genau diese Nachricht war es, die die zwölf Postboten, die zwölf Apostel, unter die Leute gebracht haben.

In den alten Verträgen steht bei Jesaja 9, Vers 6: „Es wird nämlich ein Baby *für uns* geboren, das der zukünftige Präsident sein wird." Wenn Jesus als Baby für uns geboren wurde, dann ist er wirklich *für uns* geboren. Als solchen müssen wir ihn auch annehmen. Im Römerbrief in Kapitel 8,

Vers 32 schreibt Paulus, dass Gott uns durch Jesus alles schenken will. Verstehst du das? Wenn du Jesus Christus als ein Geschenk annimmst, das Gott dir gemacht hat, und du an dieser Tatsache nicht zweifelst, dann bist du ein Christ. Dein Vertrauen sorgt dafür, dass du den ganzen Mist bei Gott loswerden kannst. Alles, was dich von ihm trennt, ist weg. Es sorgt dafür, dass du keine Angst mehr vor dem Tod haben musst und dass du mit allen Problemen klarkommen kannst. Ach Mann, oder Frau, ich finde, man kann über diese geniale Botschaft gar nicht oft genug reden. Was für eine Schande, dass niemand da draußen wirklich darüber predigt, obwohl schon immer alle wussten, wie toll diese Gute Nachricht ist.

Wenn Jesus Christus zur zentralen Sache deines Glaubens wird, wenn er der Grund ist, warum du in den Himmel kommst, dann erst wird er auch zu deinem großen Vorbild. So wie er war, willst du auch leben. So wie Jesus dir geholfen hat, willst du auch den Leuten helfen. Da sind dann Glaube und Liebe im Einklang, und man tut das, was Gott will – selbst wenn man deshalb leiden muss. Und man hat dabei noch Spaß! Darum musst du das im Blick haben und kapieren: Jesus Christus als das Geschenk macht dein Vertrauen auf Gott aus und macht dich erst zum Christen. Jesus Christus als Vorbild ist dagegen ein Trainer für ein gutes Leben. Die Dinge, die du tust, machen dich nämlich nicht zu einem Christen. Es ist umgekehrt: Du tust sie, weil du ein Christ bist! Es gibt einen Unterschied zwischen Jesus als Geschenk und Jesus als Vorbild, genauso, wie sich auch Vertrauen auf Gott und gute Taten unterscheiden. Beim Glauben stehst nicht du selbst im Mittelpunkt, sondern das, was Jesus getan und gelebt hat. Bei dem, was du tust, hast du natürlich einen Anteil, aber da sollst auch nicht du, sondern andere Menschen im Mittelpunkt stehen.

> Ach Mann, oder Frau, ich finde, man kann über diese geniale Botschaft gar nicht oft genug reden.

Verstehst du, was ich damit meine? „Evangelium", also die Gute Nachricht von Gott, hat eben nichts damit zu tun, dass wir nach irgendwelchen Regeln oder Gesetzen leben. Es geht nicht darum, dass Gott von uns ein bestimmtes Verhalten fordert. Nein, die Gute Nachricht in der Bibel besteht aus vielen guten Versprechen, die Gott uns gegeben hat. Er hat uns tausend gute, schöne, angenehme Dinge versprochen und gibt sie uns, wenn wir mit Jesus ganz eng verbunden sind. Jesus und die Apostel in der Bibel haben uns aber auch viele gute Dinge erklärt, zum Beispiel wie die alten Verträge zu verstehen sind. Es ist eine wirklich dufte Lehre, die dort steht. Sie tut gut, wie uns viele andere Dinge auch guttun, die Jesus getan hat.

Jesus hat auch nie die Leute so heftig unter Druck gesetzt, wie das Mose in seinem Buch getan hat und wie Gesetze nun mal sind. Wenn Jesus etwas gesagt hat, dann war das immer freundlich und klar – also was man tun und lassen soll und was passiert, wenn man so oder so handelt. Jesus hat niemand zu etwas gezwungen und hat seine Lehren immer sehr freundlich rübergebracht. Er hat die Menschen aufgebaut und nicht fertiggemacht. Er sagte so Sachen wie: „Richtig glücklich seid ihr Leute, die keine Kohle haben" (Lukas 6, Vers 20) oder „Göttlich glücklich sind die Leute, die nicht so aggressiv, sondern friedlich drauf sind" (Matthäus 5, Vers 5).

Auch die Apostel reden in den Briefen der Bibel nicht so scharf. Sie sagen so was wie „Bitte", „Tut mir den Gefallen" oder „Ich ermahne euch". Aber Mose kommt schon echt hart rüber. Er befiehlt, verbietet, droht. Und dann kommt er mit ätzenden Strafen, wenn man was anderes macht.

Das war so eine kleine Einführung in die Evangelien. Damit kannst du einfach anfangen, locker loszulesen, und es wird dir echt was bringen. Wenn du dann in einem der Evangelien rumliest oder eine Predigt darüber hörst, wie Jesus Christus zu jemandem gekommen ist oder jemand zu ihm gebracht wurde, dann darfst du das so lesen oder hören, als wenn er dadurch zu dir kommt oder du zu ihm gebracht wirst. Wenn wir von der Guten Nachricht erzählen, wenn wir darüber predigen, dann ist das genauso, als wenn Jesus höchstpersönlich kommt oder wir zu ihm gebracht werden. Wenn man merkt, wie andere seine Power und Hilfe erleben, dann darf man sich sicher sein, dass genau das Gleiche auch mit einem selbst passieren kann. Dass das eigene Innere durch die Gute Nachricht berührt und aufgebaut wird. Wenn du dich einfach entspannen und dir von Gott helfen lassen kannst (und das auch glaubst), dann siehst du daran, dass du Jesus als Geschenk bekommen und auch angenommen hast. Danach ist es nur wichtig, dass du dich davon motivieren lässt, anderen zu helfen, es auch so zu machen. Dann wirst du auch zu einem Geschenk für jemand anderen werden und ihn inspirieren.

> Wenn man merkt, wie andere seine Power und Hilfe erleben, dann darf man sich sicher sein, dass genau das Gleiche auch mit einem selbst passieren kann.

Wir haben von Jesus zwei grundsätzliche Dinge geschenkt bekommen. Zum einen ist er als Person ein Geschenk. Zum anderen ist er ein Vorbild, wie man gottmäßig leben kann. Das wurde übrigens schon von Mose so angedeutet, der anordnete, dass der, der als Erster gezeugt wurde, doppelt so viel vom Erbe bekommt wie die anderen (das kannst du im 5. Mosebuch, Kapitel 21, Vers 17 nachlesen). Und auch in anderen Zusammenhängen kann man das finden.

Wir Christen müssen uns eigentlich total schämen, dass wir uns so wenig mit der Guten Nachricht beschäftigt haben, dass wir sie nie wirklich gecheckt haben. Es ist doch peinlich, dass wir diese grundsätzliche Wahrheit, was in ihr steckt, erst durch Bücher und Zeitschriften wieder begriffen und entdeckt haben. Dabei sind die vier ersten Bücher vom Neuen Testament und auch die Briefe der Apostel ganz eindeutig nur deswegen geschrieben worden, damit sie uns den Weg in den ersten Teil, das Alte Testament, mit den Propheten und Mose, aufzeigen. Dort können wir dann selbst lesen und sehen, dass Christus da schon drinsteckt, so wie er auch in den Windeln in der Krippe drinsteckte. Die Propheten haben quasi die ganze Zeit von ihm gelabert.

Das sollte uns dazu bringen, alles zu studieren, was in den alten Verträgen steht, damit wir kapieren, wer Jesus ist und warum er überhaupt auf die Welt kam. Er wurde ja schon lange vorher versprochen. Im Grunde bezieht sich die ganze Bibel nur auf ihn. Er hat selbst in Johannes 5, Vers 46 zu den Juden gesagt: „Wenn ihr schon Mose vertraut habt, dann müsst ihr auch mir vertrauen. Denn Mose hat die ganze Zeit über mich geschrieben." Auch in Johannes 5, Vers 39 sagt Jesus: „Schaut mal in eurer alten Bibel nach! Da wird auch schon von mir geschrieben!" Und im ersten Kapitel vom Römerbrief grüßt Paulus gleich am Anfang den Leser und schreibt, dass die Gute Nachricht bereits von den alten Propheten versprochen worden ist. Alle Schreiber der vier Geschichten von Jesus bis hin zu den Aposteltypen weisen immer wieder auf diese Tatsache hin und benutzen zum Beispiel die Redewendung: „So hat Gott das in den alten Verträgen schon gesagt" oder „Damit das, was die Prophetentypen gesagt haben, auch erfüllt wird".

In der Apostelgeschichte in Kapitel 17, Vers 11 kann man von den Leuten in Thessaloniki[3] lesen, die voll begeistert die Gute Nachricht aufsau-

---

3 Eigentlich Beröa.

gen wollten. Da steht, dass sie vierundzwanzig Stunden am Tag in der Bibel gelesen und studiert haben! Sie wollten dabei auch überprüfen, ob das alles stimmt, was Paulus und Silas ihnen erzählt hatten. Bei dieser Schrift kann es sich ja nur um die alten Verträge der Bibel gehandelt haben. Auch im ersten Brief von Petrus steht mitten in der Einleitung in Kapitel 1, Verse 10-12: „Schon die alten Propheten wollten das und haben danach geforscht, wie man das hinbekommt. Sie haben es ja schon vorausgesehen, dass Gott diese Rettung aus Liebe möglich machen wird. Der Geist Gottes, der die Kraft von Jesus ist, hatte schon immer seine Finger mit im Spiel. Die Propheten hatten kapiert, was für schlimme Sachen Jesus Christus durchmachen muss. Und sie wussten auch schon, wie großartig er am Ende dabei rauskommen würde. Es wurde den Propheten klar gesagt, dass sie nicht für sich selber da waren, sondern für euch. Und die Nachricht, die sie zu erzählen hatten, galt auch nicht ihnen. Jetzt ist euch aber die Gute Nachricht von einigen Leuten erzählt worden. Und diese Leute haben das mit der Kraft und Vollmacht erzählt, die direkt aus dem Himmel kommt. Was euch im Himmel erwarten wird, ist so irre, dass sogar die Engel gern mehr davon wüssten."

Was wollte Petrus damit sagen? Er wollte den Christen natürlich die Bibel nahebringen! Und er wollte damit ausdrücken: Durch diese Kraft Gottes, den Heiligen Geist, erzählen und erklären wir euch die Bibel, damit ihr selbst lesen und sehen könnt, was da drinsteht und was die Propheten alles schon vorausgesagt haben. In der Apostelgeschichte 3, Vers 24 steht deshalb: „Auch Samuel und die anderen Propheten, die danach da waren, haben davon erzählt, haben diese Ansagen gemacht." Und in Lukas 24, Vers 45 steht, dass Jesus Christus den Aposteln die Möglichkeit gegeben hat, die alten Texte der Prophetentypen zu verstehen. Und dann sagt er selbst in Johannes 10, ab Vers 2, dass er die Tür ist, durch die man gehen muss. Und wer durch diese Tür gehen will, dem wird durch den Türsteher die Tür geöffnet. Mit dem Türsteher ist der Heilige Geist gemeint. Dann ist man in der Lage, wie ein Schaf auf einer ganz neuen Weide zu grasen. Es ist wie ein komplett neuer Zustand, in dem es einem wirklich göttlich gut geht, man ist im Himmel. Damit ist endgültig bewiesen: Die Gute Nachricht zeigt uns den richtigen Weg!

Ich wollte mit diesem Kapitel gern erklären, was das Evangelium, was die Gute Nachricht eigentlich ist. Weil wir Dummies uns nicht mit den alten Verträgen herumschlagen und uns anstrengen wollen, zu kapieren, wo Christus da eigentlich drinsteckt, lehnen wir gleich das ganze Alte Testament ab. Wir denken leider, dass diese Zeit zu Ende und jetzt nicht mehr wichtig ist. Dabei ist das Alte Testament eine echt „heilige Schrift". Die Sache von Jesus nennen wir wiederum „das Evangelium". Zum x-ten Mal schreibe ich: Evangelium bedeutet Gute Nachricht. Und eine Nachricht wird zunächst einmal mündlich weitergegeben. Sowohl Jesus als auch die Apostel haben das so gemacht.

> Weil wir Dummies uns nicht mit den alten Verträgen herumschlagen und uns anstrengen wollen, zu kapieren, wo Christus da eigentlich drinsteckt, lehnen wir gleich das ganze Alte Testament ab.

Ich glaube, es hatte einen Grund, dass Jesus selber nie einen Text aufgeschrieben hat. Er hat eben eine gute Botschaft in die Welt gerufen, etwas mündlich gepredigt, und nicht irgendwas Schlaues aufgeschrieben. Unser Mund ist wichtig, nicht unser bedrucktes Papier! Trotzdem sind wir wieder ganz schnell dabei, aus seiner super Botschaft ein neues Regelwerk zu stricken, was uns genau sagt, was wir tun dürfen und was nicht. Wir machen aus Jesus wieder einen Mose. Aus jemand, der uns helfen wollte, machen wir einen, der uns irgendwelche Theorie beibringt.

Mal im Ernst, was sollte Gott mit so dummen Leuten noch anstellen? Da kann man es doch gut nachvollziehen, dass er den Papst mit seiner beknackten Lehre zugelassen hat. Wir haben seine Worte nicht ernst genommen! Anstatt der besonders guten, göttlichen Nachricht zu glauben, haben wir den Absonderungen von einem dummen Pseudo und linken Betrüger zugehört. Aber Gott sehnt sich so sehr danach, dass die Gute Nachricht endlich allen Leuten bekannt wird. Ich wünsche mir auch, dass die Bibel wieder ihren besonderen Stellenwert in der Kirche bekommt, den sie verdient hat. Dann müsste ich bald auch nicht mehr diese ganzen Texte schreiben und mir den Mund fusselig reden.

So weit meine kurze Einführung zu diesem Thema.

Ein offener Brief dazu, wie man die Bibel am besten übersetzen sollte

Ein Sendbrief vom Dolmetschen, 1530

Mit der Übersetzung der Bibel in ein normalverständliches Deutsch zettelte Martin Luther eine echte Revolution an. Sein Neues Testament wurde 1522 fertiggestellt, das Alte Testament 1534. Natürlich wurde darüber überall heiß diskutiert. In dem folgenden Textauszug geht er auf zentrale Kritikpunkte ein, mit denen er immer wieder konfrontiert wurde. Dabei beschreibt er auch, was für grundsätzliche Überlegungen ihm bei der Arbeit an der Bibel wichtig waren. Mit „N." ist wahrscheinlich jemand aus der Gegend von Nürnberg gemeint, der Luther einen Brief mit Fragen schickte. Da diese Sachen aber natürlich viel mehr Leute interessierten, wurde die Schrift von Wenzeslaus Linck, der ein alter Kollege von Luther und Reformator in Nürnberg war, in Druck gegeben.

Für den korrekten und smarten N., meinen lieben Chef und Freund.

Als Erstes wünsche ich dir, dass du ganz viel Frieden von Gott und von seiner Liebe bekommst! Ich habe riesengroßen Respekt vor dir! Aber nun zu deinem Brief und den zwei Fragen, die du mir gestellt hast. Deine erste Frage drehte sich um die Übersetzung einer Stelle aus dem Römerbrief. Genau genommen um den 28. Vers im 3. Kapitel. In der lateinischen Bibel steht dort: „Arbitramur hominem iustificari ex fide absque operibus." Ich habe diese Stelle so übersetzt: „Meine Schulden bei Gott sind bezahlt, weil ich alleine auf Jesus vertraue, und nicht, weil ich so toll lebe und mich genau an die Gesetze halte, die Mose früher einmal aufgeschrieben hat." Du hast mir nun geschrieben, dass die Katholiken sich wie blöd da drüber aufregen, weil im Originaltext das Wort „alleine", also lateinisch „sola", gar nicht auftaucht. Dass ich dieses kleine Wort einfach mit reingeschrieben habe, wäre ein Unding. Was soll ich dazu sagen?

Als Erstes will ich, Dr. Martin Luther, noch mal klarstellen, dass alle Katholiken zusammen es nicht gebacken gekriegt haben, auch nur ein

Kapitel der Bibel in ein gut lesbares und korrektes Deutsch zu übersetzen. Wäre das der Fall gewesen, hätte ich mich bestimmt tunlichst bemüht, mir von ihren Fachleuten Hilfe beim Übersetzen des Neuen Testamentes zu holen. Aber die haben alle keinen blassen Schimmer, das ist doch sonnenklar, deswegen habe ich mir das mal verkniffen. Zum einen kann da keiner wirklich gut übersetzen. Und zum anderen haben die auch keine Ahnung von der deutschen Sprache. Ich hab das Gefühl, dass viele von denen erst durch meine Bibelübersetzung anfangen, richtig Deutsch zu lernen ... jetzt tun sie plötzlich so, als wüssten sie alles besser! Und anstatt mir zu danken, meckern sie auch noch und drehen mir das Wort im Mund rum. Na ja, immerhin hab ich durch diese Arbeit meinen undankbaren Anhängern, ja sogar meinen Feinden das Reden beigebracht. ;+)

Als Zweites möchte ich feststellen, dass ich das Neue Testament nach bestem Wissen und Gewissen übersetzt habe, sodass ich es auch vor mir selbst verantworten kann. Und: Ich hab ja auch niemanden dazu gezwungen, es zu lesen! Jeder kann damit umgehen, wie er will.

Die Arbeit hab ich mir vor allem für die Leute gemacht, die die Bibel sonst nie hätten verstehen können. Und wer will, kann ja jederzeit versuchen, es besser zu machen als ich. Wenn sie jemand nicht lesen will, soll er meine Bibel links liegen lassen. Ich werde mich niemandem aufdrängen. In erster Linie ist es mein Vermächtnis, es ist meine Übersetzung, und es soll auch meine Übersetzung bleiben. Ich möchte festhalten, dass ich mir wirklich Mühe gemacht habe, dabei so fehlerlos wie möglich zu arbeiten. Absichtlich habe ich bestimmt keinen Satz falsch übersetzt! Falls mir doch hier und da Fehler unterlaufen sind, sind die Katholiken die Letzten, die sich da aufspielen sollen! Deren IQ ist so weit unten, die können das gar nicht wirklich beurteilen. Die haben noch weniger Ahnung vom Bibelübersetzen als eine Kuh vom Stricken. Dazu gehört nämlich eine Menge Disziplin, Wissen, Verstand und auch Klugheit. Darum haben die es wohl noch nicht einmal versucht.

Es gib ja diesen Kneipenspruch: „Der Nonchecker haut immer die klügsten Sprüche raus!" Das kann ich in dieser Sache nur bestätigen. Ausgerechnet die Leute, die noch nicht mal einen richtigen Satz formulieren können, geschweige denn aus einer fremden Sprache übersetzen, meinen plötzlich, mir alles beibringen zu wollen. Ich muss tun, was sie sagen?!? Aber wenn ich einmal einen von denen gefragt hätte, wie man am besten die ersten zwei Worte aus Matthäus 1, Vers 1 „Liber generationis" übersetzen soll, hätte ich nur Achselzucken geerntet. Und ausgerechnet solche Leute kritisieren jetzt meine Arbeit? Ausgerechnet diese feinen Schnösel?

Übrigens: Hieronymus hat ähnliche Erfahrungen gemacht, als er damit anfing, die Bibel zu übersetzen. Da hat sich plötzlich jeder Honk als sein Lehrer aufspielen wollen. Er war auf einmal der Einzige auf der Welt, der keine Ahnung vom Übersetzen hatte.

> Die haben noch weniger Ahnung vom Bibelübersetzen als eine Kuh vom Stricken.

Jeder Popel, der ihm noch nicht mal den Arsch hätte abwischen dürfen, glaubte, seine Arbeit beurteilen zu können. Wenn jemand öffentlich etwas Gutes tut, braucht er einfach echt viel Geduld. Denn die Leute glauben, alles besser wissen zu müssen. Dabei ziehen sie die Sache immer von der falschen Seite auf. So wie wenn man beim Reifenwechseln zuerst die Radmuttern rausmacht, bevor man den Wagen aufgebockt und die Handbremse angezogen hat. Also selbst keine Ahnung, aber erst mal kluge Sprüche von sich geben.

Ich möchte den Katholiken sehen, der es schafft, zum Beispiel auch nur einen Brief vom Paulus oder einen Propheten so zu übersetzen, dass ihn jeder verstehen kann, ohne mich dabei nachzumachen.

Ich will noch mal mehr zu der Bibelübersetzung von diesem Typen aus Dresden[4] sagen, diesem Plagiatanfertiger. Er hat ja nur aus der lateinischen Version der Bibel übersetzt und dabei auch noch meine Übersetzung als Vorlage genommen. Auf den Typen bin ich richtig sauer. Ich werde seinen Namen in meinen Büchern nie mehr erwähnen. Er hat ja jetzt auch schon was aufs Maul bekommen, und jeder weiß ohnehin, von wem ich rede. Auf jeden Fall hat er mein Deutsch, das ich verwendet habe, als „gut" oder „zumindest ganz nett" beurteilt. Er hat wohl kapiert, dass er es nicht besser machen kann als ich. Trotzdem wollte er mir noch hintenrum einen reinwürgen, indem er ein Plagiat von meinem Neuen Testament angefertigt hat. Fast Wort für Wort hat er das Teil einfach kopiert, nur mein Vorwort, meine Anmerkungen und meinen Namen gelöscht und es dann unter seinem eigenen Namen verkauft. Das ist doch unglaublich!

---

4 Gemeint ist Hieronymus Emser.

Übrigens: Derselbe Landesfürst[5], der mein NT aufs Unverschämteste runtergemacht hat und verboten hat, es zu lesen, hat angeordnet, dass man das Neue Testament von diesem Dilettanten kaufen soll – obwohl es ja genau das gleiche ist!

Aber zurück zu meinem Hauptanliegen. Die Katholiken tun sich ja so schwer mit der Übersetzung des Wortes „sola". Denn das bedeutet „allein" oder „nur". Dieses Wort ist mir so wichtig, weil es deutlich macht, dass nur oder eben alleine das Vertrauen auf Gott uns retten kann. Wenn jemand von den Katholiken das anzweifelt, bezeichne ihn als dummen Nonchecker. Ich will mir nichts mehr von denen beibringen lassen, sondern ich will ihnen etwas beibringen. Nicht wir sind ihre Follower, sondern sie sollen unsere sein.

Es gibt ja diese schöne Verteidigungsrede von Paulus im 2. Korintherbrief, Kapitel 11, ab Vers 22. In dem Sinne will ich für die Nonchecker auch mal fett auftragen: „Haben meine Kritiker einen Doktortitel? Ich habe auch einen! Haben sie einen Lehrstuhl an der Uni? Ich auch! Bilden sie sich was drauf ein, regelmäßig zu predigen? Ich predige auch! Haben sie Theologie studiert? Ich auch! Haben sie gelernt, wie man richtig gut argumentieren kann? Ich auch! Haben sie Kurse in Philosophie belegt? Ich auch! Halten sie Vorlesungen an der Hochschule? Ich auch! Haben sie schon Bücher geschrieben? Ich auch!"

Ich will noch mehr einen auf dicke Hose machen. Ich kann die Psalmen und Propheten erklären – sie nicht! Ich kann übersetzen – sie nicht! Ich kann die Bibel lesen – sie nicht! Ich weiß, wie man betet – sie nicht! Um mich mal mit meinen Kritikern auf eine Stufe zu stellen: Ich kenne mich sogar in ihrer eigenen Philosophie und in ihren eigenen Theorien besser aus als sie selbst. Und zwar allesamt. Die haben ja noch nicht mal ihren alten gelehrten Oberguru Aristoteles wirklich verstanden! Wenn nur einer von ihnen auch nur ein Kapitel aus den Büchern von Aristoteles richtig verstehen könnte, dann wäre ich bereit, für immer meinen Mund zu halten. Ich spiele mich hier nicht nur auf, denn ich habe alle ihre Disziplinen von der Pike auf gelernt. Schon als Jugendlicher hab ich mich damit beschäftigt. Ich weiß wirklich, um was für eine komplizierte Sache es sich hier dreht.

Meine Kritiker wissen eigentlich auch, was ich alles studiert habe und

---

5 Herzog Georg von Sachsen.

drauf habe. Trotzdem tun die Herren so, als wäre ich ein blutiger Anfänger. So als würde ich das zum ersten Mal machen, was sie schon lange können, oder erst jetzt davon erfahren. Sie kommen sich supertoll vor und wollen mir Dinge beibringen, die ich schon vor zwanzig Jahren von Grund auf verrissen habe. Ich könnte mit der Westkurve im Stadion einen Spruch anstimmen: „Ich wusste schon vor sieben Jahren, dass Reifen stets aus Gummi waren, ohlaaa, ohleee!"

Das soll als Antwort auf die erste Frage reichen. Und bitte schwallt diese Hohlköpfe, wenn sie wieder zum Thema „sola" rumjammern, nicht noch weiter voll, sondern sagt ihnen nur das eine: Der Luther ist voll davon überzeugt und will es so. Der sagt, dass er der Oberdoktor von euch allen ist. Das reicht, mir gehen die ab jetzt total am Arsch vorbei (und hoffentlich auch anderen), zumindest solange sie so dämlich sind. Einige von denen sind einfach hohl in der Birne. Das sind verpeilte Pseudowissenschaftler, die haben von Tuten und Blasen keine Ahnung, aber meinen in dieser Sache mit mir diskutieren zu können. Gott hat sie alt aussehen lassen, wie Paulus im 1. Korintherbrief, Kapitel 1, Vers 20 sagt. Einen dummen Esel erkennt man sofort, er braucht nicht erst ein I-ah von sich zu geben, man sieht es an seinen Eselsohren.

> Sie kommen sich supertoll vor und wollen mir Dinge beibringen, die ich schon vor zwanzig Jahren von Grund auf verrissen habe.

Aber jetzt mal für dich und die anderen Evangelischen in Nürnberg zum Mitschreiben: Warum hab ich das Wort „sola" verwendet? Mir war beim Übersetzen wichtig, dass am Ende ein klares, gut verständliches Deutsch rüberkommt.

Diese Aufgabe habe ich sehr ernst genommen. Teilweise hab ich vierzehn Tage oder sogar drei, vier Wochen lang nach dem richtigen Wort gesucht, oft ohne Erfolg. Beim Buch Hiob zum Beispiel haben wir manchmal für nicht mal drei Zeilen über vier Tage gebraucht. Mit „wir" meine ich Philippus Melanchthon, Aurogallus und mich. Aber jetzt sind wir mit der Arbeit fertig und jeder Mensch in Deutschland ist in der Lage, die Bibel zu lesen und zu verstehen. Der Lesefluss ist so gut, dass man drei oder vier Seiten am Stück lesen kann, ohne einmal hängen zu bleiben. Und dabei merkt man nicht, was da teilweise für schwer verständliche Brocken im Original standen. Der Leser überfliegt die Zeilen, wie ein Paragleiter den Berg runterschwebt, und hat dabei keine Ahnung, was für Felsen, Spitzen und Baumwipfel dort vorher im Weg waren und wie anstrengend und zermürbend es für uns war, sie wegzuschaffen. In der Landwirtschaft ist es ja genauso. Ein Feld zu pflügen, das vorher von großen Steinen und Felsen befreit wurde, ist leicht. Aber diese Knochenarbeit, die man vorher dafür leisten muss, das will keiner machen.

Mir war natürlich bewusst, dass im Römerbrief, Kapitel 3, Vers 28 im Original das Wort „solum" nicht steht. Dazu hätte es auch keinen Katholiken gebraucht, um mir das zu sagen. Diese vier Buchstaben „sola" kann man in dem Vers wirklich nicht finden. Meine Kritiker, diese Schwachmaten, halten mir das immer wieder vor und konzentrieren sich immer nur darauf. Dabei sehen sie aber den Wald vor lauter Bäumen nicht. Was sie nicht kapieren, ist, dass dieses Wort ganz logisch zu dem Satz dazugehört. Wenn man ihn in ein gut verständliches Deutsch übersetzen will, dann muss man es dazutun! Mir ging es um Deutsch, nicht um Latein oder Griechisch. Und im Deutschen ist es nun mal so, wenn jemand von zwei Dingen redet, von denen man eins gut findet und das andere schlecht, dann gebraucht man das Wort „solum", also „nur" oder „alleine" (und natürlich auch die Wörter „nicht" oder „kein"). Man sagt zum Beispiel „Mir gefällt nur dieses da" oder „Alleine das finde ich gut". Oder: „Der Briefträger bringt nur die Post, kein Geld." „Nein, ich bringe kein Geld, sondern allein die Post." „Ich habe bis jetzt nur gegessen, aber noch nichts getrunken." „Hast du es bis jetzt nur alles aufgeschrieben, aber es nicht noch einmal durchgelesen?"

Davon könnte ich noch unendlich mehr Beispiele aufzählen. Wenn wir täglich so reden, ist das unsere Ausdruckweise, auch wenn das im Griechischen oder Lateinischen nicht so ist. Im Deutschen macht man das. Wenn man „nicht" oder „kein" besonders hervorheben will, dann nimmt man „allein" oder „nur" dazu. Zu meinem Beispiel zurück: Wenn ich nur sagen würde: „Der Briefträger bringt die Post, kein Geld", dann ist das nicht so vollständig und deutlich, als wenn ich sage: „Der Briefträger bringt allein (oder: nur) die Post und kein Geld." Das Wort „allein" hilft dabei sehr und verstärkt das „kein". Denn es wird dadurch viel deutlicher, dass er wirklich nur die Post dabeihat und sonst nichts. So ist es flüssiges Deutsch. Es macht keinen Sinn, Buchstabe für Buchstabe und Wort für Wort aus dem Lateinischen zu übersetzen, wie es diese Deppen machen. Man muss den Sinn dahinter verstehen und rüberbringen.

Wer ein leicht verständliches Deutsch schreiben will, darf nicht im Lateinbuch schauen, wie das geht. Sondern muss die Hausfrau, die Straßenkinder, den Verkäufer beim Aldi an der Kasse fragen. Es ist wichtig, ihnen zuzuhören und von ihnen zu lernen. Schau dem Volx auf die Fresse! Wie drücken die Normalos gewisse Dinge aus? Was sind ihre Worte? Welche Begriffe benutzen sie? Und dann sollte man sich ans Übersetzen machen. Dann verstehen genau die es auch und schnallen, dass man Deutsch mit ihnen redet.

Noch ein Beispiel: In Matthäus 12, Vers 34 (und auch in Lukas 6, Vers 45) steht in der lateinischen Ausgabe der Bibel: „Ex abundantia cordis os loquitur." Wenn ich das jetzt so übersetzen würde, wie diese Hirnis es von mir wollen, nämlich Wort für Wort, dann müsste ich da draus machen: „Aus dem Überfluss des Herzens redet der Mund." So, jetzt frage ich dich: Ist das Deutsch? Welcher Deutsche versteht das? Was ist mit „Überfluss des Herzens" gemeint? Einige würden vermutlich denken, dass jemand in seinem Körper ein Herz hat, das viel zu groß ist, im anatomischen Sinne. Oder dass jemand mehrere Herzen hatte, eben zu viele davon, Herzen im Überfluss.

> Wer ein leicht verständliches Deutsch schreiben will, darf nicht im Lateinbuch schauen, wie das geht. Sondern muss die Hausfrau, die Straßenkinder, den Verkäufer beim Aldi an der Kasse fragen.

„Überfluss des Herzens" ist einfach kein Deutsch, so redet heute keiner. Man sagt ja auch nicht, dass man „Überfluss des Hauses" hat oder „Überfluss des Kamins" oder „Überfluss des Sofas". Nein, die einfache Hausfrau und die Leute von der Straße würden sagen: „Wenn das Herz von jemandem voll guter Gedanken ist, dann merkt man das auch an dem, wie er redet." Das nenne ich ein leicht verständliches Deutsch! Und das ist mein Ziel, daran will ich arbeiten, auch wenn mir das nicht immer gelingt. Die lateinischen Wörter und die lateinische Grammatik stehen mir dabei immer wieder im Weg.

Noch ein Beispiel, diesmal aus Matthäus 26, Vers 8. Dort steht in der lateinischen Bibel: „Ut quid perditio haec?" Und in Markus 14, Vers 4: „Ut quid perditio ista unguenti facta est?" Wenn ich das jetzt nach den Regeln dieser Volltrottel übersetzen müsste, stände dort: „Warum ist die Verlierung der Salben geschehen?" Hey, das ist doch kein Deutsch! Kein Schwein redet so! Alleine „Verlierung der Salben". Jeder Normalo, der das liest, muss doch denken, da hat jemand seine Salben verloren. Und vielleicht sollte er sie jetzt mal suchen gehen. Das macht ja nun überhaupt keinen Sinn. Wenn das Deutsch ist, dann sollten diese Experten mal das ganze Neue Testament so gut übersetzen und meine Bibel wegschmeißen. Ich denke wirklich, dass sie sich ruhig mal korrekt an die Arbeit machen sollten, sie würden davon profitieren.

Eins ist sicher: Der normale Deutsche redet anders. Er würde es so sagen: „Was soll solche Verschwendung mit dem teuren Parfum? Dafür ist das doch viel zu schade!" Das ist ein gutes Deutsch, so redet man heute. Und jetzt wird auch klar, dass in dieser Bibelstelle die Magdalena mit dem Parfum sehr verschwenderisch umgegangen ist. Sie hat viel zu viel davon versprüht. Das war zumindest die Meinung von Judas. Er hatte dafür eine bessere Verwendung.

Mir ist noch mal wichtig, eine Sache festzuhalten: Beim Bibelübersetzen hatte ich wirklich astreine Motive. Ich hatte keinen linken Hintergedanken dabei. Es hat eine Menge Zeit und Energie gekostet, das ganze Ding fertig zu kriegen. Und ich habe nie Geld dafür bekommen, selbst von dem Verkauf hab ich keinen Cent gesehen. Es ging mir auch nicht darum, den Angeber raushängen zu lassen. Ich wollte nie als großer Held dastehen, Gott ist mein Zeuge. Ich hab das nur gemacht, um allen deutschen Christen zu helfen, es ging mir nur um sie. Und ich wollte, dass am Ende nur einer den großen Applaus bekommt: Gott im Himmel! Er hilft mir wirklich ständig. Selbst wenn ich tausend Mal die Bibel übersetzt hätte, würde mir das nicht die Berechtigung geben, leben zu dürfen. Ich hätte damit noch nicht einmal genug bei Gott verdient, um das Recht zu besitzen, ein gesundes Auge zu haben. Letztendlich geht es doch immer nur um die Liebe. Es ist ein Geschenk. Alles. Nur Jesus hab ich zu verdanken, was ich heute bin und habe. Er ist einen harten, furchtbaren Tod gestorben, damit ich leben kann. Darum ist mein Ziel, dass mein ganzes Werk letztendlich ihm und seiner Sache dient. Er soll sich daran freuen.

Beim Übersetzen bin ich allerdings nicht so frei mit dem Original umgegangen, wie man das vielleicht vermuten würde. Ich wollte sehr genau am Text arbeiten. Wenn es eine wichtige Bibelstelle war, hab ich Wort für Wort übersetzt und nicht so frei. Zum Beispiel war das bei Johannes 6, Vers 27 der Fall. Dort steht jetzt: „Auf dem ist das Siegel von Gott dem Vater." Viel besseres Deutsch wäre es natürlich gewesen, zu schreiben: „Gott hat ihm die Vollmacht dazu erteilt." Ein Siegel unter einer Urkunde bedeutet nämlich, dass jemand eine Vollmacht ausgestellt hat und diese nun unverwechselbar unterzeichnet. Mit dem Siegel schließt er den Vertrag ab. Im Zweifel hab ich aber eher Wort für Wort gearbeitet, denn ich wollte auf keinen Fall eine Stelle falsch übersetzen. Da war mir dann auch das gute Deutsch egal.

Übersetzen ist eigentlich eine Kunst, und nicht jeder hat sie drauf, wie das meine Kritiker behaupten. Dazu muss man fleißig sein, treu, korrekt, voll an Gott glauben und auch Respekt vor ihm haben. Man sollte gebildet sein, Lebenserfahrung und Übung darin haben. Darum glaube ich, dass ein Pseudochrist oder ein Schlaffomat nicht für diese Arbeit taugt.

Noch mal zu dem Wort „solum", das ich einfach hinzugefügt habe. Der Grund dafür war nicht nur, dass es im Deutschen besser klingt, sondern auch, dass der ganze Text einen geradezu dazu drängt. Es war die Absicht von Paulus, diese Sache ganz klar herauszustreichen. Es ging ihm schließlich um das Zentrum der ganzen christlichen Lehre! Wir werden nicht von Gott gerettet, weil wir so christlich leben. Unsere Taten bringen uns nicht in den Himmel. Nein, es ist das Vertrauen, das wir in Jesus setzen. Nur das kann uns retten!

Auch wenn die Gesetze und Regeln in der Bibel alle von Gott kommen, können sie uns für ihn nicht korrekt machen. Paulus nennt als krasses Beispiel dazu den Abraham, der auch für Gott korrekt war, obwohl er nichts dazu getan hat. Es war sein Vertrauen, nicht seine Taten. Selbst das wichtigste aller Gesetze, das damals gerade neu von Gott eingeführt worden war, nämlich die Beschneidung der Vorhaut bei den Jungen, konnte nichts dazu beitragen, dass er für Gott okay war. Er wurde ohne diese Rituale und auch ohne, dass er nur tolle Sachen für Gott gemacht hat, korrekt – einfach weil er Gott vertraut hat. Im 4. Kapitel, Vers 2 sagt Paulus, wenn Abraham nur durch seine tollen Taten für Gott korrekt geworden wäre, dann hätte er es sich ja selbst verdient. Selbst das Befolgen von diesem oberwichtigen Gesetz konnte also nicht dafür sorgen, dass er von Gott angenommen wurde. Er wurde ohne dieses Ritual und ohne, dass er sonst noch was für Gott getan hätte, von ihm angenommen.

Wenn alle guten Taten einen letztendlich für Gott doch nicht annehmbar werden lassen, dann kann es ja am Ende *nur* noch das Vertrauen zu Gott sein, was es bringt. Und jeder, der das deutlich predigen will, muss klarmachen: *Nur* durch das Vertrauen auf Jesus, nicht durch Taten, wird man für Gott korrekt. Nicht nur ein gutes Deutsch führt dazu, sondern der Inhalt der Botschaft selbst.

> Übersetzen ist eigentlich eine Kunst, und nicht jeder hat sie drauf. Darum glaube ich, dass ein Pseudochrist oder ein Schlaffomat nicht für diese Arbeit taugt.

Übrigens: Ich bin nicht der Erste, der diese Entdeckung in der Bibel gemacht hat. Ambrosius, auch Augustinus und noch einige andere Theologen haben das bemerkt und darüber geschrieben. Jeder, der sich mit Paulus wirklich beschäftigt und ihn verstehen will, muss zu diesem Schluss kommen. Seine Argumente dafür sind einfach zu stark. Es gibt keine Tat, die großartig genug ist, um von Gott angenommen zu werden. Und wenn es keine Tat gibt, dann kann es nur der Glaube machen – eine vertrauensvolle Beziehung zu ihm.

Was ist das für eine schräge Lehre, was für eine verrückte Auffassung, die etwas anderes behauptet als das? Wie kann man nur darauf kommen, dass man noch was anderes machen muss, als Gott zu vertrauen? Wie kam man auf die Idee, dass die tollen Taten eines Christen dafür sorgen, dass man gerettet wird? Das wäre so, als würde man behaupten, der Tod, den Jesus am Kreuz gestorben ist, würde nicht ganz ausreichen. Unsere Taten könnten auch noch etwas Wichtiges zu unserer Rettung beitragen. Damit sagt man ja, es ist vielleicht ganz nett gewesen, dass Jesus für uns gestorben ist, aber unsere Taten müssen jetzt noch etwas nachhelfen, damit alles perfekt wird. So als würden wir auf einer Stufe mit ihm stehen und das auch selbst ganz gut hinbekommen. Diese Idee kommt von Satan persönlich, sie stammt aus der Dunkelheit, sie ist vom Teufel! Er will, dass Jesus umsonst gestorben ist.

So viel erst einmal zu diesem Thema. Vielleicht schreibe ich später noch mehr dazu. Aber ich war hier ja schon ganz schön ausführlich. Jesus Christus ist unser Chef. Er soll auf uns aufpassen und immer bei uns sein. So passt es [Amen].

Gequatsche beim Essen

Aus Luthers Tischreden

Martin Luther hatte in seinem Haus sehr oft Besuch. Besonders während der Essenszeiten erzählte er dann von seinen neusten Erkenntnissen. Später, ab dem Jahr 1530, fing man an, diese Erkenntnisse auch mitzuschreiben. Teilweise hat man sogar die Diskussionen aufgeschrieben, die dabei geführt wurden. Schon zwanzig Jahre nachdem Luther gestorben war, wurden diese Sachen als Buch veröffentlicht. Was man bei diesen Texten unten im Hinterkopf behalten muss: Luther war da schon ein ziemlich alter Gnaddel.

Ein Jugendlicher ist wie Traubensaft, der gerade eben erst in ein Weinfass gefüllt wurde. Er braucht Zeit und muss erst reifen, bevor man ihn genießen kann.

Wir alle saufen, schlafen, fressen, rülpsen und pupsen uns zu Tode. Da könnte man glatt arrogant drüber werden.

Ein junger Snob, der in eine reiche und mächtige Familie reingeboren wurde, der Markgraf Joachim der Ander, fragte 1532 Dr. Martin Luther, warum er sich immer so heftig über die mächtigen Leute aufregte. Seine Antwort war: „Es ist doch so: Wenn Gott dafür sorgen will, dass aus einem Boden viele gute Pflanzen wachsen, dann muss er vorher heftigen Regen organisieren. Am besten kommt zuerst ein Gewitter mit Platzregen, um den Boden weich zu machen, und dann nieselt es den Rest des Tages. Schließlich ist der ganze Boden so richtig durchnässt. Anderes

Beispiel: Um einen dünnen Zweig von einem Baum abzuschneiden, brauch ich nur ein Taschenmesser. Aber wenn es um eine dicke Eiche geht, dann brauch ich eine scharfe Axt oder eine gute Motorsäge. Und selbst damit braucht es eine ganze Zeit und viel Kraft, bis das Teil gefällt ist."

Die Bibel ist ein ganz besonderes, göttliches Buch. Es ist das größte und krasseste Buch überhaupt. Wenn man es liest, kann man durch die Worte voll getröstet werden, besonders wenn jemand Frust schiebt. Auch wenn ein Christ vom Teufel angegriffen wird, hilft es, die Bibel zu lesen. Darin wird uns beigebracht, wie man an Gott glauben kann. Sie zeigt uns, dass im Glauben eine riesengroße Hoffnung steckt. Und auch die Liebe Gottes kann man durch sie spüren. Es bringt viel mehr, in der Bibel zu lesen, als ständig in seinem Hirn nach Lösungen für seine Probleme zu suchen.

Im Leben ist es doch so, dass man nicht jeden Tag 24 Stunden einen Haufen von Freunden um sich herum braucht. Einige wenige reichen. Die sollten aber auch speziell und bewusst ausgesucht sein. Das Gleiche gilt für Bücher. Man braucht nicht viel davon, aber die, welche man im Regal stehen hat, sollten bewusst ausgesucht sein.

Mein Verständnis von Gott und dem Glauben ist nicht an einem Tag entstanden. Es entwickelte sich mit der Zeit. Ich musste dafür tief in der Bibel graben, es hat lange gedauert, bis ich zu meinen jetzigen Überzeugungen gekommen bin. Viele Erkenntnisse kamen auch erst durch meine Probleme zustande und durch die Anzeckungen von der dunklen Seite der Macht. Ich glaube heute, dass man die Bibel nur dann wirklich verstehen kann, wenn sich im alltäglichen Leben dringende Fragen ergeben, auf die man eine Antwort braucht.

Dass man Fragen hat, kommt bei diesen übergeistlichen Schwärmertypen wohl nicht vor. Die kennen das gar nicht, dass die dunkle Seite einem komische Fragen ins Hirn bläst. Und deshalb haben sie keine Ahnung von der Bibel. Dabei erzählt selbst Paulus, dass er mit so einem Fragen-Dämon Bekanntschaft gemacht hat. Der hat ihn persönlich ganz hart angegriffen und ihn so quasi gezwungen, die alten Verträge zu studieren. Ich hatte den Satan auch ständig am Ohr. Das kam vor allem durch den Papst, die Universitäten und irgendwelche Schlaumeier. Nachdem ich deren Dreck abbekommen hatte, musste ich geradezu in der Bibel lesen, um zu kapieren, was die Wahrheit ist. Ich glaube, dass wir diesen Druck irgendwie brauchen. Wer das nicht hat, wird nur ein Obertheoretiker der Theologie. Alles spielt sich letztendlich nur in seinem Hirn ab und nicht in seinem Herz, in seinem Leben.

Wer ein guter Theologe sein will, muss auch mal ganz naiv sein können. Die größte Leistung eines angehenden Theologen ist es, genau zu unterscheiden, was sich einfach nur schlau und intelligent anfühlt und welche tiefen Weisheiten tatsächlich in der Bibel stecken. Wer das nicht auseinanderhält und beides sogar zusammen in einen Topf schmeißt, vermischt den Himmel mit der Erde.

Für mich gibt es nichts Krasseres als das Vertrauen auf die Tatsache, dass Gott mit uns redet. Wenn ein Mensch nur das glauben kann, dann ist er schon so gut wie im Himmel angekommen.

Wenn jemand wirklich kapieren will, wer Gott ist, ohne große Spekulationen, dann geht das über folgenden Weg: Er soll ganz am Anfang beginnen, bei dem kleinen Babyjesus, der in der Futterkrippe liegt. Er soll sich damit beschäftigen, dass Jesus von Maria geboren wurde, die noch nie mit einem Mann im Bett war. Diese Frau hat Jesus in Bethlehem zur Welt gebracht, er hat ihre Muttermilch getrunken. Und dann soll man sich mit dem Jesus beschäftigen, der an einem Kreuz hingerichtet wurde. Dann kapiert man, wie Gott drauf ist.

Gold und Gott:
Ich kenne ein Wort, da drin ist ein „L".
Wer das hat, will mehr davon, und zwar schnell.
Wenn aber das „L" nicht dabeisteht,
dann dreht es sich um das Beste im Universum, was geht.
Bist du jemand, der dieses Wort kennt,
dann sag mir schnell, wie man es nennt.

Immer wenn jemand sagt, dass Jesus Christus für ihn alles ist, dann ist das ein ganz besonderer, göttlicher Mensch. Egal, ob es sich um Pfarrer und Pastoren, Politiker, Kinder, Eltern, Immobilienmakler, Angestellte oder um Chefs von großen Firmen handelt. Wenn jemand ganz fest glaubt, dass in Jesus alle Wahrheiten stecken, dass nur er wirklich korrekt ist, dass nur er uns gottähnlich machen kann, dass nur er für ein Leben sorgen kann, das mit dem Tod nicht aufhört, dann ist man gottmäßig drauf. Und dann tut man im Beruf einfach das, was Gott einem aufgetragen hat. Dazu sollte man sein Leben auf die Reihe kriegen und nicht ständig rumsündigen.

Es ist ein riesengroßes Geschenk von Gott, wenn in einer Ehe die Liebe zum Partner immer frisch bleibt. In der Anfangszeit liebt man sich noch wie verrückt, leidenschaftlich und feurig. Ich würde das als eine „besoffene Liebe" bezeichnen. Sie macht uns auch blind für die Fehler des anderen. Wenn wir aber unseren Suff ausgeschlafen haben, dann entsteht eine echte, tiefe Liebe zueinander. Zumindest wenn man an Gott glaubt. Wenn nicht, geht es dann oft damit los, dass man anfängt, es zu bereuen, den Partner geheiratet zu haben.

Luther hatte mal eine Rose in der Hand, bestaunte sie und sagte: „Was für ein hammer Werk Gottes! Wie wunderschön! Und dann wird einem klar, wenn ein Mensch in der Lage wäre, so etwas Schönes zu basteln, dann sollte man ihn zum Präsidenten über die ganze Welt machen. Leider übersehen wir im Alltag diese Wunder. Wir haben uns daran gewöhnt, sie sind zu normal geworden."

95 Ansagen über die „Mit Geld von Sünde freikaufen"-Praxis

Die Ablassthesen, 1517

Jedes Jahr gibt es in Deutschland einen Tag, an dem wir an ein besonderes Ereignis denken: Es ist der 31. Oktober, an dem Martin Luther ein Papier mit 95 Punkten an die Tür der Schlosskirche in Wittenberg gepinnt hat. Am 31. Oktober 2017 wiederholt sich dieser besondere Tag zum 500. Mal. Im Rückblick kann man sagen, dass an diesem Tag etwas ganz Neues mit der Kirche begann: die sogenannte Reformation.
Luther hat diese 95 Punkte gar nicht unbedingt geschrieben, weil er die Kirche runtermachen wollte. Es ging ihm vor allem um eine ganz bestimmte Praxis, den „Ablasshandel", man könnte auch „Mit Geld von Sünde freikaufen"-Praxis sagen.
Damals war es im wissenschaftlichen Bereich relativ normal, solche sogenannten „Thesen" aufzustellen, über die man dann öffentlich reden und diskutieren konnte. Luther verschickte sie auch an zwei zuständige Bischöfe und andere Theologen. Allerdings hatte er wohl nicht damit gerechnet, dass sich sein Zeug total schnell verbreiten würde. Innerhalb weniger Monate hatte es sich in ganz Deutschland rumgesprochen. Das lag auch daran, dass es damals viele Menschen gab, die Luthers Meinung waren und es richtig gut fanden, dass einer sich traute, die Probleme einmal öffentlich anzusprechen. Im Folgenden wird nur eine Auswahl von 20 Thesen aufgelistet.

1. Unser Chef und Gott Jesus Christus hat original gesagt: „Schlagt eine ganz neue Richtung für euer Leben ein! Dreht euch zu Gott um!" (Matthäus 4,17). Er wollte also, dass ein Christ sein Leben lang mit dieser Einstellung leben sollte.
2. Dieser Bibelvers kann die sogenannte „Bekenn- und Buß-Praxis", wie wir sie aus der Kirche kennen, nicht meinen. Man kann seinem Leben eben keine neue Richtung geben, wenn man nur gelegentlich zu einem Priester geht, um vor ihm zu bekennen, wo man letztens wieder Mist gebaut hat.
3. Aber es kann auch nicht nur um eine neue Ausrichtung gehen, die

man sich selber vornimmt, heimlich, so ganz für sich alleine. So etwas ist nicht das Einschlagen einer neuen Richtung. Dabei müssen auch nach außen sichtbar die schlechten Gewohnheiten in einem abgetötet werden.
5. Ein Papst kann den Leuten nur solche Strafen erlassen, die von ihm selbst kommen. Und er kann nur das Nichtbefolgen einer Regel bestrafen, wenn er oder die Kirche sich diese Regel selber ausgedacht hat.
6. Der Papst kann den Mist, den man vor Gott gebaut hat, nur vergeben, indem er bestätigt, dass Gott den Mist vergibt. Und wenn er im Namen Gottes Leute von ihrem Mist freispricht, sind sie frei. Wer das verachtet, verliert die Vergebung.
21. Die Prediger, die behaupten, man kann sich von jedem Mist freikaufen, solange der Papst genug Kohle dafür überwiesen bekommt, sind Spinner.
27. Wenn jemand diesen Spruch predigt: „Sobald die Kohle überwiesen, der Tote wird gen Himmel fliegen"[6], hat er keine Ahnung von Gott. Die Idee hinter diesem Spruch haben sich nur Menschen ausgedacht.
28. Eines ist sehr sicher: Umso mehr Einnahmen die Kirche mit dieser „Mit Geld von Sünden freikaufen"-Praxis hat, desto gieriger wird sie. Aber ob die Gebete der Kirche für die Leute im Fegefeuer, für die bezahlt wurde, erhört werden, liegt alleine bei Gott.
29. Kann ja sein, dass einige Typen es so geil im Fegefeuer finden, dass sie gar nicht rauswollen. Man erzählt sich da so Storys ...
32. Wer glaubt, sich durch den Wisch, den man bei diesem „Geld für Sünden"-Deal von der Kirche bekommt, einen sicheren Platz im Himmel reserviert zu haben, hat sich gewaltig getäuscht. Er wird nach dem Tod an demselben Ort landen, wo die Typen hinkommen, die sich genau diese Praxis ausgedacht und sie verbreitet haben.
45. Wenn man jemanden auf der Straße sieht, der arm ist und nichts zu beißen hat, und man gibt ihm nichts, wirft aber stattdessen sein Geld für so eine „Geld für Sünden"-Aktion raus, sollte man Folgendes wissen: Du bist deine Sünden nicht los, stattdessen hast du aber Gott volles Rohr gegen dich gebracht.
50. Alle Christen sollten Folgendes wissen: Wenn der Papst wüsste, wie hart diese Prediger das Geld von den Gläubigen abzocken, dann

---

6 Original: „Die Münze in dem Kasten klingt, die Seele aus dem (Fege-)Feuer springt!"

würde er das Bauprojekt Peterskirche sofort stoppen. Anstatt diese Kirche mit den Knochen, dem Fleisch und der Haut seiner Leute zu bauen, würde er sie lieber in die Luft sprengen.

51. Man sollte allen Christen sagen, dass der Papst sogar die Peterskirche verkaufen würde, um allen Leuten das Geld zurückzugeben, das ihnen durch die „Geld für Sünden"-Aktion abgezockt worden ist.

62. Das mit Abstand Wertvollste, was die Kirche überhaupt besitzt, ist diese eine besonders göttliche Nachricht, die in der Bibel steht: Gott liebt die Menschen und nimmt jeden so an, wie er ist.

63. Dieses Wertvollste, was die Kirche besitzt, ist aber logischerweise bei allen total unten durch. Denn es gibt die Macht an die Kleinsten in der Gesellschaft ab. Und die Mächtigen müssen plötzlich ganz hinten anstehen.

64. Im Gegensatz dazu lieben die Mächtigen in der Kirche dieses „Geld für Sünden"-Ding total. Denn dadurch werden die für Gott Allerletzten plötzlich in die erste Reihe katapultiert.

77. Es gibt Leute, die behaupten, wenn Petrus heute noch leben würde, könnte er dir auch nicht mehr bieten als das „Geld für Sünden"-Ding. Das ist eine absolut fiese Behauptung und sie verarscht den besonderen Petrus und letztendlich auch den Papst.

78. Ich behaupte, dass jeder Papst einen viel größeren Schatz auf Lager hat, den er den Menschen geben kann. Und das ist die richtig Gute Nachricht, das Evangelium, aber auch die Tatsache, dass die Kraft Gottes auch heute noch wirkt, dass er Menschen heilen kann usw. Diese Dinge können wir alle in der Bibel nachlesen, im 1. Korintherbrief, Kapitel 12, Vers 28.

94. Ich finde, dass man alle Christen motivieren soll, dass sie ihrem Chef Jesus Christus radikal und begeistert nachfolgen, egal ob sie deswegen bestraft werden, üble Sachen durchmachen müssen oder sogar sterben.

95. Jeder sollte deshalb eher darauf bauen, dass er als Christ viele Probleme bekommt, aber genau deswegen auch im Himmel landen wird. Ein lockeres, friedliches Leben kann den Weg in den Himmel nicht garantieren (Apostelgeschichte 14, Vers 22).

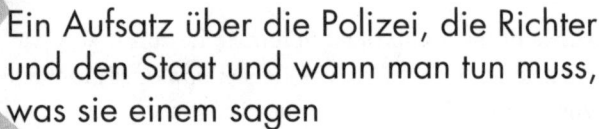

Ein Aufsatz über die Polizei, die Richter und den Staat und wann man tun muss, was sie einem sagen

Von weltlicher Obrigkeit, wie weit man ihr Gehorsam schuldig sei, 1523

In diesem Artikel beschreibt Luther eine Denkweise, die später als die „Zwei Reiche"-Lehre berühmt wurde. Zuerst erklärt er, warum für ihn eine Regierung auch immer von Gott eingesetzt wurde und mit ihr genauso die Gesetze, die Gerichte und die ausführenden Organe wie die Polizei. Damals gab es eine religiöse Glaubensrichtung, deren Anhänger „Schwärmer" genannt wurden. Diese lehnten das total ab.

Luther schreibt auch darüber, wie wichtig es ist, tolerant miteinander umzugehen, und ist dabei ziemlich modern! Er schreibt über die Freiheit, dass jeder sein Gewissen mit sich selber abmachen muss. Aber auch, dass jeder denken und glauben kann, was er will. Für ihn ist es wichtiger, das zu tun, was Gott von einem möchte, als das, was Menschen von einem wollen. Seine Gedanken dazu sind bis heute wichtig und relevant. Selbst Politiker könnten sich von Luthers Gedanken inspirieren lassen.

Dieser Text wurde dem Bruder des sächsischen Kurfürsten Friedrich, Herzog Johann, gewidmet. Ein anderer Herzog, nämlich Georg von Sachsen, war total gegen das, was Luther hier aufgeschrieben hat. Er forderte am 21. März vom Kurfürsten in einem Brief, dass er gegen den Schreiber, aber auch gegen die Drucker dieser Schrift sofort vorgehen müsse. Der weigerte sich aber.

Erster Part

Vor einiger Zeit habe ich ein Buch extra für eine Menschengruppe geschrieben, die in Deutschland recht große Macht hat: die Adligen. In dem Buch ging es darum, was ihr Job und ihre Verantwortung als Christen ist. Heute kann jeder sehen, was dieses Buch bei ihnen bewirkt hat. Nämlich nichts. Darum unternehme ich jetzt noch mal einen zweiten Versuch. Diesmal will ich aber konkret schreiben, was sie alles nicht tun sollten. Ich befürchte, sie werden sich danach genauso wenig richten, wie es bei meinem ersten Text der Fall war. Schließlich werden sie so ihre Macht weiter behalten, und das ist für sie ja weitaus wichtiger, als Christen zu sein.

Der große Gott hat jeden unserer Chefs im Land supergut gemacht. Die sind so gut, dass sie glauben, mit ihren Untergebenen machen zu können, was sie wollen (und die Untergebenen sind auch noch so doof, dass sie alles tun, was man ihnen sagt). Jetzt haben sie sogar befohlen, bestimmte Bücher wegzuschmeißen und nur noch das zu glauben und zu tun, was sie selbst sagen.

Damit begeben sie sich auf die gleiche Stufe mit Gott, als könnten sie ein Urteil über den Glauben und das Gewissen der Leute abgeben. Ihr hohles Gehirn meint, dem Heiligen Geist noch was beibringen zu können. Trotzdem bestehen sie darauf, von niemandem belehrt zu werden. Stattdessen soll man sie siezen und mit „verehrter Herr Soundso" anreden.

Mein erster Punkt: Zuerst müssen wir ein paar Worte über die weltliche Macht sagen, die Regierung, die Polizei und die Gesetze. Ich möchte, dass kein Zweifel daran besteht: Gott hat die Welt so geplant, dass es in ihr Regierungen gibt! Das lässt sich mit Versen aus der Bibel begründen. Im Römerbrief, 13. Kapitel, Vers 1-2 steht: „Was die Regierung sagt, solltest du auch tun. Die ist nämlich nicht umsonst da, Gott hat schließlich dafür gesorgt, dass sie im Amt ist. Wer die Gesetze von einem Land bricht, der ist auch Gott gegenüber unkorrekt und wird nicht so mal eben davonkommen."

Und hier noch andere Verse aus dem 1. Brief von Petrus, im 2. Kapitel, 13-14: „Gott möchte, dass ihr euch den staatlichen Mächten unterordnet und auch nach ihren Gesetzen lebt. Das gilt nicht nur für eure Regierung, sondern auch für die Polizei und die anderen Regierungsvertreter. Sie sollen die Leute bestrafen, die gegen ein Gesetz verstoßen haben, und auf der anderen Seite sollen sie die Menschen fördern, die sich sozial verhalten."

Seit es diese Welt gibt, gibt es auch Bestrafung für Taten, die nicht korrekt sind. Das Gesetz von Mose hat das auch so bestätigt. Ein Beispiel dazu aus dem 2. Buch Mose, Kapitel 21, Vers 14: „Falls aber jemand den Mord richtig geplant, also einen vorsätzlich getötet hat, gibt es keine Möglichkeit zur Flucht. Auch in der Kirche ist er nicht mehr sicher. Ihr müsst ihn da rausholen und zum Tod verurteilen."

Jesus hat diese Aussage sogar bestätigt. Er hat zu Petrus im Gethsemane-Garten gesagt, als der nach den Waffen greifen wollte: „Hör auf damit! Wer versucht, Sachen mit Gewalt zu regeln, wird durch Gewalt auch getötet werden." Etwas Ähnliches finden wir auch im 1. Buch Mose, 9. Kapitel, Vers 6. Dort steht: „Wer einen Menschen tötet, muss selbst auch durch einen Menschen getötet werden." Ist doch klar, dass Jesus genau diese Bibelstelle im Hinterkopf hatte. Er spricht diesen Vers aus und bestätigt damit seine Richtigkeit.

Schauen wir uns Johannes, der die Leute getauft hat, einmal an. Er hat das Gleiche gelehrt. Als ihn einige Soldaten fragten, wie sie ab jetzt leben sollten, antwortete er: „Plündert nicht die Besiegten aus, foltert keine Menschen, und seid mit dem Sold zufrieden, den man euch bezahlt!" Das steht in Lukas, Kapitel 3, Vers 14. Wenn Gott wirklich dagegen wäre, dass es Polizeigewalt und Soldaten gäbe, dann hätte Johannes diesen Berufsstand massiv kritisiert. Hat er aber nicht. Dabei ist doch sicher, dass er den Leuten eine gute, christliche Lehre weitergeben und sie auf Jesus vorbereiten sollte. Damit ist für mich ganz eindeutig bewiesen: Gott will staatliche Gewalt, Polizei wie auch Soldaten und Gesetze, gebrauchen. All das ist dafür da, linke Menschen zu bestrafen und gläubige, gute Menschen zu beschützen.

> Gott will staatliche Gewalt, Polizei wie auch Soldaten und Gesetze, gebrauchen.

Mein zweiter Punkt: Nun gibt es eine andere Stelle in der Bibel, die etwas sagt, was eigentlich total dagegenspricht. Und zwar erklärt Jesus in Matthäus, Kapitel 5, Verse 38-41: „In dem alten Vertrag steht: ‚Wenn dir jemand auf das eine Auge haut, darfst du zurückschlagen, aber nur so, dass er auch ein Veilchen kriegt. Wenn dir jemand auf die Schnauze haut, dann darfst du das auch, aber nicht mehr.' Ich sage dagegen: Haltet das aus, wenn euch jemand angreift! Wenn dir jemandem aufs rechte Ohr schlägt, dann sag ihm, er soll dir auch noch aufs linke draufhauen! Wenn dir jemand deine Klamotten klauen will, dann gib ihm auch noch die Schuhe dazu! Falls jemand von dir verlangt, dass du mit ihm zehn Kilometer joggen gehst, dann mach zwanzig draus!" Auch Paulus hat in die gleiche Richtung gesprochen. Im Römerbrief, 12. Kapitel, Vers 19 steht: „Liebe Freunde, versucht alles, was ihr tun könnt, um mit den anderen Menschen klarzukommen. Und wenn jemand link zu euch war, dann überlasst es Gott, die Rechnung zu bezahlen. In den alten Büchern steht dazu: ‚Überlasst mir die Rache, ich werde die Rechnung begleichen', sagt

Gott." Und in Matthäus, Kapitel 5, Vers 44, meint Jesus: „Aber ich sage euch: Liebe die Leute, die ätzend zu dir sind und dich hassen." Im 1. Petrusbrief, 3. Kapitel, Vers 9 steht außerdem: „Antwortet nicht auf linke Attacken, versucht immer, nett und freundlich zu bleiben, selbst wenn man euch beleidigt. Wünscht den anderen Christen lieber Gutes, dass Gott sie beschenkt. Gott will euch schließlich auch noch viele gute Sachen geben, das hat er so beschlossen." Es gibt noch mehr solcher Verse in der Bibel, und sie sagen alle ganz eindeutig, dass Christen sich nicht mit den Mitteln der Nichtchristen wehren sollten.

Es gibt ja auch diese Sophisten-Typen, diese Mega-Intellektuellen, die meinen, alles besser zu wissen. Sie glauben, dass Jesus Christus die Gesetze von Mose aufgehoben hat. Für sie sind sie nur noch Ratschläge, die allein für die Superchristen gültig sind. Sie teilen die Christen in zwei Gruppen ein: die Superchristen, die Perfekten, für die solche Aussagen nur ein gut gemeinter Ratschlag sind. Und dann die Loserchristen, die Fehlerhaften, für die solche Gesetze eigentlich geschrieben wurden. Diese Unterteilung haben sie sich selber ausgedacht, es gibt dafür keine Grundlage in der Bibel. Dabei hat es Jesus da ganz anders gesagt. Er hat betont, dass er auch das unwichtigste Gesetz nicht aus der Bibel ausradieren wollte. Und er hat es sogar verschärft, wenn er sagt, dass jemand, der seine Feinde nicht liebt, in der Hölle landen wird. Deshalb gelten die Worte von Jesus für alle Menschen gleichermaßen – egal ob man ein Superchrist oder ein Loserchrist ist.

Ob man perfekt oder fehlerhaft ist, hat nichts mit dem zu tun, wie man lebt. Auch die Stellung oder der Job in der Kirche kann einem nicht dabei helfen. Es ist eine Sache, die im Inneren des Menschen passiert, in seinem Herz. Es geht ums Vertrauen auf Gott und um die Liebe, die man für ihn und andere empfindet. Wer viel vertraut und viel liebt, der ist perfekt. Und dabei ist es egal, was für ein Geschlecht er hat, was für einen Job, was für eine Stellung, was für Titel, ob er Theologe ist, ein Berufs-Christ oder nicht. Denn Gott zu vertrauen und zu lieben, hat nichts mit äußeren Dingen zu tun.

Mein dritter Punkt: Ich finde es hilfreich, wenn man die Menschen in zwei Gruppen unterteilt. Die eine Gruppe gehört zum Gebiet dieser Welt, ein Gebiet, wo Gott keine Rolle spielt. Die andere Gruppe gehört in das Gebiet Gottes, sie glauben an ihn. Ich meine das folgendermaßen: Die Menschen, die zum Gebiet Gottes gehören, sind Christen, sie haben ihr Leben Christus anvertraut und folgen ihm. Denn in diesem Gebiet hat Jesus Christus das Sagen, er ist der Chef, der Präsident, der König. So steht es im 2. Psalm, Vers 6, aber auch in vielen anderen Bibelstellen. Das war ein Grund, warum Jesus auf die Welt gekommen ist. Er sollte dieses Gebiet gründen, damit beginnen, es in dieser Welt ins Leben zu rufen. Deshalb hat er zu Pilatus in Johannes 18, Vers 36-37 gesagt: „Das Land, in dem ich das Sagen habe, ist auf dieser Erde nicht zu finden ..." und „Wer bereit dazu ist, auf die Wahrheit zu hören, der wird auch begreifen, was ich sage, und sein Leben da drauf ausrichten ...".

Jesus spricht auch in seiner guten Botschaft immer wieder von diesem Gebiet, wo Gott das Sagen haben wird: „Lebt nicht weiter so wie bisher! Rennt nicht in euren Untergang! Schlagt einen neuen Weg ein, denn bald wird Gott hier das Sagen haben!" (Matthäus, Kapitel 3, Vers 2). In Matthäus 6, Vers 33 sagt Jesus: „Euer Ziel sollte sein, dass Gott immer die Nummer eins in eurem Leben ist. Und macht seine Sache zu eurer Sache." Die neue, gute Botschaft, von der Jesus erzählt, hatte immer mit dieser neuen Zeit zu tun, mit diesem neuen Gebiet, wo Gott alleine das Sagen hat.

Ich bin der Meinung, dass Menschen, die in diesem Gebiet leben, keine Polizeigewalt und auch keine Gesetze mehr brauchen. Angenommen, alle Menschen auf der Welt wären echte Christen in dem Sinne, wie ich sie beschrieben habe. Dann bräuchte man keine Polizei mehr, keine Gerichte und Gesetze und auch keine Politiker. Warum auch? Jeder Mensch würde sich von der Kraft Gottes leiten lassen, seinem Heiligen Geist. Der würde ihnen alles beibringen, was sie wissen müssen. Er würde dafür sorgen, dass sie keinen Menschen beklauen, belügen oder sonst ein Unrecht tun. Jeder würde es als Ziel haben, den anderen zu lieben. Wenn man mal von jemandem abgezogen würde, könnte man das einfach aushalten. Und wenn man mal schlimme Sachen durchmachen muss, hätte man die Kraft dafür. Selbst der Tod wäre keine echte Bedrohung.

Und dort, wo jeder alles erträgt und immer das Richtige macht, da gibt es auch keinen Streit und keine Feindseligkeit mehr. Da braucht man keine Gerichte mehr, keine Anwälte, keine Richter, keine Polizei und auch keine Gefängnisse. Bei den Christen ist die Polizei komplett arbeitslos, denn die leben ja noch viel korrekter, als es ihnen die Gesetze vorschreiben.

Paulus hat dazu auch in seinem 1. Brief an Timotheus, im 1. Kapitel,

Vers 9 gesagt: „Für wen gelten denn diese Gesetze? Für die Leute, die sowieso schon mit Gott leben und für ihn okay sind? Nein, sie sind für die Leute gedacht, die keinen Bock auf Gott haben, die ohne irgendwelche Gesetze leben und immer gegen alles sind. Für so Menschen, die immer das Gegenteil von dem tun, was Gott eigentlich will ..."

Warum ist das so? Weil Christen, die wissen, dass sie für Gott okay sind, von sich aus so leben wollen, wie das Gesetz es ihnen vorschreibt. Aber die Menschen, denen Gott total egal ist, leben natürlich nicht nach dem Willen Gottes. Darum brauchen sie Gesetze, damit sie durch die Gesetze lernen und dazu gezwungen werden, korrekt zu leben. Ein gesunder Baum braucht keine tollen Erklärungen oder irgendwelche Vorschriften, wie er leckere Früchte an sich wachsen lassen soll. Er bringt sie einfach so hervor, das liegt in der Natur der Sache. Ohne ein Gesetz und ohne Lehre wachsen an ihm Früchte, weil das für einen Baum normal ist. Ich mein, im Ernst, nur total durchgeknallte Bauern stellen sich vor ihren Apfelbaum und lesen ihm die Naturgesetze vor und warum er jetzt Äpfel und keine Disteln tragen muss. Das macht der von ganz alleine und noch besser, als es in irgendwelchen Büchern beschrieben und ihm befohlen werden kann. Bei den Christen ist es im Grunde genauso. Durch die Kraft Gottes, den Heiligen Geist, und durch das Vertrauen, was sie auf Gott haben, werden sie ganz automatisch das Bedürfnis haben, korrekt zu leben. Dieses Bedürfnis ist einfach da, man braucht es nicht mit einem Gesetz und den dazugehörigen Bestrafungen zu erzwingen.

> Ein gesunder Baum braucht keine tollen Erklärungen oder irgendwelche Vorschriften, wie er leckere Früchte an sich wachsen lassen soll.

Jetzt kommt bestimmt die Frage auf: Warum hat Gott den Menschen überhaupt so viele Gesetze gegeben? Warum hat selbst Jesus den Menschen so viele Dinge beigebracht, wie man leben soll? Darüber hab ich in meinem Andachtsbuch und auch sonst schon eine Menge geschrieben. Kurz zusammengefasst: Im 1. Brief an Timotheus sagt Paulus im 1. Kapitel, Vers 9, dass das Gesetz der Juden eigentlich nur für die Menschen geschrieben wurde, die nicht an Gott glauben. Sie sollten dadurch von außen Druck bekommen, um einigermaßen korrekt zu leben und keinen Mist zu bauen. Dazu gleich noch mehr.

Es wird doch niemand als Christ geboren; keiner will von sich aus so leben, wie Gott es will. Alle sind erst mal link unterwegs, und deshalb setzt Gott den Menschen mit seinem Gesetz eine Grenze, dass sie ihre

Bosheit nicht frei rauslassen können. Paulus schreibt dem Gesetz der Juden eine weitere Funktion zu. (Das kann man nachlesen im Römerbrief, Kapitel 7, Vers 7 und dem Galaterbrief 3, Vers 24.) Es soll den Menschen klarmachen, dass sie Mist bauen und dass jeder Gottes Liebe braucht. Sie fühlen sich dadurch beschissen und lassen sich dann von Jesus rausreißen. In Matthäus 5, Vers 39 sagt Jesus deshalb auch, dass man es aushalten soll, wenn man angegriffen wird. Das ist wie eine grundsätzliche Erklärung von ihm, wie ein Christ drauf sein sollte. Dazu gleich noch mehr.

Mein vierter Punkt: Es gibt diese unverständliche Formulierung „das Reich der Welt" oder „Menschen, die unter dem Gesetz stehen". Damit sind alle Menschen gemeint, die nicht an Gott glauben und keine Christen sind. Es gibt nun mal nicht so viele Leute, die wirklich an Gott glauben. Nur wenigen ist es wichtig, wie man ein christliches Leben führen und der dunklen Seite Widerstand leisten kann. Deshalb gibt es neben dem Gebiet, wo Gott das Sagen hat, noch ein anderes, nämlich das auf unserer Welt, wo es Polizei, Politiker, Gerichte usw. gibt. Also selbst wenn sie wollen, können die Leute dann nicht mehr jeden Scheiß bauen. Oder sie können es vielleicht schon, aber sie müssen dann ständig Angst haben, erwischt zu werden, und sind deshalb nie relaxt oder happy.

Mal ein Vergleich: Das ist ähnlich wie mit einem wilden, verrückt gewordenen Kampfhund. Er wird mit einer Kette in einem Zwinger gehalten, sodass er niemanden zerfleischen kann, auch wenn er es gerne tun würde. Ein zahmer, lieber Hund braucht aber keine Ketten, er muss nicht eingesperrt werden, weil er niemandem etwas zuleide tun will.

Ich geh davon aus, dass die Menschen im Grunde alle böse sind und unter tausend Leuten nur ein echter Christ dabei ist. Wenn es da keine weltliche Rechtsordnung gäbe, würden sich die Menschen untereinander zerfleischen. Niemand wäre in der Lage, mit seinem Partner zusammenzuleben, Kinder großzuziehen, einer Arbeit nachzugehen und mit Gott zu leben. Und dann wäre die Welt total kaputt. Ich glaube, dass Gott deswegen diese zwei Gebiete, diese zwei Regierungsbereiche, installiert hat. Einmal gibt es das geistliche, spirituelle Gebiet. In diesem Bereich wirkt die Kraft Gottes, der Heilige Geist; hier werden Menschen zu Christen, hier wird man inspiriert, so zu leben, wie Gott es gut findet. Und dann gibt es den anderen Regierungsbereich, ein Gebiet ohne Gott, das die Nichtchristen, die Menschen, die nicht an Gott glauben, in ihre Schranken weist. Auf diese Weise haben sie zumindest nach außen hin

Frieden und halten die Klappe, auch wenn sie das eigentlich nicht wollen. Über diesen Bereich redet Paulus, wenn er im Römerbrief, Kapitel 13, Vers 3 sagt, dass nur diejenigen, die sich nicht an die Regeln halten, Schiss vor den Bullen haben müssen. Und Petrus schreibt in seinem 1. Brief im 2. Kapitel, Vers 14, dass es die Polizei und andere Regierungsvertreter gibt, damit alle Verbrecher bestraft werden.

Angenommen, wir hätten jetzt eine Regierung, der die Bibel total wichtig ist und die davon ausgehet, dass die gute Botschaft von Jesus reicht. Sie würde jedes normale Gericht auflösen, alle Richter entlassen und die Gefängnisse abreißen. Sie täte so, als wären alle Menschen getauft, als wären alle Christen – und die brauchen ja bekanntlich eigentlich keine Regeln und Gesetze mehr, das steht ja in der Bibel. Was denkst du, würde passieren? Es würde das totale Chaos ausbrechen! Die Menschen würden wie Tiere übereinander herfallen. Besonders die linken Typen, die Gewalttäter, die brutalen Menschen, wären wie entfesselt.

> Einen ganzen Staat oder sogar die Welt nur mit geistlichen Wahrheiten und ethischen Werten der Bibel zu regieren, ist einfach nicht möglich.

Sie würden ihr Unwesen treiben und dabei den Leuten erzählen, sie wären ja eigentlich nur lieb und nett. Wie „nett" sie aber wirklich sind, kann man an den Wunden ablesen, die sie den anderen Menschen zufügen. Unter der christlichen Fahne würden sie die Freiheit, die Gott in der Bibel versprochen hat, missbrauchen, um Leute zu betrügen. Und wenn man sie zur Verantwortung ziehen will, dann würden sie sagen: „Wir sind doch Christen, für uns gilt kein Gesetz mehr!" Das kann man ja teilweise heute schon erleben.

Eins ist klar: Es stimmt, dass Christen eigentlich niemanden mehr über sich haben, dem sie gehorchen müssen, außer Gott. Niemand kann sie mehr bestrafen. Sie brauchen keine Regeln mehr. Aber bevor du so einen pur christlichen Staat aufmachen willst, musst du vorher dafür sorgen, dass wirklich alle auch richtige Christen geworden sind. Erst dann kannst du sie christlich und im Sinne der Bibel regieren. Das wird aber nie passieren. Denn die meisten Menschen auf der Welt sind nun mal keine Christen. Und damit meine ich auch die Getauften, selbst wenn sie sich Christen nennen. Und die wenigen, die es gibt, sind überall verteilt. Darum glaube ich, dass ein pur christlicher Staat, der sich über die ganze Welt erstreckt, heute nicht möglich ist. Nicht einmal einem Land oder einer Stadt wird das gelingen. Es wird immer mehr linke Menschen geben als gläubige. Einen ganzen Staat oder sogar die Welt nur mit geistlichen Wahrheiten und ethischen Werten der Bibel zu regieren, ist einfach nicht möglich.

Zum Vergleich: Wenn ein Hirte in einem Stall Wölfe, Löwen, Adler und Schafe zusammensperren würde und alle frei darin herumliefen, was würde dann passieren? Vielleicht sagt er noch: „Jetzt esst mal schön euer Happi-Happi, streitet euch nicht und seid brav. Und wenn ihr noch mehr Hunger habt, geht auf die Wiese, da gibt es genug Gras, die Tür ist offen! Ihr braucht keine Angst vor wilden Hunden und Schlagstöcken zu haben." Die Schafe wären vielleicht friedlich und brav und würden nicht aufmucken. Aber eins nach dem anderen wäre in kurzer Zeit aufgefressen. Sie würden es nicht überleben.

Darum bin ich der Meinung, man sollte diese beiden Gebiete, wo unterschiedliche Mächte das Sagen haben, beim Nachdenken und Argumentieren voneinander trennen. Jedes von ihnen hat sein Daseins-Recht. Das Jesus-Gebiet sorgt dafür, dass Menschen so draufkommen wie Gott. Und das Welt-Gebiet sorgt dafür, dass es eine Ordnung gibt, durch die wir besser zusammenleben können und nicht so viel Böses geschieht. Beide Gebiete brauchen sich. Ohne das Jesus-Gebiet wird niemand zum Glauben kommen, denn in dem Welt-Gebiet geht das nicht. Aber das Jesus-Gebiet ist nicht auf der ganzen Welt präsent, denn die Christen sind wenige und leben mitten unter Menschen, denen Gott total egal ist. Gäbe es also nur das Welt-Gebiet mit seinen Regeln und Gesetzen, liefen da nur Pseudos rum, selbst wenn ihre Gesetze noch so gottmäßig wären. Denn um wirklich von innen heraus gottmäßig draufzukommen, braucht man die Kraft Gottes, seinen Heiligen Geist. Wenn jemand den nicht hat, dann ist es auch egal, ob er mehr Menschen hilft als Mutter Teresa. Wenn man umgekehrt nur das Jesus-Gebiet hätte, würde es in der kompletten Welt schnell ziemlich dunkel werden. Betrug, Neid, linke Attacken würden überall abgehen. Es ist einfach so, dass nie alle Menschen die Gute Nachricht verstehen, glauben und annehmen werden.

Daran kann man gut erkennen, wie Jesus Christus das mit dieser Aussage aus Matthäus 5, Vers 39 gemeint hat. Dort sagte er ja, dass Christen sich nicht streiten und nicht Anzeige gegeneinander erstatten sollten. Und er redet hier wirklich nur direkt mit seinen Leuten, den Christen. Die

> Wenn du so einen Job hast, dann lebst du ganz für andere und schaust nicht danach, was es dir selbst bringt.

nehmen das an, sie leben danach. Sie können es auch, weil Gottes Kraft in ihnen ist. Sie sind in der Lage, niemanden abzuziehen, und schaffen es, Leid zu ertragen, auch wenn es ihnen von einem anderen Menschen zugefügt wird. Mal angenommen, alle Menschen wären Christen, dann würde das alle etwas angehen. Da aber die meisten Menschen keine Christen sind, gehen sie diese Worte auch nichts an. Sie leben ja auch nicht danach, es ist ihnen egal. Sie gehören eben zu dem Welt-Gebiet, in dem Gott nichts gilt. Dort werden die Nichtchristen mit äußerem Zwang dazu gebracht, friedlich zu leben und keinen Mist zu bauen. Tun sie es nicht, bestraft man sie durch die Polizei und das Gesetz.

Das war auch der Grund, warum Jesus Christus keine Waffen hatte und sie auch nicht für seine Follower angeordnet hat. In seinem Gebiet zählen Waffen nichts. Er ist der Chef über die Christen. In diesem Gebiet braucht es keine Gesetze, nur durch die Kraft seines Geistes wird hier regiert. Jesus hat gleichzeitig akzeptiert, dass es in dem Gebiet dieser Welt Waffen gibt, die zur Durchsetzung der weltlichen Gesetze gebraucht werden – obwohl er sie selbst nicht verwendet hat. Denn in seinem Gebiet gibt es ja nur Christen.

Mein fünfter Punkt: Vielleicht widerspricht mir jetzt jemand, indem er Folgendes anmerkt: Wenn Christen ein Druckmittel wie die Polizei oder das Gericht durch den Staat nicht mehr brauchen, warum sagt Paulus dann den Römern im 13. Kapitel, Vers 1: „Was die Regierung sagt, solltest du auch tun"? Und im 1. Petrusbrief, Kapitel 2, Vers 13 steht: „Gott möchte, dass ihr euch den staatlichen Mächten unterordnet und auch nach ihren Gesetzen lebt."

Meine Antwort dazu ist: Ich habe gesagt, dass die Christen untereinander so etwas wie die Polizei oder das Gericht nicht mehr brauchen. Es bringt ihnen nichts und es ist auch nicht notwendig für sie. Ein echter Christ lebt aber nicht mehr für sich, sondern für die Menschen um sich herum. Und deshalb interessiert ihn auch, was die anderen brauchen, selbst wenn es für ihn eigentlich unnötig ist; er geht selbst mit gutem Beispiel voran. Da die Polizei und die Regierung sehr notwendig sind, damit die Menschen friedlich miteinander umgehen, Böse bestraft werden und die Verbrecher im Zaum gehalten werden, ist ein Christ deswegen bereit, Steuern zu bezahlen, sich nach der Regierung mit ihren Regeln und Gesetzen zu richten, nicht über sie abzulästern, sie zu unterstützen etc. Das sehen die anderen, respektieren dann auch die Regierung und sie wird dadurch stabiler. Das macht ein Christ, sogar wenn er selbst daraus gar keinen Nutzen zieht. Für ihn ist nur wichtig, dass es den anderen gut geht. Genauso wie es Paulus im Epheserbrief, Kapitel 5, Vers 21 erklärt.

Mein sechster Punkt: Jetzt kommt bestimmt die Frage auf, ob ein Christ überhaupt bei der Polizei oder der Bundeswehr oder der Justiz arbeiten darf. Schließlich erklärt Jesus ja ganz eindeutig: „Ich sage dagegen: Haltet das aus, wenn euch jemand angreift! Wenn dir jemand aufs rechte Ohr schlägt, dann sag ihm, er soll dir auch noch aufs linke draufhauen!" Die katholischen Theologen haben aus diesem Befehl ja eher einen nett gemeinten Tipp gemacht. Meine Antwort auf die Frage lautet folgendermaßen: Du hast zwei ganz unterschiedliche Aussagen von Jesus gehört. Die eine fordert, dass Christen keine Waffen benutzen sollten. Darum braucht man in einem Streit unter Christen nie mit einer Waffe, der Polizei oder dem Richter ankommen, und es ist ja auch überhaupt nicht nötig. Deshalb sollte man besser fragen, wie es unter Menschen ist, die keine Christen sind. Kann man da als Christ bei der Polizei arbeiten oder Prozesse führen? Das ist die Aussage der Bibel, dass man die Staatsgewalt, also die Polizei usw., unterstützen sollte, wie es einem nur möglich ist – persönlich, finanziell, durch Worte oder die innere Einstellung. Auch wenn du ihre Dienste als Christ vielleicht nicht brauchst, so brauchen doch die anderen Menschen in der Gesellschaft Leute, die die Ordnung herstellen und bewahren.

Wenn es also in deiner Stadt zu wenig Polizisten, Richter, Staatsanwälte, Politiker oder Bürgermeister gibt, und du bist in einem der Bereiche einigermaßen fähig, dann solltest du dich bewerben. Es sollte eine Ehre sein, als Christ so einen Beruf auszuüben, damit die Staatsgewalt einen guten Ruf hat und nicht untergeht. Denn die Gesellschaft kann ohne sie nicht funktionieren.

Wenn du so einen Job hast, dann lebst du ganz für andere und schaust nicht danach, was es dir selbst bringt, ob du viel verdienst oder ob du den großen Applaus abkriegst. Es geht dir nur um die anderen. Du machst das nicht, um dich zu rächen oder jemanden abzuziehen, du willst nur noch den Menschen dienen und dafür sorgen, dass es friedlich in der Gesellschaft zugeht. Du bleibst dir selbst und der Guten Nachricht von Jesus treu, hältst dich an alles, was er gesagt hat. Und wenn dir jemand auf die Schnauze haut, dann erleidest du das eben. Und wenn dir jemand die Klamotten klaut, dann gibst du ihm auch noch deine Turnschuhe. So kommt beides zusammen: das Innere und das Äußerliche. Das Gebiet, in dem Gott das Sagen hat, und das Gebiet, wo Gott keine Rolle spielt. Einerseits hältst du es einfach aus, wenn dich jemand abgezogen hat, doch gleichzeitig bestrafst du auch diejenigen, die linke Sachen machen. Einerseits erträgst du das Böse, andererseits weist du es in seine Schranken.

Ich will meine Theorie auch noch mal mit einer Bibelstelle aus Lukas 3, Vers 14 belegen. Es geht hier um Johannes den Täufer. Er musste und wollte volles Rohr von Jesus Christus reden, wollte den Menschen alles beibringen, was er von ihm wusste. Das heißt, dass seine Lehre mit den neuen Verträgen hundertprozentig übereinstimmen musste. Es musste sich um die beste Nachricht überhaupt handeln und sie musste die Menschen auf Jesus Christus vorbereiten. Und dieser besondere Johannes bestätigt den Beruf der Soldaten. Er sagte nur, dass sie sich mit ihrem Gehalt zufriedengeben sollen. Wenn es sich für einen Christen nicht gehören würde, als Soldat Geld zu verdienen, dann hätte er sie wegen ihrem Beruf garantiert kritisiert oder ihn ganz verboten. Hat er aber nicht.

> Er musste und wollte volles Rohr von Jesus Christus reden.

Es gibt noch eine weitere Stelle in der Bibel, eine Predigt von Petrus. Sie steht in der Apostelgeschichte 10, ab Vers 34. Er erzählt dort dem Kornelius nicht, dass er jetzt als Christ seinen Beruf aufgeben muss, obwohl dieser in der Armee in gehobener Position gearbeitet hat. Und dann kommt auch noch die Kraft Gottes, sein Heiliger Geist, voll auf diesen Soldaten runter. Dabei war er noch nicht einmal getauft. Der Schreiber der Apostelgeschichte lobt ihn als einen echt gläubigen Menschen, noch bevor Petrus mit ihm redet. Und er kritisiert null, dass er mit seinen Soldaten für diesen äußerst unchristlichen Kaiser arbeitet. Wenn schon die Kraft Gottes diesen Kornelius nicht für seinen Beruf als Soldat kritisiert, dann sollten wir das auch nicht bei anderen Soldaten tun.

Daneben gibt es auch noch einen sehr starken Text von Paulus im Römerbrief. Dort schreibt er im 13. Kapitel ab Vers 1: „Was die Regierung sagt, solltest du auch tun. Die ist nämlich nicht umsonst da, Gott hat schließlich dafür gesorgt, dass sie im Amt ist." Ein paar Verse weiter steht: „Die Bullen sind letztendlich auch nur für Gott da, und jeder hat was davon, dass es sie gibt. Wenn du aber Gesetze brichst, musst du Angst davor haben, dass man dich verfolgt und bestraft. Die Bullen sind dann im Grunde wie ein verlängerter Arm Gottes, um die zu bestrafen, die Mist bauen." Ich finde, das sind echt gute Argumente. Keiner sollte jetzt noch sagen können, dass ein Christ nicht Polizist oder Soldat werden könnte. Denn sie sind ein Teil von Gottes Plan für diese Welt, um alles in Ordnung zu halten.

Zusammenfassend will ich noch mal die Worte von Paulus hervorheben. Er sagt, dass die Staatsgewalt Gottes Anliegen dienen muss. Darum sollte man diesen Job nicht alleine Menschen überlassen, die nicht an Gott glauben. Die Staatsgewalt soll für Gott da sein, sie soll ihm dienen. Was ist damit gemeint? Es heißt nichts anderes, als dass diese Gewalt oder Macht von ihrem Wesen her so ist, dass man Gott damit dienen kann.

Es wäre doch total unlogisch, wenn ein Christ etwas nicht tun dürfte, was Gott dient. Nein, er muss es sogar tun! Gottes-Dienst ist ja sein Spezialgebiet! Natürlich wäre es eine gute Sache, wenn alle Chefs und Politiker in Deutschland und die gesamte Oberschicht Christen wären. Es wäre toll, wenn gläubige Leute in den Entscheidungspositionen einer Gesellschaft sitzen. Aber auch in der Armee und bei der Polizei. Denn sie können am besten mit Macht umgehen, deshalb sollten sie sie auch haben. Ich finde, man sollte diese Berufsgruppen wertschätzen. Sie sollten denselben Ruf in der Gesellschaft haben wie ein guter Handwerker oder Geschäftsmann oder auch eine gute Ehe. Alles ist von Gott gewollt.

Genauso, wie jemand seinen Job als Landwirt oder Handwerker jesusmäßig durchziehen kann und damit der Gesellschaft einen Nutzen bringt und für andere Leute da ist, die einen brauchen, kann man das auch als Teil der Staatsgewalt. Auch als Polizist oder Politiker bringt jemand der Gesellschaft Nutzen und ist für Leute da, die einen brauchen. Jemand, der Böses bestraft und Gutes schützt, arbeitet genauso für Gott wie andere. Dabei ist es wichtig, dass alles auf Freiwilligkeit beruht, genauso wie sich jeder ganz freiwillig dazu entscheidet, zu heiraten oder welchen Beruf er wählt.

Jetzt könnte man argumentieren: Warum waren Jesus oder seine Jünger nicht bei der Polizei? Die Antwort ist: Warum hat Jesus nicht geheiratet oder ist Schuster oder Schneider geworden? Sollte ein Beruf nicht gut sein, oder ein Amt oder eine Aufgabe, nur weil Jesus es nicht gemacht hat? Wenn dem so wäre, dann gäbe es ja nur schlechte, unchristliche Berufe außer dem Beruf des Predigers. Denn Jesus Christus hatte in erster Linie eine Aufgabe als Prediger. Aber damit hat er keinen anderen Beruf abgewertet.

Wenn ich zusammenfassen soll, was ich oben geschrieben habe, ergibt sich für mich folgende Auslegung der Worte von Jesus aus Matthäus 5, Vers 39: „Ich sage dagegen: Haltet das aus, wenn euch jemand angreift!" usw. Jesus meint, dass ein Christ so drauf sein soll, dass er alles Angezecke, jede Ungerechtigkeit ertragen soll. Er soll sich nicht rächen, auch nicht eine Anzeige bei Gericht erstatten, gar nichts. Er soll so leben, als würde er die Gesetze der Welt und auch das Bestrafungssystem nicht brauchen.

> Jesus meint, dass ein Christ so drauf sein soll, dass er alles Angezecke, jede Ungerechtigkeit ertragen soll.

Aber für andere Menschen soll er die Rechts- und Hilfesysteme der Gesellschaft einsetzen und sie unterstützen, so gut er kann. Wenn man es so versteht, ergibt dieser Vers auch einen Sinn in Bezug auf die Stellen in der Bibel, wo von der Staatsgewalt die Rede ist. Im Ergebnis soll ein Christ nicht für seine eigene Sache eintreten und kämpfen. Aber für das Recht von jemand anderem soll er sehr wohl kämpfen, mit allen Mitteln, die der Staat und die Gesetze ihm bieten. So wird gegen Ungerechtigkeit, Gewalt und andere Straftaten, die in der Gesellschaft passieren, vorgegangen. Und die Leute, die korrekt leben, werden geschützt.

Jetzt kommt bestimmt die Frage auf, ob denn auch ein Polizist, ein Aufseher im Gefängnis, ein Jurist oder ein Anwalt Christ sein kann und in den Himmel kommt. Meine Antwort: Wenn der Staatsdienst, das Militär und die Polizei Gottes Sache letztendlich dienen, dann müssen sie auch Mittel haben, um ihre Macht auch auszuüben – und dadurch unterstützt man natürlich ebenfalls Gottes Sache. Jemand, der Mörder gefangen nimmt, vor Gericht bringt, verurteilt und in den Knast wirft, beschützt damit auch die korrekten Menschen und verteidigt sie. Wenn jetzt also jemand in diesen Berufen arbeitet (und das nicht tut, weil er einen auf dicke Hose machen will, sondern um Menschen zu dienen), dann ist das eine gute Sache. Wenn er sich dafür einsetzt, die dunklen Kräfte in der Gesellschaft einzudämmen, dann ist das super. So einer braucht keine Angst zu haben, deswegen nicht in den Himmel kommen zu können. Es ist ein Job wie jeder andere, von dem man letztendlich die Brötchen auf den Teller bekommt.

Wie gesagt: Wenn man seinen Nachbarn liebt, dann sind die eigenen Dinge nicht mehr so prall. Es geht nicht mehr um „wichtig" oder „unwichtig", darum, groß rauszukommen, sondern „nützlich" und „nötig" für andere zu sein.

Zweiter Part

Was für Machtbefugnisse sollte eine Regierung mit der Polizei und den Gerichten haben?

Jetzt kommen wir zum wichtigsten Teil dieses Textes. Zuerst haben wir gesehen, warum es in dieser Welt eine Regierung geben muss, die das Sagen hat. Und wir haben gelernt, wie man mit dieser Tatsache so umgehen kann, dass es einen in seinem Christsein sogar weiterbringt. Jetzt müssen wir uns anschauen, wo die Macht der Regierung aufhört. Denn es gibt eine Grenze zwischen dem Bereich, wo Gott das Sagen hat, und dem Bereich, wo es die Welt bzw. die Regierung hat. Ich finde, es ist nötig, sich darüber mal Gedanken zu machen. Denn wenn man der Regierung, und damit dem Staat, zu viel Macht gibt, dann bekommt man Probleme. Aber auch wenn man dem Staat zu wenig Macht gibt, bekommt man Probleme. In manchen Bereichen mischt er sich zu viel ein, in anderen zu wenig. Sicher mag es auf den ersten Blick so sein, das es in einem Staat, der wenig bestraft, leichter zu leben ist. Und es ist ja auch viel besser, wenn man einen Verbrecher unbestraft weitermachen lässt als einen korrekten Mann zur Todesstrafe zu verurteilen. Denn Verbrecher wird es in dieser Welt leider immer mehr als genug geben und nur wenige gläubige Christen.

Man muss als Erstes festhalten, dass es eine messerscharfe Linie zwischen den Menschen gibt. Auf der einen Seite stehen diejenigen, welche mit Jesus Christus leben. Sie sind in der neuen Zeit Gottes angekommen. Auf der anderen Seite stehen diejenigen, welche ohne Gott leben, sie leben in der Welt. Sie unterstehen letztendlich nur der Gesetzgebung und dem Staat. Die Christen stehen unter Gottes Gesetzgebung und seiner Macht. Jede Gruppe hat also ihr eigenes Gesetz.

Es ist unbestritten, dass es in jedem Land Gesetze geben muss und so eine Art Gericht; ohne das geht eine Regierung unter. Die Erfahrung der Jahrhunderte hat das klar gezeigt. Die Macht, die das weltliche Gericht hat, erstreckt sich nur auf den Körper und den Besitz, über Äußerliches. Aber über das Innere eines Menschen, die Seele, darüber hat sie keine

Macht. Der Einzige, der hier das Sagen hat, ist Gott selbst. Darum ist das total schräg, wenn eine Regierung glaubt, die Macht über die Seele zu haben. Wer so denkt, mischt sich in Gottes Angelegenheiten ein. Er will Menschen verführen und kaputt machen. Ich möchte, dass das allen Mächtigen in diesem Land klar ist, vom Bischof bis zum Bundeskanzler. Da sind doch immer wieder totale Hohlköpfe dabei, die glauben, einen Menschen mit Gesetzen und Regeln dazu zwingen zu können, etwas Bestimmtes zu glauben.

Darum ist es auch eine total bekloppte Sache, dass die Mächtigen anordnen, man sollte alles abnicken, was die Kirche und ihre Gremien an Regeln ausgeheckt haben, obwohl von den Regeln nichts in der Bibel steht. Das sind Botschafter aus der Hölle, die so etwas anordnen. Die haben mit der Kirche nullstens was zu tun.

> Hallo? Sind wir denn auf den Bundeskanzler getauft worden?

Die Kirche darf keine Regel aufstellen, wenn sie sich nicht ganz sicher ist, dass diese auch von Gott so gewollt ist. Das steht schon im 1. Petrusbrief, Kapitel 4, Vers 11: „Wenn jemand redet, soll er sich auch sicher sein, dass es Gottes Wort ist." Diese Leute können gar keine Beweise dafür bringen, dass die Beschlüsse aus ihren Versammlungen wirklich Nachrichten sind, die von Gott kommen.

Viel verrückter ist aber noch das Argument: „Der Bundeskanzler und die Minister und die Bevölkerung glauben dies oder jenes!" Ich kann dazu nur sagen: Hallo? Sind wir denn auf den Bundeskanzler getauft worden? Oder auf die Minister oder auf die gesamte Bevölkerung? Nein, wir sind auf den Namen von Jesus Christus getauft worden, auf Gott selbst. Wir gehören ihm! Man nennt uns nicht „die Bundeskanzlies" oder „die Ministerfans" oder „die Alle", sondern wir heißen „die Christen"! Niemand kann dem Innersten eines Menschen Befehle erteilen. Höchstens der, der sie in den Himmel führen kann. Aber das kann letztendlich nur Gott selber. Wenn es um das Innerste des Menschen geht, dort, wo der Glaube sitzt, müssen die Worte von Gott selbst zu den Leuten sprechen und können dann angenommen werden. Befehle funktionieren da nicht. Wer dem Mond befehlen will, zu scheinen, muss einen an der Klatsche haben. Das ist klar.

Man kann diese Sache auch von einer anderen Seite erklären. Jede Macht kann nur dort regieren, wo sie auch vor Ort ist. Sie muss sehen, erkennen können, was abgeht, um ein Urteil zu fällen und um Dinge zu verändern. Was wäre das für ein Gericht mit was für einem komischen Richter, wenn der einfach ein Urteil fällt, ohne sich mit der Situation aus allen Blickwinkeln ausführlich beschäftigt zu haben? Er muss zuhören können und einen inneren und äußeren Blick auf die Dinge bekommen. Jetzt frage ich weiter: Kann ein Mensch in das Innerste eines anderen Menschen schauen? Kann er wirklich sehen und erkennen, um dann ein gerechtes Urteil zu fällen? Das darf und kann am Ende nur Gott. In Psalm 7, Verse 9-10 steht, dass Gott unsere Einstellung und unser Innerstes überprüft. Und auch, dass Gott der Richter über alle Nationen ist. In der Apostelgeschichte, Kapitel 1, Vers 24 steht, dass Gott jedes Herz kennt, er weiß, was in uns abgeht. Und in Jeremia 17, ab Vers 9 heißt es: „Auf den Verstand kann man sich nicht verlassen, der betrügt einen am laufenden Band. Wenn man einmal link draufgekommen ist, kann man da kaum was machen, weil es keine Leute gibt, die sich wirklich damit auskennen. Ich bin Gott, und ich kenne jeden Gedanken und jedes Gefühl, und ich checke alles ab."

Ein schlauer, weiser Regierungschef ist wie eine vom Aussterben bedrohte Tierart.

Ein Gericht muss sich auf Fakten berufen können, wenn es ein Urteil fällt, es muss den Fall von allen Seiten untersucht haben. Die innersten Gedanken, die Einstellung kann aber keiner sehen, nur Gott. Darum ist es völlig unmöglich (und es macht auch überhaupt keinen Sinn), wenn man jemanden mit Gewalt dazu zwingen will, auf welche Art auch immer an Gott zu glauben. Um jemandem zum Glauben zu verhelfen, braucht es ein anderes Werkzeug, das mit Gewalt und Zwang nichts zu tun hat.

Ich bin immer total verwundert über diese durchgeknallten Typen, die behaupten, dass die Taten, die keiner sieht, von der Kirche auch nicht verurteilt werden. Wenn selbst die Kirche ihre geistliche Macht und Autorität nur über Dinge ausübt, die man ganz klar sehen kann, wie kann dann die bekloppte Macht der Regierung sich vormachen, über spirituelle, unsichtbare Dinge wie zum Beispiel den Glauben ein gerechtes Urteil fällen zu können?

Dazu kommt: Jeder muss seinen Glauben vor sich selbst verantworten, er muss selber klarkriegen, richtig zu glauben. Denn genauso wenig, wie jemand anderes für mich in der Hölle oder im Himmel landen wird, kann jemand anderes für mich glauben oder nicht glauben. Und genauso wenig, wie ein Mensch mich in den Himmel oder die Hölle bringen kann, kann mich jemand dazu zwingen, an Gott zu glauben oder nicht an ihn zu glauben.

Darum sollte der Glaube eine persönliche Sache von jedem Einzelnen bleiben. Jeder muss das mit seinem eigenen Gewissen vereinbaren. Und weil das der Gesellschaft mit ihren Behörden und Organen nicht schadet, soll sie sich darüber nicht aufregen, sondern sich nur um ihre Sachen kümmern, geistliche Dinge interessieren sie nicht. Sie sollte den Menschen nur ermöglichen, ihren Glauben frei auszuüben, und niemanden bevormunden. Niemand sollte zum Glauben gezwungen werden, denn es ist immer eine freiwillige Entscheidung, ob man an Gott glaubt oder nicht. Ich denke, es ist etwas, das Gottes Kraft in unserem Inneren bewirkt, nicht Gewalt oder Druck. Daher kommt auch der Satz: „Niemand sollte dazu gezwungen werden, an Gott zu glauben."

Jetzt kommen bestimmt Einwände: „Aber Paulus hat doch in Römer 13 gesagt, ein Christ sollte dem Staat gehorchen! Und Petrus hat auch gesagt, wir sollten alle Gesetze, die die Menschen aufgestellt haben, befolgen!"

Meine Antwort: Die beiden Stellen unterstützen doch meine Argumentation! Paulus redet hier von der Regierung und von Machtausübung. Gerade habe ich gesagt, dass über das Innerste eines Menschen niemand Macht haben kann außer Gott. Wenn Paulus betont, dass wir tun müssen, was die Regierung uns sagt, dann kann er nur den Bereich meinen, wo uns die Regierung auch etwas zu sagen hat. Das bedeutet, dass er nicht von dem Bereich sprechen kann, wo der Glaube an Gott stattfindet. Denn über den hat ja nur jeder selbst die Macht. Er muss von äußerlichen Dingen gesprochen haben, über die man auf dieser Welt regieren kann. In Römer 13, Vers 7 sagt er: „Jeder soll das kriegen, was ihm gehört. Ob das nun die Steuern für das Finanzamt sind oder die Zollgebühren, die der Zoll kriegt. Respekt steht jedem in der Gesellschaft zu, der den Respekt verdient hat." Da steht es schwarz auf weiß, Macht hat ihre Grenzen.

Das zu tun, was der Staat von einem will, betrifft äußerliche Dinge. Es geht um Steuern, Zollgebühren, Respekt. So, weiter im Text. Im 3. Vers sagt Paulus: „Wer immer richtig lebt und die Gesetze befolgt, braucht auch keinen Schiss vor den Bullen zu haben. Das musst du aber, wenn du böse und verbotene Sachen machst." Hier sagt er, dass es bei der

Ausübung der Macht der Polizei nicht um Glaubensdinge geht oder die Bibel. Es geht um falsche Taten, die man getan hat. Darauf ist sie beschränkt. Jesus Christus hat das auch einmal in einem Satz sehr gut unterschieden. Er sagte in Matthäus 22, Vers 21: „Dann gebt dem Staat, was dem Staat zusteht, und gebt Gott, was Gott gehört!" Wenn jetzt das Machtgebiet des Staates mit dem Machtbereich von Gott zusammenfallen würde, dann hätte er es nicht voneinander unterschieden.

Falls nun dein Chef, dein Oberbürgermeister oder der Regierungschef deines Landes dir befiehlt, du musst das tun, was eine Religion dir befiehlt, und du musst deinen Glauben so und so leben, oder anordnet, dass du bestimmte Bücher nicht lesen darfst, dann sollte deine Reaktion sein: „Satan hat kein Recht, neben Gott zu sitzen und mir Befehle zu erteilen!" Und dann solltest du sagen: „Verehrter Herr! Ich muss vom Gesetz her tun, was Sie mir sagen. Wenn es in den Bereich gehört, über den Sie das Sagen haben, dann will ich es auch tun, so gut ich kann. Wenn Sie mir aber befehlen, dass ich nicht mehr so an Gott glauben darf, wie ich es will, und sagen, ich dürfte bestimmte Bücher wie zum Beispiel das Neue Testament auf Deutsch nicht lesen, dann weigere ich mich! Denn dann müssen Sie ein fieser Faschodiktator sein, Sie überschätzen Ihre Macht. Über meinen Glauben dürfen Sie nicht befehlen, denn der gehört Ihnen nicht."

Wenn der Typ dich jetzt deswegen bestraft, weil du nicht das getan hast, was er von dir wollte, dann kannst du glücklich sein. Du kannst Gott dafür danken, dass du schlimme Sachen für deinen Glauben durchmachen musst. Soll der Typ nur wütend werden und ausrasten. Er wird sich eines Tages vor Gott dafür verantworten müssen. Aber Vorsicht! Wenn du das tust, was er von dir will, wenn du dir sogar deine Bibel und deinen Glauben wegnehmen lässt, dann hast du Gott wirklich betrogen.

Es gibt übrigens unter den Chefs dieser Welt einige komische Vögel. Ein schlauer, weiser Regierungschef ist wie eine vom Aussterben bedrohte Tierart. Und einen Christen in dieser Berufsgruppe zu finden, ist fast ausgeschlossen. Diese Typen sind meistens etwas durchgeknallt oder einfach link drauf. Wenn man mit solchen Menschen zu tun hat, sollte man deshalb immer mit dem Schlimmsten rechnen. Was Gutes kommt bei denen selten rum. Ganz besonders in Dingen, die geistliche Sachen betreffen und wo es darum geht, ob man von Gott gerettet werden kann. Das ungöttliche System in dieser Welt ist eben link und böse, weshalb sollte es dann christliche Chefs haben? Es geht letztendlich immer ums Fressen und Gefressenwerden.

Jetzt höre ich so Fragen: „Ja, die Macht in dieser Welt kann niemanden dazu zwingen, an Gott zu glauben. Aber sie kann doch darauf achten, dass sich keine schrägen Lehren ausbreiten – sonst könnten ja lauter Sektenführer die Leute an der Nase rumführen?"

Meine Antwort ist: Das ist eigentlich die Aufgabe der Bischöfe in der Kirche. Das gehört zu ihrem Job. Die Chefs in der Regierung haben damit nichts zu tun. Man kann nicht mit Gewalt verhindern, dass Menschen irgendwelche durchgedrehten Ideen verbreiten. Wenn man etwas dagegen tun will, dann mit einem anderen Mittel. Mit Gesetzen oder staatlicher Macht geht das nicht. Die beste Waffe dagegen ist die Bibel. Nur sie kann dagegen vorgehen; schafft sie es nicht, wird es auch der Staatsgewalt nicht gelingen. Satanische Rituale, Okkultismus, Spiritismus, Esoterik, komische Lehren – das sind alles geistliche Dinge. Die kann man nicht mit Handschellen festbinden, nicht verbrennen und auch nicht erschießen. Man kann sie nur mit der Bibel bekämpfen. Im 2. Korintherbrief, Kapitel 10, ab Vers 4 sagt Paulus: „Die Mittel, mit denen ich arbeite, sind wie Waffen, die Gott mir gegeben hat. Ich benutze sie, um menschliche, das heißt falsche Vorstellungen zu bekämpfen. Wir können damit alles weghauen, was sich in den Köpfen mancher Menschen an Lügen über Gott und seine Wahrheit aufgebaut hat; einfach alles, was die Betreffenden davon abhält, zu schnallen, wie Gott drauf ist! Mit dieser Waffe kriegen wir es hin, dass Jesus Christus alle Gedanken gefangen nimmt, die sich gegen ihn richten."

Mein Lieber, wenn du schräge Lehren aus deiner Gemeinde vertreiben willst, dann musst du an der richtigen Stelle anpacken. Du musst sie richtig aus den Herzen des Einzelnen rausreißen, und derjenige muss das auch wollen und verstehen, warum du das tust. Wenn du da äußerliche Gewalt anwendest, wird das nichts bringen, sondern die Lehre sogar noch verstärken. Was hilft es dir, wenn der Betroffene innerlich noch überzeugter von irgendwelchen durchgeknallten Glaubensmeinungen ist und nur nach außen hin so tut, als würde er jetzt was anderes glauben? Gottes Wort aber kann bewirken, dass sich Herzen und Meinungen verändern. Irgendwelche Irrlehren fallen dann von selbst wie Lügengebäude in sich zusammen.

Jetzt fragst du vielleicht: „Wenn es unter den Christen nicht die Möglichkeit geben soll, dass man mit gesetzlichen Mitteln straft, wie soll man sie dann leiten und organisieren? Es muss doch auch unter Christen eine Hierarchie geben, ein Oben und Unten!"

Meine Antwort darauf ist: „Unter Christen soll es keine Hierarchie geben! Jeder soll dem anderen dienen, keiner steht über dem anderen. So steht es ja auch im Römerbrief, Kapitel 12, Vers 10: „Liebt euch gegenseitig, tut das ehrlich und ohne dabei zu lügen." Und im 1. Brief von Petrus steht im 5. Kapitel, Vers 5: „Demütige Leute liebt Gott besonders, solche Menschen kommen bei ihm gut an." In Lukas 14, Vers 10 sagt Jesus: „Mein Tipp: Wenn du eingeladen bist, such dir einen Platz in der letzten Ecke." Unter Christen gibt es keinen Chef, der über andere bestimmt. Es gibt nur einen Chef, und das ist Christus selbst! Wie kann es einen Oberboss geben, wenn alle auf einer Stufe stehen, wo jeder die gleichen Rechte hat, die gleiche Macht, das gleiche Ansehen etc.? Wie, wenn niemand ganz oben stehen will, sondern alle lieber ganz unten stehen wollen? Wo die Leute so drauf sind, kriegst du keine Regierung installiert. Es passt für Christen nicht, dass es Chefs in ihren Reihen gibt, die über den anderen stehen. Und niemand will überhaupt Chef sein. Wo es anders gehandhabt wird, sind das nach meiner Ansicht keine echten Christen.

Frage: „Und wie ist das dann mit den Pfarrern, Priestern und Bischöfen?"

Antwort: Ihr Job hat nichts mit Macht zu tun, sondern mit Dienen und einem öffentlichen Auftrag. Sie haben keine höhere Position, sie sind auch nicht besser als die anderen Christen. Darum haben sie auch nicht das Recht, irgendwelche neuen Gesetze aufzustellen, die dann befolgt werden müssen – es sei denn, die anderen haben es ihnen ausdrücklich erlaubt oder ihnen sogar den Auftrag dazu erteilt. Ihre Leitungsfunktion besteht einzig und alleine darin, aus der Bibel zu predigen und zu lehren. Nur damit sollen sie die Kirche führen. Und so werden sie auch schräge Lehren besiegen.

Dritter Part

Nachdem ich darüber geschrieben habe, wie weit die weltliche Macht geht, möchte ich auch noch ein paar Takte zu dem Thema sagen, wie sich ein Landeschef verhalten soll, wenn er Christ ist, auch wenn es vielleicht nicht gerade viele von der Sorte gibt. Jesus Christus hat in Lukas, Kapitel 22, Vers 25 dazu einen guten Satz darüber gesagt, wie viele Herrscher auf der Erde drauf sind. „In dieser Welt werden die Menschen von Herrschaftssystemen unterdrückt. Und selbst ein fieser Diktator kriegt für sein soziales Engagement noch einen Preis." Machttypen denken, wenn man in so eine Herrscherfamilie hineingeboren wird oder in so eine Position gewählt wird, dann kommt das von Gott. Und deswegen hat man ein Recht darauf, dass alle tun, was man befiehlt, und einem dienen. Ich glaube: Wenn jemand als Christ so eine Position in der Gesellschaft hat, dann muss er die Denke ablegen, dass er über den anderen steht und er seine Ziele mit Gewalt durchdrückt. Ich wünsche allen Menschen, die nur sich selbst in den Mittelpunkt stellen und nur für sich leben wollen, die Krätze an den Hals. Alle menschlichen Aktionen auf dieser Welt sollen kaputtgehen, wenn sie nicht die Liebe im Zentrum haben.

Woran kann man erkennen, dass die Liebe im Zentrum steht? Wenn es letztlich nicht darum geht, dass die Lust von Einzelnen befriedigt wird. Wenn es vielen Menschen nützt und nicht nur einem. Wenn nicht ein Mensch den Applaus und die Ehre bekommt, sondern alle. Wenn sich nicht nur einer in Sicherheit bringt, sondern viele von einem in Sicherheit gebracht werden. Wenn es nicht nur einem gut geht, sondern wenn es das größte Ziel ist, dass es allen gut geht.

„Wie soll es dann ein Bürgermeister oder ein Bundeskanzler machen, der nicht so schlau ist und von Juristen und Rechtsbüchern abhängig ist?" Meine Antwort: Ich will zuerst noch mal dran erinnern, dass ich immer gesagt habe, das Amt eines Präsidenten oder eines Bürgermeisters ist als Christ enorm schwer. Wenn jemand selbst keine Peilung hat und seine Berater und Abgeordneten schlecht führt, passt der Spruch im ersten Teil der Bibel, im Buch Prediger, Kapitel 10, Vers 16: „Wenn ein Land einen sehr jungen Präsidenten hat ... dann steht es sehr schlecht um das Land." Salomo hat diesen Satz damals geschrieben. Der verzweifelte schier an den Gesetzen des Mose, und auch an seinen Beratern und Abgeordneten. Deshalb ging er zu Gott und bat ihn um eine innere Schlauheit, damit er gut über seine Leute regieren konnte.

> Man braucht für den Job Respekt vor Gott, keine verstaubten Bücher und auch keine falschen Ratgeber.

Ich finde, das ist ein gutes Vorbild für einen Bürgermeister oder einen Ministerpräsidenten. Und natürlich auch für eine Bürgermeisterin und eine Präsidentin. Man braucht für den Job Respekt vor Gott, keine verstaubten Bücher und auch keine falschen Ratgeber. Der wichtigste Halt und Orientierungspunkt sollte Gott sein, auf ihn allein sollte man sich verlassen. Es ist wichtig, wie blöd für seine Anliegen zu beten und Gott darum zu bitten, einem den göttlichen Durchblick zu schenken – einen besseren, als Bücher oder Menschen ihn geben können. Nur so kann man gut regieren. Das ist auch der Grund, warum ich jemandem mit diesem Job keine Vorschriften machen will, wie er seine Aufgabe zu erledigen hat. Aber ich versuche ihm beizubringen, wie sein Herz drauf sein soll. Die richtige Einstellung zu haben, ist wichtig – ob jetzt in Bezug auf den rechtlichen Bereich, den wirtschaftlichen oder den politischen. Wenn jemand so tickt, dann wird Gott ihm bestimmt dabei helfen, seinen Job so zu tun, wie er es gut findet.

Es ist wichtig, die Leute, über die man regiert, wirklich im Blick zu haben. Und das mit einer guten inneren Einstellung. Diese Einstellung bekommt man, wenn einem klar ist, dass man seinen Job nicht für sich selber tut, sondern dass er anderen helfen und sie unterstützen soll. Eine Denke nach dem Motto: „Das sind meine Leute, das ist mein Land, ich will meine Ideen durchsetzen, alles, was ich für richtig halte ... ", ist Schrott! Eine bessere Einstellung wäre: „Ich gehöre diesem Land, ich gehöre diesen Leuten. Alles, was ich beschließe, soll den Menschen wirklich weiterhelfen! Es soll nicht darum gehen, dass ich ein Star bin, der ganz oben auf der Leiter steht! Sondern ich will mich darum kümmern, dass die Leute in Frieden leben können. Ich will sie beschützen und verteidigen."

Dann ist es wichtig, sich immer klarzumachen, wie Jesus Christus drauf gewesen ist. Eine gute Einstellung wäre hier: „Jesus Christus ist der Chef über das ganze Universum! Und er ist trotzdem ganz runter zu mir gekommen, er hat mir gedient. Er hat nicht mit polizeilichen Mitteln, mit Gewalt und Waffen seine Macht über mich durchgesetzt. Es ging ihm auch nicht darum, am Ende der große Held zu sein und mich für seine Ziele irgendwie auszunutzen. Er hat nur gesehen, in was für einer Scheiße ich stecke, und hat alles dafür getan, damit ich dort wieder rauskomme. Er hat meinen Wert wiederhergestellt, er hat mich in eine Position gebracht, wo ich etwas bewegen kann, er hat sich ganz in mich investiert. Darum will ich genauso handeln wie er. Ich will mich nicht an den Leuten, über die ich regiere, bereichern. Es geht nicht um mich, um meinen Applaus, das soll nicht das Ziel sein. Es geht um sie, dass es ihnen gut geht. Ich will den Menschen in meiner Funktion dienen, ich will sie beschützen. Ich will ihnen helfen, wo ich kann. Mein Ziel in der Regierung soll sein, dass es ihnen gut geht, und nicht mir. Sie sollen den Nutzen aus meiner Arbeit ziehen, und nicht ich."

Ich möchte, dass ein Bürgermeister oder ein Präsident seine Macht nur dafür einsetzt, dass es der Bevölkerung besser geht. Er soll sich mit der Not der Leute identifizieren, so als wäre es die eigene Not. Jesus Christus ist mit uns ja genauso umgegangen. Ich bin mir sehr sicher, dass Gottes Wille sich nicht danach ausrichtet, was die Regierung will. Sondern die Regierung sollte sich nach dem Willen Gottes ausrichten.

Abschließend will ich noch einmal festhalten, dass ich der Meinung bin, dass es nicht unmöglich ist, als Christ den Job eines Bürgermeisters oder eines Präsidenten zu machen – auch wenn das eher selten vorkommt und meistens auch schwierig ist. Wer in der Regierung arbeitet, lebt auch irgendwie in einer High Society-Welt. Da werden teure Partys gefeiert und tolle Feste veranstaltet. Solange das Regieren und die Leute darunter nicht leiden, finde ich das okay. Und für Gott ist das, glaub ich, auch okay. Wobei ich mir sicher bin, dass viele Partys eher ausfallen würden, wenn diese Leute ihre Aufgaben wirklich gewissenhaft ausüben würden.

> Darum sollten wir keinem Menschen nur deshalb vertrauen, weil er besonders intelligent ist, gut aussieht, besonders beliebt ist und gottmäßig lebt.

Eine weitere Sache ist, dass jemand in diesem Amt auf seine Mitarbeiter und Berater achten sollte. Er sollte jedem, der für ihn arbeitet, das Gefühl von Respekt geben, aber auch niemand blind und ohne Kontrolle vertrauen. Ich glaube, Gott findet beides nicht gut. In der Bibel gibt es eine Geschichte, wo Gott sogar durch einen Esel gesprochen hat (im 4. Mosebuch, Kapitel 22, Vers 28). Darum sollte man auch jedem noch so unwichtigen Menschen Respekt zollen. Umgekehrt hat Gott den obersten Engel aus dem Himmel rausgeschmissen. Darum sollten wir keinem Menschen nur deshalb vertrauen, weil er besonders intelligent ist, gut aussieht, besonders beliebt ist und gottmäßig lebt. Es ist besser, jedem zuzuhören und abzuwarten, welche Menschen Gott benutzt, um zu einem zu reden.

Nichts ist schlimmer als ein Politiker, der den Menschen nur nach dem Mund redet. Seine ganze Denke dreht sich nur darum, wie man Menschen gefallen kann. Was wirklich seine eigene Meinung ist, stellt er hintenan. Hauptsache, die Leute finden ihn toll. Das Problem ist, wenn ein Politiker einen Fehler macht, betrifft es ja nicht nur einen Menschen, sondern gleich ganz viele. Die ganze Stadt, der ganze Bezirk, das ganze Land muss es ausbaden. Darum bin ich der Meinung, dass ein Politiker in der Regierung einerseits seinen Mitarbeitern und Beratern vertrauen sollte. Er soll sie machen lassen und sie nicht übermäßig kontrollieren. Trotzdem soll er jederzeit bereit sein zu handeln, wenn es drauf ankommt, und die Zügel in der Hand behalten. Und er sollte sich ohne Unterbrechung, mit voller Kraft darum bemühen, dass es den Menschen, über die er regiert, gut geht, und sich um sie kümmern (so wie der alte König Josaphat, nachzulesen im 2. Chronikbuch, Kapitel 19, ab Vers 4). Er sollte bei den Leuten sein, sie besuchen und sich anschauen, wie andere in seinem Namen regieren und Entscheidungen treffen. Im Laufe der Arbeit wird ihm schon klar werden, dass man niemandem wirklich hundertprozentig vertrauen darf. Denn er braucht nicht denken, dass jemand anderes den Job so ernst nimmt wie er selbst. Ausgenommen, es handelt sich vielleicht um einen feurigen, guten Christen. Jemand, der nur aus der Kraft lebt, die man hier auf der Erde findet, wird den Job nicht so gut erledigen können. Weil man aber nie sicher weiß, ob jemand Christ ist oder wie lange noch, kann man sich auch auf niemanden verlassen.

Vielleicht denkt jetzt jemand: „Wenn man aber niemandem vertraut, wie soll man dann ein Land regieren?" Meine Antwort wäre: Doch, traue dich, übergib anderen Verantwortung! Aber verlassen kannst du dich auf niemanden. Man kann sich letztendlich nur auf Gott verlassen. Irgendwelche Leute müssen aber all die Jobs übernehmen, die fürs Regieren nötig sind. Du musst ihnen so weit vertrauen, wie man jemandem vertraut, der auch Fehler machen kann.

Jetzt kommt vielleicht eine weitere Frage: „Soll eine Regierung eigentlich in den Krieg ziehen? Und sollen die Menschen das gut finden und unterstützen?" Meine Antwort hierzu wäre: Das ist eine große Frage, die nicht leicht zu beantworten ist. Abgekürzt würde ich sagen: Als christlicher Politiker sollte man keinen Krieg führen, zumindest nicht im eigenen Land. Egal gegen wen. Auch eine Revolution mit Waffengewalt gegen die eigene Regierung ist nicht okay. Man soll sich eher passiv verhalten. Das einzige Mittel der Gegenwehr ist der fortwährende Protest. Man sollte öffentlich die Wahrheit aussprechen, immer wieder. Lenkt der Gegner dann ein und ändert sein Handeln, dann ist alles okay. Wenn er es nicht tut, dann hast du dein Möglichstes getan. Was du dann an Konsequenzen deswegen zu tragen hast, kommt daher, weil du das tust, was Gott richtig findet.

Wenn es aber um ein Problem oder einen Streit mit jemandem geht, der mit einem auf gleicher Ebene ist oder der sogar unter einem steht oder eine ausländische Macht ist, dann ist die erste Wahl immer der Versuch, die Probleme friedlich zu regeln. Das hat schon der alte Mose seinen Israeliten beigebracht. Wenn der andere nicht einlenkt, dann kannst du dich allerdings wehren. Wirst du mit Waffen angegriffen, dann kannst du dich auch mit Waffen wehren. Wirst du mit Gewalt angegriffen, kannst du dich auch mit Gewalt wehren. So steht es ja auch schon im 5. Buch Mose, Kapitel 20, Vers 10. Dabei solltest du als jemand, der in der Regierung sitzt, die anderen Menschen im Blick haben und nicht dich und deine Machtposition. Die, über die du regierst, brauchen Schutz und Hilfe von dir. Für mich ist das ein Ausdruck von Liebe. Wenn deine ganze Stadt oder dein ganzes Land in Gefahr ist, musst du Gott um Hilfe bitten und dich wehren, sonst könnte alles kaputtgehen. Und wenn du es auch nie verhindern kannst, dass dabei einige ihren Mann oder ihre Eltern verlieren, so kannst du doch dafür kämpfen, dass eben nicht alle einen geliebten Menschen verlieren.

In diesem Fall müssen dich die Menschen in deiner Stadt oder deinem Land hundertprozentig unterstützen. Dabei kann es auch um Geldspenden gehen oder dass man sein Eigentum für einen guten Zweck zur Verfügung stellt. Und manchmal muss man sich auch selber zur Verfügung stellen und sein Leben riskieren. Einer setzt sich für den anderen ein.

Wie ist das jetzt, wenn man ein Soldat in der Armee ist? Es kann auch ein Ausdruck von Liebe sein und deshalb richtig, den Feind zu zerstören, Städte zu bombardieren und alles Mögliche zu tun, was man im Krieg nun mal tut, um den Gegner zu besiegen. Ein Soldat sollte aber auf keinen Fall Frauen vergewaltigen, Leichen schänden und solche ätzenden Dinge tun. Und wenn ein Krieg gewonnen ist, sollte man den Besiegten helfen, nett und friedlich mit ihnen umgehen. Das ist so ein Fall, wo dann das Motto stimmt: „Gott hilft dem Stärksten." Es gibt da eine passende Bibelstelle im ersten Teil der Bibel. Sie steht im 1. Buch von Mose, 14. Kapitel. Abraham hat vier Könige hintereinander besiegt und viele Menschen umgebracht, ohne dabei auch nur eine Spur von Liebe zu zeigen, zumindest, bis er den Krieg gewonnen hatte. So was kann auch von Gott eingefädelt sein. Abraham sollte einmal durch das ganze Land ziehen und alles Versiffte ausradieren, jeden Feind killen.

Jetzt kommt die Frage: „Was mache ich als Soldat, wenn der Typ, der meiner Armee Befehle erteilt, eine falsche Entscheidung trifft? Muss ich dann seinen Befehlen gehorchen?" Die Antwort ist: nein. Niemand darf dem Bösen folgen. Man sollte immer das tun, was Gott für richtig hält. Und Gott ist immer im Recht (siehe auch Apostelgeschichte, Kapitel 5, Vers 29).

Nächste Frage: „Was soll man tun, wenn keiner der Untergebenen weiß, ob die Regierung eine richtige oder falsche Entscheidung trifft?" Antwort: Wenn es keiner weiß und man es auch nicht so mal eben in Erfahrung bringen kann, dann sollte man tun, was sie befiehlt. Das geht in Ordnung.

Das war es, was ich in etwa zu dem Thema schreiben wollte. Zusammengefasst kann man sagen, dass sich jemand, der sich in einer politischen Machtposition befindet, in seinen Entscheidungen nach vier Dingen ausrichten sollte.

1. Nach Gott. Wenn er betet, sollte er nicht nur so ein Blabla-Gebet ablassen, sondern wirklich vom Herzen her mit Gott reden. Dabei ist es gut, ihm auch zu vertrauen, dass er es richtig macht und einen führen wird.
2. Nach den Leuten, die ihn gewählt haben und über die er regiert. Er sollte diese Menschen lieben und ihnen dienen, wie ein Christ Menschen nun einmal dient.
3. Nach seinen Ministern, Politikern und Mitarbeitern. Er sollte unbefangen auf sie hören, sich aber trotzdem frei fühlen.
4. Nach den Straftätern. Mit ihnen sollte er streng, aber auch korrekt umgehen.

Das wären ein paar meiner Ideen, wie jemand in so einer Position in der Gesellschaft innerlich, aber auch äußerlich korrekt als Christ leben kann. Sowohl bei Gott als auch bei den Menschen wird er dann gut ankommen.

Quellenverzeichnis

Wer mehr über Luther lesen oder gar seine Schriften ungekürzt im Original studieren will, wird hier fündig:

Über sein Leben, seine Kämpfe und die damalige Zeit empfiehlt sich: Heiko Oberman: *Luther. Mensch zwischen Gott und Teufel.* Das liest sich ganz toll und man bekommt es gebraucht als Taschenbuch für wenige Euro. Wer richtig Details erforschen möchte, kommt um die dreibändige Ausgabe von Martin Brecht nicht herum. Die gibt es in vielen Bibliotheken, und man muss auch kein Kirchengeschichtler sein, um sie gut lesen zu können.

Luther im Original liest man in der sogenannten „Weimarer Ausgabe" (WA). Die gibt es in Universitätsbibliotheken, und dort füllt sie dann ein komplettes Regal. Aber Vorsicht: Sein Humanistenlatein liest sich nicht so schön wie Cicero in der Schule und selbst sein Deutsch klingt für uns heute recht fremd. Deswegen hat Kurt Aland vor über 50 Jahren angefangen, die *Luther Deutsch*-Ausgabe (LD) herauszubringen. Es sind zehn Bände, in denen Luthers Texte thematisch sortiert in einem gut lesbaren Deutsch und teilweise gekürzt zu finden sind. Dazu gibt es noch hilfreiche Ergänzungsbände. Allerdings sind die Bände nicht in allen Auflagen identisch, weshalb diese hier in Hochzahlen mit angegeben werden. Seit Kurzem gibt es außerdem eine dreibändige *Lateinisch-Deutsche Studienausgabe* (LDS), die den Originaltext und eine erstklassige ungekürzte Übersetzung nebeneinander bietet. Die dazugehörige *Deutsch-Deutsche Studienausgabe* (DDS) kommt gerade auch auf den Markt.

Übrigens bringt Luther immer wieder Verse aus der Bibel in seinen Schriften. Diese zitiert er oft aus dem Kopf und dann auch nur das, was für seine Argumentation wichtig ist. In dieser Ausgabe wurden, wo nötig, die Stellenangaben vervollständigt und die Verse meist im Ganzen aus der Volxbibel entnommen. Nur an wenigen Stellen wurde die Übersetzung angepasst, um den Zusammenhang deutlicher werden zu lassen.

Schrift	Jahr	Weimarer	Luther Deutsch	Studienausgaben
Vorrede zu Band 1 der Lateinischen Schriften der Wittenberger Lutherausgabe	1545	WA 54, 179	LD II, 11	LDS III, 491
Der Kleine Katechismus	1529	WA 30/I, 346	LD VI2, 138	DDS I, 571
Über die christliche Freiheit (lateinische Ausgabe)	1520	WA 7, 49	Deutsche Ausgabe: LD II, 250	LDS II, 121
Vom ehelichen Leben	1522	WA 10/II, 275	LD VII, 284	
Brief an seinen Vater Hans Luther	1521	WA 8, 573	LD II, 323	
Brief an Spalatin über flüchtige Nonnen	1523	WABr 3, 54	LD X, 127	
Brief zur Hochzeit seines Freundes Spalatin	1525	WABr 3, 635		
Brief an seine Frau Katharina	1537	WABr 8, 50	LD X, 259	
Brief an seine Frau Katharina	1546	WABr 11, 269	LD X, 336	
Brief an seinen Sohn Johannes	1537?	WABr 8, 19	LD X, 257	
Deutsche Messe und Ordnung des Gottesdienstes	1526	WA 19, 72	LD VI2, 86	
Von den Konzilien und der Kirche	1539	WA 50, 606	LD VI2, 30	
Tröstung für eine Person in schweren Anfechtungen	1521	WA 7, 785	LD VI2, 200	
Ein kurzer Trostzettel für die Christen, dass sie sich im Gebet nicht beirren lassen	1540	WA 51, 455	LD VI2, 203	
Geistliche Lieder; Vorrede	1524	WA 35, 474	LD VI2, 247	
Vom Himmel hoch, da komm ich her	1535	WA 35, 459	LD VI2, 251	

Ein feste Burg ist unser Gott	1528?	WA 35, 455	LD VI2, 276	
Nun freut euch, lieben Christen g'mein	1524	WA 35, 422	LD VI2, 282	
Ein kleiner Unterricht, was man in den Evangelien suchen und erwarten solle	1522	WA 10/I/1, 8	LD V, 196	DDS I, 485
Ein Sendbrief vom Dolmetschen	1530	WA 30/II, 632	LD V, 79	
Auszüge aus den Tischreden	Ab 1530	WATR	LD IX	
Die Ablassthesen	1517	WA 1, 530	LD II, 32	
Von weltlicher Obrigkeit	1523	WA 11, 246	LD VII, 9	

Andreas Malessa

Hier stehe ich, es war ganz anders
Irrtümer über Luther

Hämmerte Luther seine 95 Thesen an die Kirchentür? Warf er ein Tintenfass nach dem Teufel? Pflanzte Martin ein Apfelbäumchen? Alles fröhlicher Unsinn. Nicht einmal „Hier stehe ich ..." sagte der Reformator wörtlich. Das erzählt Hörfunk- und TV-Journalist Andreas Malessa in solide recherchierten Fakten. Unterhaltsam, kenntnisreich, voll Respekt vor Luthers Lebensleistung. Kein Irrtum allerdings: Käthe und Martin hatten Zuschauer in ihrer Hochzeitsnacht ...!

Gebunden, 14 x 21,5 cm, ca. 192 Seiten
ISBN 978-3-7751-5610-3

 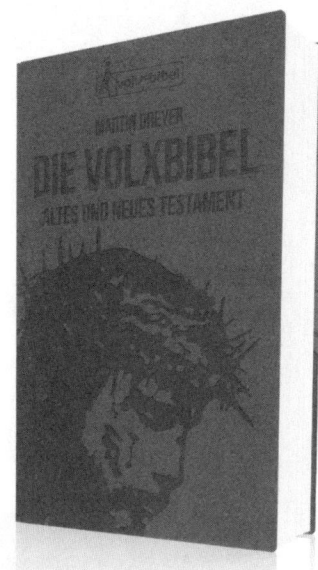

Martin Dreyer
Die Volxbibel – Altes und Neues Testament, Taschenausgabe

Die krasseste Bibelübersetzung in deutscher Sprache. Nachdem die Ausgabe des Neuen Testaments zum Bestseller wurde und dann das Alte Testament erschien, gibt es nun die Volxbibel als Gesamtausgabe auch im handlichen Taschenformat. Das Neue Testament liegt dabei in der aktuellsten Version 4.0 vor. Die Volxbibel, die vor ungewöhnlichen Formulierungen nicht zurückschreckt, bietet auch für routinierte Bibelleser noch verblüffende Erkenntnisse! Insgesamt hat sich die Volxbibel rund 300.000 Mal verkauft!

Gebunden, 12,5 x 19,5 cm, 2208 Seiten
ISBN 978-3-940041-20-3 (Dornenkrone)
ISBN 978-3-940041-19-7 (Kunstleder)

vol[x]bibel-verlag